O DIREITO

Ano 150.º (2018), I

Diretor
JORGE MIRANDA

O DIREITO

Ano 150.º (2018), I

Diretor: JORGE MIRANDA

Propriedade: Instituto de Direito Privado – IDP e Instituto de Ciências Jurídico-Políticas da Faculdade de Direito de Lisboa

NIPC 513319425/506512495

Sede e Redação: Faculdade de Direito de Lisboa – Alameda da Universidade – 1649-014 Lisboa

Editora: Edições Almedina, SA

Rua Fernandes Tomás n.ºs 76, 78, 80

Telef.: 239 851 904 – Fax: 239 851 901

3000-167 Coimbra – Portugal

editora@almedina.net

Publicação: quatro números anuais

Tiragem: 120 exemplares

Assinatura anual € 70,00 (12,5% de desconto sobre o total dos números avulsos)

Número avulso € 20,00

Coordenação e revisão: Veloso da Cunha

Execução gráfica: DPS – Digital Printing Services, Lda.

Depósito legal: 229122/05

N.º de registo na ERC – 124475

ÍNDICE

EDITORIAL

O Direito comemora cento e cinquenta anos, ao longo dos quais se tornou uma revista jurídica de referência. Fundada em 1868 por António Alves da Fonseca e José Luciano de Castro, desde o início nele colaboraram advogados, professores e jurisconsultos das mais diversas áreas.

Pela saída de António Alves da Fonseca, ficaria seu único Diretor José Luciano de Castro até falecer em 1916. Sucederam-lhe o Visconde de Carnaxide até 1935; Fernando Martins de Carvalho até 1947; Marcello Caetano até 1968 e, em conjunto com Inocêncio Galvão Telles, entre 1968 e 1974; depois, este professor até à sua morte em 2010; agora Jorge Miranda.

Publicado neste momento pela *Almedina*, a sua propriedade passou em 2017 para o Instituto de Direito Privado e para o Instituto de Ciências Jurídico-Políticas da Faculdade de Direito da Universidade de Lisboa, sem com isso pretender tornar-se, pura e simplesmente, uma revista universitária.

Aquilo que *O Direito* pretende é continuar a ser uma revista de artigos doutrinais, pareceres, notas de jurisprudência, sempre atenta aos temas e problemas da vida jurídica do País e do mundo. Aquilo que pretende é continuar a ser uma revista de grande abertura e exigente qualidade científica ao serviço dos grandes valores da Justiça.

Doutrina

"Equity swaps" e titularidade de participações sociais

PROF. DOUTOR JOSÉ ENGRÁCIA ANTUNES

SUMÁRIO: *I. O problema: 1. A titularidade indireta de participações sociais; 2. Instrumentos financeiros derivados e titularidade de ações. II. O Direito comparado. III. O Direito português: 1. O Regulamento CMVM 5/2008; 2. A nova alínea i) do artigo 20.º, n.º 1 do CVM; 3. A situação no âmbito do RGIC e do RGAS. IV. O caso particular dos "Equity Swaps": 1. Os contratos de "Equity Swap"; 2. "Equity Swaps" e "Hidden Ownership".*

I. O problema

1. *A titularidade indireta de participações sociais*

I. A *titularidade de participações no capital e/ou voto* é hoje, outrossim que uma realidade económica incontornável, um dado do maior relevo na Ordem Jurídica, especialmente no plano da aplicação das normas legais daqueles setores do universo do Direito Comercial que contendem com empresas organizadas sob a forma de sociedades comerciais. Entre tais setores, e para além do Direito das Sociedades Comerciais (verdadeira "sedes materiae" do fenómeno e da sua regulação jurídica), merecem destaque especial os casos do Direito Bancário, do Direito dos Seguros e do Direito do Mercado de Capitais[1]. Com efeito, são inúmeras as disposições jurídico-bancárias, seguradoras e mobiliárias – a começar pelas normas previstas no Regime Geral das Instituições de Crédito e Sociedades Financeiras (RGIC), do Regime Geral da Atividade Seguradora e

[1] Sobre o problema geral da titularidade de capital e voto em sociedades comerciais, sua determinação, cômputo e regime jurídico, vide ANTUNES, J. Engrácia, *Os Grupos de Sociedades – Estrutura e Organização Jurídica da Empresa Plurissocietária*, Almedina, Coimbra, 2002.

Resseguradora (RGAS) e do Código dos Valores Mobiliários (CVM) – que são aplicáveis aos titulares de uma determinada participação de capital e/ou de voto em instituições de crédito, em empresas de seguros, e em sociedades abertas.

II. A titularidade de participações sociais pode revestir duas modalidades fundamentais. Uma consiste na *titularidade direta*, ou jurídico-formal, que se traduz na circunstância de uma pessoa, singular ou coletiva, ser titular pleno, em nome e por conta próprios, de determinada fração do capital social e/ou dos direitos de voto de uma instituição creditícia, empresa seguradora ou sociedade aberta (proémios dos artigo 13.°-A, n.° 1 do RGIC, artigo 166.°, n.° 1 do RGAS, e artigo 20.°, n.° 1 do CVM). Todavia, encontrando-se as instituições de crédito, empresas seguradoras e sociedades abertas frequentemente integradas no perímetro de grupos económicos cuja estrutura assenta numa rede piramidal de participações intersocietárias, ou simplesmente em virtude da frequente disseminação do respetivo capital social ou da complexidade do respetivo controlo e governo, foi ganhando uma crescente importância uma outra modalidade: a *titularidade indireta* – também por vezes designada "fático-material", "económica", ou "ficta" – que se consubstancia genericamente num fenómeno de titularidade de participações sociais detidas por intermédio de interpostos sujeitos ou entidades. Com vista a identificar os "verdadeiros" titulares económicos das participações, assegurando assim também a eficácia dos comandos jurídicos e prevenindo a sua ilusão pelos seus próprios destinatários, o legislador veio prever que, em certas circunstâncias, o capital e/ou votos detidos pelo titular "formal" ou direto possam ser imputados àqueles titulares "económicos" ou fáticos, ficcionando essa titularidade.

III. Questão central associada à titularidade indireta de participações de capital e votos em instituições de crédito, empresas de seguros e sociedades abertas é assim, naturalmente, a relativa ao regime jurídico da sua determinação e cômputo: os critérios legais *da existência, imputação e montante da titularidade de participações sociais jusbancárias, jusseguradoras e jusmobiliárias* foram previstos pelo legislador português a respeito da figura central da *"participação qualificada"* em instituições de crédito (artigos 2.°-A, *ee*), 13.°-A e 13.°-B do RGIC), em empresas de seguros (artigos 6.°, n.° 1, *ff*), 166.° e 167.° do RGAS) e em sociedades abertas (artigos 16.°, 20.° e 20.°-A do CVM).

IV. É certo que o *artigo 483.°, n.° 2 do Código das Sociedades Comerciais* (CSC) consagrou uma norma geral em matéria da titularidade indireta de participações sociais, fixando critérios de imputação e cômputo relativos às participações nas sociedades comerciais em geral ("rectius", sociedades anónimas, por quotas e em comandita por ações: cf. artigo 481.°, n.° 1 do CSC)[2]. Todavia, no caso específico de sociedades anónimas que revistam a natureza de instituições creditícias ("maxime", um banco: cf. artigos 3.°, n.° 1, *a*) e 14.°, n.° 1, *b*) do RGIC), de empresas seguradoras (cf. artigo 3.°, n.° 1, *a*) do RGAS) ou de sociedades abertas (artigo 13.° do CVM), a averiguação da existência e o cálculo do montante das participações de capital e/ou votos nestas detidas deverá ser realizada com base, para além de tais critérios gerais, nos próprios *critérios específicos* previstos nas referidas normas dos RGIC, RGAS e CVM[3].

V. É também certo que nem todas as disposições previstas nos RGIC, RGAS e CVM, cuja hipótese legal se refere à titularidade de participações de capital e votos ou cuja aplicabilidade está dependente da prévia determinação dessa titularidade, têm necessariamente em vista as referidas "participações qualificadas" – já que existem algumas disposições esparsas que remetem genericamente para a titularidade de uma "participação", qualificada ou não. Nem aí, contudo, tais critérios deixarão de ser relevantes: salvo disposição legal expressa ou tácita em sentido contrário ou quando a tal se oponha o regime legal específico aplicando, os critérios legais previstos nos citados preceitos serão, pois, indistintamente aplicáveis à determinação e ao cômputo da titularidade de quaisquer participações sociais de capital e/ou votos em instituições de crédito, em empresas de seguros, e em sociedades abertas.

2. *Instrumentos financeiros derivados e titularidade de ações*

I. Ilustração lídima da crescente sofisticação da titularidade indireta de participações sociais é o recurso intensivo ao uso de *instrumentos financeiros derivados* como instrumento de dissociação entre titularidade jurídico-formal e titularidade económica-material dos votos associados ao capital de instituições bancárias, empresas seguradoras ou sociedades abertas[4].

[2] Sobre tal disposição fundamental, vide Antunes, J. Engrácia, *Os Grupos de Sociedades – Estrutura e Organização Jurídica da Empresa Plurissocietária*, 318 e segs., Almedina, Coimbra, 2002.

[3] Sobre tais regras, vide Antunes, J. Engrácia, *A Supervisão Consolidada dos Grupos Financeiros*, 39 e segs., UCP Editora, Porto, 2000 (no domínio das instituições de crédito); Antunes, J. Engrácia, *Participações Qualificadas e Domínio Conjunto (A Propósito do Caso "António Champalimaud – Banco Santander")*, 32 e segs., UCP Editora, Porto, 2000 (no domínio das empresas seguradoras); Resende, J. Mattamouros, *A Imputação de Direitos de Voto no Mercado de Capitais*, UCP Editora, Lisboa, 2010 (no domínio das sociedades abertas).

[4] Sobre os derivados como instrumento de dissociação ("decoupling") entre a titularidade jurídica e económica das ações e votos, bem como técnica de camuflagem da propriedade societária ("hidden

II. Com efeito, sempre que uma pessoa, singular ou coletiva, adquire um determinado instrumento financeiro derivado (v.g., futuro, opção, "swap") que tem como ativo subjacente as ações de determinada instituição de crédito, empresa de seguros ou sociedade aberta, tal instrumento financeiro pode ser idóneo a atribuir àquele a propriedade económica sobre tais ações, bem assim o controlo dos inerentes direitos de votos[5].

III. Tal resultado é mais ou menos óbvio, desde logo, no caso dos derivados com *liquidação física* ("physically-settled derivatives"), os quais, implicando para as partes obrigações jurídicas de entrega, opções de aquisição, recompra, ou outras formas de transmissão das ações que funcionam como ativo subjacente, são naturalmente suscetíveis de originar a titularidade direta e em nome próprio dessas ações na data de vencimento do instrumento.

IV. Mas algo de semelhante se pode igualmente verificar nos próprios derivados com *liquidação financeira* ("cash-settled derivatives"). De facto, nestes derivados, e por definição, o adquirente do instrumento, titular da "posição longa", *fica exposto ao risco económico do ativo subjacente* (encaixando os benefícios resultantes da subida do preço de mercado das ações e as perdas decorrentes da sua descida). Além disso, dado ser frequente que a contraparte, titular da "posição curta" (usualmente, um banco de investimento), realize a cobertura do risco da sua posição através da aquisição do próprio ativo subjacente (ações),

ownership"), vide Antunes, J. Engrácia, *Os Instrumentos Financeiros,* 23, 3.ª edição, Almedina, Coimbra, 2017; Martins, J. Fazenda, *Operações sobre Instrumentos Derivados, Imputação de Direitos de Voto e Contrapartida de Oferta Pública de Aquisição,* in: AA.VV., "Estudos em Memória do Prof. Paulo Sendin", 133-166, UCP Editora, Lisboa, 2012; Oliveira, A. Perestrelo/ Oliveira, M. Perestrelo, *Derivados e Governo Societário: A Propósito da Nova Regulação Europeia e da Consulta Pública da ESMA sobre "Empty Voting",* in: IV "Revista de Direito das Sociedades" (2012), 49-10. Noutros quadrantes, vide Baums, Theodor/ Sauter, Maiker, *Anschleichen an Übernahmeziele mittels Cash Settled Equity Derivaten – Ein Regelungsvorschlag,* Institute for Law and Finance, Frankfurt, 2009; HU, Henry/ BLACK, Bernard, *The New Vote Buying: Empty Voting and Hidden (Morphable) Ownership,* in: 79 "Southern California Law Review" (2006), 811-908; Lo Po, Luca, *Cash-Settled Corporate Equity Derivatives. The Relationship Between Disclosure Rules and Decoupling Phenomena,* in: 7 "Rivista di Diritto Bancario" (2014), 1-28; Monga, Anish, *Using Derivatives to Manipulate the Market for Corporate Control,* in: XII "Stanford Journal of Law, Business and Finance" (2006), 186-219; Rhee, June, *A Theory of Empty Voting and Hidden Ownership,* HLS Forum on Corporate Governance and Financial Regulation, Harvard, 2012.

[5] Como é sabido, os derivados são instrumentos financeiros que podem tomar como ativos subjacentes (ou "derivantes") qualquer tipo de realidade, de natureza corpórea ou incorpórea, real ou virtual, industrial ou financeira, jurídica ou económica – ponto é que se trate de realidades tipicamente sujeitas a risco de variação do respetivo valor. Sobre o ponto, vide Antunes, J. Engrácia, *Os Derivados,* 99, in: 30 "Cadernos do Mercado de Valores Mobiliários" (2008), 91-136.

então subsiste *o perigo de o titular do instrumento, ou da "posição longa", estar em condições, já aí, de controlar os direitos de voto associados a tais ações ou até de assegurar a aquisição dessas ações na maturidade do instrumento*, em virtude de a contraparte, interessada que está na manutenção de um relacionamento comercial estável e duradouro, não deixar de levar em linha de conta os interesses e até as instruções daquele titular.[6]

II. O Direito comparado

I. A relevância jurídica da titularidade de instrumentos financeiros derivados atributivos de posições económicas longas sobre ações de sociedades abertas constitui hoje um *denominador comum do direito comparado*.

II. Com efeito, e desde logo, essa relevância foi expressamente consagrada pelo *legislador europeu*, através da Diretiva 2013/50/UE, de 22 de outubro, que veio rever a chamada "Diretiva da Transparência" e alargar o dever de comunicação e de divulgação de participações qualificadas aos instrumentos financeiros derivados com efeito económico similar à detenção de ações (cf. artigos 13.º e 13.º-A da Diretiva 2004/109/CE, de 15 de dezembro, na versão consolidada resultante daquela revisão).

III. Por outro lado, o relevo imputativo dos instrumentos financeiros derivados é também hoje reconhecido por um crescente número *legisladores estrangeiros,* designadamente nos países da "Civil Law". Vejam-se assim, apenas a título de exemplo, o § 25 da "Wertpapierhandelsgesetz" na Alemanha ("Mitteilungspflichten beim Halten von Instrumenten")[7], a Rule 5.3.1 (b) das

[6] Esta ideia foi lapidarmente formulada por Eugenio De Nardis e Matteo Tonelli: "The derivatives dealer (i.e., the short party in the derivatives transaction) often holds the underlying securities as a hedge against its short position. Especially in those cases where the equity swap involves a substantial amount of shares of a single company, hedging with matched shares may be the only commercially sound choice for the dealer. For the seller, to refuse to sell the shares to the long investor upon termination of the swap could mean compromising a profitable business relationship. In fact, as the United Kingdom's Panel on Takeovers and Mergers said in a report on these derivatives transaction, it is «frequently the expectation» of a long swap equity holders that the derivatives dealer would ensure that the shares are available to be voted by its customer and/or sold to the customer upon termination of the contractual relationship" (*Know Your Shareholders: The Use of Cash-Settled Derivatives to Hide Corporate Ownership Interests*, 2, in: "The Conference Board" (2010), 1-12).

[7] "Die Mitteilungspflicht nach § 21 Absatz 1 und 1a gilt (...) für unmittelbare oder mittelbare *Inhaber von Instrumenten, die dem Inhaber entweder sich auf Aktien im Sinne der Nummer 1 beziehen und eine*

"Disclosure and Transparency Rules" da "Financial Conduct Authority" na Inglaterra ("Notification of Voting Rights Arising from the Holding of Certain Financial Instruments")[8], o artigo L233-9, 4.°-bis, do "Code de Commerce" em França ("Information sur les Prises de Participations Significatives")[9], ou o artigo 120, "comma" 4, d-*ter*) do "Testo Unico della Finanza" em Itália ("Obblighi di Comunicazione delle Detenzione di Strumenti Finanziari Derivati")[10]. E algo de semelhante se passa nos países da "Common Law" – a começar pelos Estados Unidos da América (cf. section 13(d) do "Dood-Frank Act")[11].

III. **O Direito português**

1. ***O Regulamento CMVM 5/2008***

I. Foi justamente nesta ordem de considerações que os artigos 2.°-A e 2.°-B do *Regulamento CMVM 5/2008*, de 2 de outubro, introduzidos pelo Regulamento CMVM 5/2010, de 1 de outubro, vieram consagrar expressamente a relevância jurídica das posições económicas longas relativas a ações de sociedades abertas, ao equiparar à titularidade formal de ações ou votos, para efeitos

vergleichbare wirtschaftliche Wirkung haben wie die in Nummer 1 genannten Instrumente, unabhängig davon, ob sie einen Anspruch auf physische Lieferung einräumen oder nicht" (itálicos nossos). Cf. Fuchs, Andreas (Hrsg.), *Wertpapierhandelsgesetz*, 2. Aufl., Beck, München, 2016.

[8] "A person must make a notification (...) in respect of any financial instruments which they hold, directly or indirectly (...), *which are referenced to shares (...) with economic effect similar to that of the financial instruments referred to in (a), whether or not they confer a right to a physical settlement*" (itálicos nossos). Cf. FCA Handbook, *Disclosure and Transparency Rules*, 2016.

[9] "Sont assimilés aux actions ou aux droits de vote (...) les actions déjà émises sur lesquelles porte tout accord ou *instrument financier mentionné à l'article L. 211-1 du code monétaire et financier ayant (...) un effet économique similaire à la possession desdites actions*, que cet accord ou instrument financier donne droit à un *règlement physique ou à un règlement en espèces*" (itálicos nossos). Cf. Causse, Hervé, *Droit Bancaire et Financier,* Mare & Martin, Paris, 2016.

[10] "La Consob, tenuto anche conto delle caratteristiche degli investitori, stabilisce com regolamento *i casi in cui la detenzione di strumenti finanziari derivati determina obblighi di comunicazione*" (itálicos nossos). Cf. Fratini, Marco/ Gasparri, Giorgio, *Testo Unico della Finanza,* 1617 e segs., Wolters Kluwer, Torino, 2012. Em data mais recente (30 de maio de 2016), a autoridade de supervisão italiana concluiu os seus trabalhos tendentes à aprovação das modificações ao "Regolamento Emittenti per il Recepimento della Direttiva Transparency in Materia di Asseti Proprietari".

[11] Vejam-se assim os comentários de Henry Hu, *Financial Innovation and Governance Mechanisms: The Evolution of Decoupling and Transparency,* 366 e segs., in: 70 "Business Lawyer" (2015), 347-405.

dos deveres de transparência e divulgação ao mercado, a titularidade de instrumentos financeiros derivados com liquidação financeira sobre tais ações.

II. Nos dizeres eloquentes do próprio legislador, "tem-se assistido, nos últimos anos, a diversos casos de participações qualificadas de grande dimensão comunicadas ao mercado sem aviso prévio porque construídas com base em instrumentos financeiros derivados com liquidação financeira. Estes contratos não se encontram especificamente cobertos pela atual Diretiva 2004/109/CE (Diretiva da Transparência) ou pelas atuais normas do Código dos Valores Mobiliários, exceto quando se subsumam à cláusula de detenção em nome próprio mas por conta de outrem. Todavia, trata-se de instrumentos financeiros que criam um efeito económico similar à detenção das ações e ainda que não permitam o acesso direto a direitos de voto, são idóneos para a aquisição e exercício de influência potencial sobre uma sociedade. (...) Assim sendo, é conveniente que se estendam os deveres de transparência sobre participações qualificadas às posições económicas longas sobre ações, por esta extensão impedir a ilusão do regime de transparência sobre a aquisição e alienação de participações qualificadas."[12].

III. O regime previsto no referido Regulamento CMVM 5/2008 é complexo, não cabendo aqui senão a indicação sumária dos seus principais aspetos.

IV. Por um lado, são considerados relevantes para estes efeitos todos os tipos de *instrumentos financeiros com liquidação financeira* ("maxime", futuros, "swaps", opções, contratos diferenciais ou outros contratos a prazo com liquidação financeira) que, não gerando autonomamente uma imputação de direitos de voto nos termos do artigo 20.°, n.° 1 do CVM, *possuam um efeito económico similar à detenção de ações* (artigo 2.°-A, n.° 2, *b*)): por efeito económico similar ("similar economic effect", "vergleichbare wirtschaftliche Wirkung", "effet économique similaire") entende-se genericamente a exposição aos benefícios resultantes do aumento e aos riscos resultantes da depreciação da cotação dessas ações (artigo 2.°-A, n.° 3). No caso especial de instrumentos financeiros que possuam como ativo subjacente, não exclusivamente as ações de determinada sociedade, mas um índice ou um cabaz de ações, relevam apenas aqueles instrumentos nos quais determinada ação cotada represente mais de 20% do valor total desse índice ou cabaz (artigo 2.°-A, n.° 4).

[12] Preâmbulo do Regulamento CMVM 5/2010, de 1 de outubro.

V. Por outro lado, preveem-se regras próprias em sede da *determinação do montante ou valor percentual do capital e votos* correspondentes a tal posição económica longa. Assim, ao titular do instrumento financeiro serão imputáveis, para além das ações cujos votos lhe sejam autonomamente imputáveis nos termos do artigo 20.°, n.° 1 do CVM (artigo 2.°-A, n.° 2, *a*)), o número de ações que a contraparte do instrumento necessitaria de deter para cobrir integralmente a respetiva exposição ao risco com base numa correspondência ajustada ao delta do instrumento financeiro ("delta-adjusted": artigo 2.°-A, n.° 5)[13].

VI. Finalmente, o titular do instrumento financeiro está *obrigado a informar* a autoridade de supervisão (CMVM) e a sociedade aberta participada de todas as posições económicas longas que franqueiem, para cima ou para baixo, um conjunto muito vasto de limiares percentuais do capital desta sociedade (2%, 5%, 10%, 15%, 20%, 25%, um terço, 40%, 45%, metade, 55%, 60%, dois terços, 70%, 75%, 80%, 85% e 90%) (artigo 2.°-A, n.° 1), exceto quando se trate de instrumentos financeiros detidos por instituições de crédito e empresas de investimento em resultado da sua atuação como contraparte ou detidos por intermediários financeiros na qualidade de criadores de mercado (artigo 2.°-B, todos do citado Regulamento 5/2008).

2. *A nova alínea i) do artigo 20.°, n.° 1 do CVM*

I. Numa alteração introduzida pelo Decreto-Lei n.° 22/2016, de 3 de junho, que veio transpor para o direito português a Diretiva 2013/50/UE, de 22 de outubro, o *artigo 20.° do CVM* passou também a consagrar expressamente, entre os critérios de imputação de direitos de voto, a relevância de tais instrumentos financeiros derivados sobre ações com liquidação financeira[14]: tal

[13] Os instrumentos derivados, sobretudo em virtude da usual alavancagem financeira que lhes anda associada, estão sujeitos a critérios de avaliação de risco e mensuração específicos, sendo o *Delta (δ)* o critério que mede a sensibilidade do preço do derivado a variações no preço do ativo subjacente. Em princípio, em linha com as regras fixadas no artigo 20.°, n.° 7 do CVM e no artigo 5.° do Regulamento Delegado UE/2015/761, de 17 de dezembro (relativo às normas técnicas de cálculo do número de ações e votos imputados a instrumentos com liquidação financeira) o número de votos é calculado num base ajustada pelo delta, sendo a posição em numerário igual a 1.

[14] Naturalmente, por maioria de razão, o legislador consagrou igualmente a relevância dos instrumentos financeiros com liquidação física: nos termos da alínea *f*), são relevantes os direitos de voto "que o participante possa adquirir em virtude de acordo celebrado com os respetivos titulares ou de instrumento financeiro: i) Que lhe confira o direito incondicional ou a opção de adquirir, por força de acordo vinculativo, ações com direitos de voto já emitidas por emitente cujas ações estejam admi-

como refere a atual *alínea i)* do artigo 20.º, n.º 1, são aqui relevantes os direitos de voto "inerentes a ações subjacentes a instrumentos financeiros detidos pelo participante, com liquidação financeira, indexados às ações mencionadas na alínea e) e com efeito económico similar à detenção de ações ou de instrumentos referidos nessa mesma alínea".

II. O regime legal associado a este critério é, no essencial, idêntico ao previsto no Regulamento CMVM 5/2008.

III. Assim, relativamente aos *tipos* de instrumentos financeiros com liquidação financeira, são aqui relevantes os "previstos na lista elaborada pela Autoridade Europeia dos Valores Mobiliários e dos Mercados nos termos do segundo parágrafo do n.º 1-B do artigo 13.º da Diretiva n.º 2004/109/CE, do Parlamento Europeu e Conselho, de 15 de dezembro de 2004, designadamente quaisquer acordos, com liquidação física ou financeira, com efeitos económicos similares à detenção de ações ou instrumentos referidos na alínea *e*) do n.º 1" (artigo 20.º, n.º 6 do CVM) – o que significa que devem considerar-se aqui abrangidos os futuros, "swaps", opções, "forwards" de taxas de juro, contratos diferenciais ou quaisquer outros contratos a prazo com liquidação física ou financeira[15].

IV. Relativamente ao *cálculo do montante percentual* dos votos imputáveis ao titular do instrumento financeiro, distingue-se também consoante se trata de instrumentos com exclusiva liquidação financeira – caso em que tal cálculo é realizado "numa base de correspondência ajustada ao delta («delta adjusted»), multiplicando o número total de ações subjacentes pelo delta do instrumento, nos termos previstos no artigo 5.º do Regulamento Delegado (UE) n.º 2015/761, da Comissão, de 17 de dezembro de 2014, sendo apenas consideradas as posições longas, que não devem ser compensadas com posições curtas relativas ao mesmo emitente do ativo subjacente" (artigo 20.º, n.º 7, *b*) do CVM) – ou de instrumentos indexados a um cabaz de ações ou a um índice – caso em que o cálculo é efetuado "nos termos do artigo 4.º do Regulamento Delegado (UE)

tidas à negociação em mercado regulamentado; ii) Com liquidação física, não abrangido pela subalínea anterior, mas indexado às ações nessa subalínea mencionadas e com efeito económico similar à detenção de ações ou de instrumentos referidos nessa mesma subalínea".

[15] European Securities and Market Association (EMSA), *Indicative List of Financial Instruments That Are Subject to Notification Requirements According to Article 13(1B) of the Revised Transparency Directive*, de 22 de outubro de 2015 (disponível em https://www.google.pt/search?q=indicative+list+of+ficinal+instruments+ESMA&ie=&oe=).

n.º 2015/761, da Comissão, de 17 de dezembro de 2014" (artigo 20.º, n.º 7, *b*) do CVM), ou seja, quando a ação cotada represente mais de 20% do valor total do índice ou cabaz ou os direitos de voto de um determinado emitente representem mais de 1% do total dos votos associados às ações desse emitente[16].

V. Não obstante esta consagração legal, importa sublinhar que, no direito português, a relevância jurídico-positiva dos instrumentos financeiros derivados para efeitos da titularidade de participações qualificadas em sociedades abertas remonta já a outubro de 2010. Com efeito, não obstante o legislador nacional apenas em data mais recente se tenha ocupado dessa problemática no âmbito do artigo 20.º do CVM (Decreto-Lei n.º 22/2016, de 3 de junho), a verdade é que, como justamente vimos atrás, um regime essencialmente idêntico havia sido já consagrado pelo Regulamento CMVM 5/2008, de 2 de outubro, na versão dada pelo Regulamento CMVM 5/2010, de 1 de outubro. Aliás, foi o próprio legislador a reconhecer isso mesmo quando, no preâmbulo do citado Decreto-Lei n.º 22/2016, esclareceu que a alteração introduzida tinha simplesmente por objetivo harmonizar o CVM com o regime da Diretiva 2013/50/UE, de 22 de outubro, a qual "acompanha as diversas soluções anteriormente adotadas em vários Estados membros nesta matéria, designadamente, em Portugal (...), que introduziram deveres equivalentes de transparência relativamente às chamadas «posições económicas longas»". Ora, como é sabido, os regulamentos constituem leis em sentido amplo (artigo 1.º, n.º 2 do Código Civil), o que vale por dizer que contêm comandos gerais e abstratos criadores de direitos e obrigações para os respetivos destinatários[17].

[16] O artigo 4.º do Regulamento Delegado UE/2015/761 dispõe o seguinte: "1 – Os direitos de voto a que se refere o artigo 13.º, n.º 1-A, alínea *a*), da Diretiva 2004/109/CE, no caso de um instrumento financeiro indexado a um cabaz de ações ou a um índice, são calculados com base no peso relativo da ação no cabaz de ações ou índice, caso se verifique uma das seguintes condições: *a*) os direitos de voto num determinado emitente detidos através de instrumentos financeiros indexados ao cabaz ou índice representam 1 % ou mais dos direitos de voto associados às ações desse emitente; *b*) as ações no cabaz ou índice representam 20 % ou mais do valor dos títulos nesse cabaz ou índice. 2 – Quando um instrumento financeiro é indexado a uma série de cabazes de ações ou índices, os direitos de voto detidos através dos cabazes de ações ou índices individuais não são acumulados para efeitos dos limiares estabelecidos no n.º 1."

[17] Sobre o valor jurídico-normativo dos regulamentos, vide Amaral, D. Freitas, *Direito Administrativo*, vol. II, 177 e segs., 2.ª edição, Almedina, Coimbra, 2014; sobre o seu relevo como fonte de Direito Comercial, Pédamon, Michel/ Kenfack, Hugues, *Droit Commercial*, 13, 3ème édition, Dalloz, Paris, 2011.

3. *A situação no âmbito do RGIC e do RGAS*

I. Finalmente, é mister salientar que a relevância da titularidade de instrumentos financeiros derivados foi apenas expressamente consagrada no âmbito das participações qualificadas em sociedades abertas (participações mobiliárias), tendo o legislador português omitido, até ao presente momento, a previsão de disposição semelhante às do artigo 20.°, n.° 1, *i*) do CVM ou do artigo 2.°-A do Regulamento CMVM 5/2008 *no domínio das normas do RGIC e do RGAS relativas às participações qualificadas em instituições de crédito e empresas seguradoras.*

II. Esta omissão é problemática, criando assim uma discrepância do regime jurídico da titularidade indireta de participações sociais no seio das empresas atuantes nos mercados financeiros (empresas creditícias, seguradoras, abertas)[18] para a qual não se antolha fundamento bastante. Com efeito, é mister recordar que, em grande medida fruto da transposição da Diretiva 2007/44/CE através do Decreto-Lei n.° 52/2010, de 26 de maio, os elencos legais dos critérios de imputação previstos no artigo 13.°-A, n.° 1 do RGIC para as empresas bancárias e no artigo 166.°, n.° 1 do RGAS para as empresas seguradoras são praticamente idênticos ao elenco do artigo 20.°, n.° 1 do CVM para as sociedades abertas – a ponto de alguns autores falarem mesmo de uma "mobiliarização do Direito Bancário das participações qualificadas"[19], numa asserção que, aliás, não pode deixar de ser também válida para o próprio Direito dos Seguros[20]. Um tal paralelismo, senão mimetismo, dos regimes jurídicos aplicáveis à titularidade indireta de ações e votos depõe fortemente no sentido de uma extensão da relevância do critério imputativo em apreço (titularidade de instrumentos financeiros derivados) ao domínio das participações jusbancárias e seguradoras "de iure condendo", senão mesmo, em certos casos, "de iure constituto"[21].

[18] Os mercados financeiros, bem como a sua regulação jurídica, são tradicionalmente divididos em três setores fundamentais: o mercado de crédito (de que se ocupa o Direito Bancário), o mercado de capitais (de que se ocupa o Direito dos Valores Mobiliários ou, como lhe preferimos chamar, o Direito do Mercado de Capitais), e o mercado do risco (de que se ocupa o Direito dos Seguros). Sobre a progressiva sobreposição destes setores jurídico-financeiros e a eventual emergência futura de um "Direito Financeiro" unitário, vide ANTUNES, J. Engrácia, *Direito dos Contratos Comerciais,* 469 e segs., Almedina, Coimbra, 2009.

[19] CÂMARA, Paulo/ BASTOS, M. Brito, *O Novo Regime Bancário da Aquisição de Participações Qualificadas e da Imputação de Direitos de Voto,* 507, in: AA.VV., "O Novo Direito Bancário", 499-534, Almedina, Coimbra, 2012.

[20] CORDEIRO, A. Menezes, *Direito dos Seguros,* 353, 2.ª edição, reimpressão, Almedina, Coimbra, 2017.

[21] Sublinhe-se que os inconvenientes desta omissão são apenas parcialmente mitigados considerando a circunstância de as empresas bancárias e seguradoras serem frequentemente, elas próprias, socieda-

IV. O caso particular dos "Equity Swaps"

I. A terminar este breve apontamento sobre o relevo atual dos *instrumentos financeiros derivados* no domínio da titularidade de participações sociais, importa chamar a atenção para o crescente protagonismo dos *"equity swaps" com liquidação financeira* como instrumento de aquisição da titularidade indireta de capital e votos em instituições de crédito, empresas de seguros e sociedades abertas[22].

1. *Os contratos de "Equity Swap"*

I. Os *contratos de "equity swap"* (literalmente, permuta sobre ações) são contratos pelos quais as partes assumem obrigações recíprocas de pagamento de quantias pecuniárias calculadas por referência a fluxos financeiros associados a um determinado ativo subjacente (ações). Em termos muito genéricos, uma das partes ("equity amount payer" ou com posição curta) obriga-se a pagar à contraparte as eventuais valorizações registadas pelo ativo subjacente (diferencial positivo entre o valor do montante das ações no momento da conclusão e no da execução do contrato, bem assim como eventuais dividendos gerados pelas mesmas), ficando a outra parte ("equity amount receiver" ou com posição longa) obrigada a pagar à primeira uma soma calculada por referência a uma taxa de juros aplicada a um valor nocional equivalente ao valor do montante de ações ao momento da conclusão do contrato, além de cobrir eventuais desvalorizações do ativo subjacente (diferencial negativo registado pelo valor do montante das ações entre os momentos da celebração e execução contratuais)[23].

des abertas emitentes de ações admitidas à negociação em mercado regulamentado, ficando, por essa via, abrangidas pelas leis mobiliárias (artigo 13.°, n.° 1, c) do CVM, artigo 2.°-A, n.° 1 do Regulamento CMVM 5/2008).

[22] Sobre o fenómeno, vide Baums, Theodor/ Sauter, Maiker, *Anschleichen an Übernahmeziele mittels Cash Settled Equity Derivaten – Ein Regelungsvorschlag*, Institute for Law and Finance, Frankfurt, 2009; Fleischer, Holger/ Schmolke, K. Ulrich, *Zum beabsichtigten Ausbau der kapitalmarktrechtlichen Beteiligungstransparenz bei modernen Finanzinstrumenten*, in: "Neue Zeitschrift für Gesellschaftsrecht" (2010), 846-854; De Nardis, Eugenio/ Tonello, Matteo, *Know Your Shareholders: The Use of Cash-Settled Derivatives to Hide Corporate Ownership Interests*, in: "The Conference Board" (2010), 1-12; Kettunen, Maiju/ Ringe, Wolf-Georg, *Disclosure Regulation of Cash-Settled Equity Derivatives – An Intentions-Based Approach*, University of Oxford, Legal Research Paper Series, 2011; Schiessl, Maximiliam, *Beteiligungsaufbau mittels Cash-Settled Total Return Equity Swaps – Neue Modelle und Einführung von Meldepflichten*, in: "Der Konzern" (2009), 291-299.

[23] Sobre os "equity swaps", vide Antunes, J. Engrácia, *Os Instrumentos Financeiros*, 227 e seg., 3.ª edição, Almedina, Coimbra, 2017; Ferreira, Domingos, *Swaps e Outros Derivados*, 209 e segs., Rei dos Livros, Lisboa, 2011. Para mais desenvolvimentos, Coopers & Lybrand, *Equity Swaps*, McGraw-

II. Os "equity swaps" são um tipo de *instrumento financeiro derivado*, expressamente previsto no artigo 2.°, n.° 1, *e*) do CVM. Tal como sucede com os demais derivados, eles podem ter por funções primordiais a cobertura de riscos económicos ("hedging"), a especulação ("trading") e a arbitragem ("arbitrage"): no essencial, os "equity swaps" permitem contratualizar a transferência ou especulação sobre o risco económico associado às oscilações do valor de um determinado quantitativo de ações[24]. Os "equity swaps" são contratos de natureza *consensual* – embora revestindo usualmente forma escrita voluntária (artigo 222.° do Código Civil) mediante remissão para modelos contratuais padronizados ou "master agreements"[25] –, *sinalagmática* – dos quais resultam obrigações para ambas as partes unidas por um nexo de reciprocidade –, *onerosa* – envolvendo atribuições patrimoniais para ambas as partes – e *a prazo* – de execução diferida (a cumprir no futuro).

III. Além disso, os "equity swaps" podem ser objeto de *liquidação física* ou *liquidação financeira*[26]. Os primeiros ("physically-settled equity swaps") são instrumentos financeiros que implicam uma efetiva mobilização da propriedade das ações subjacentes, já que o titular da posição curta ("equity amount payer") se encontra obrigado a entregar ou transmitir a propriedade dos próprios títulos acionistas ao titular da posição longa ("equity amount receiver") no vencimento do contrato. Já os últimos ("cash-settled equity swaps") consistem em

Hill, London, 1994; Francis, J. Clark/ Toy, William/ Whittaker, J. Gregg, *The Handbook of Equity Derivatives*, 343 e segs., Wiley & Sons, New York, 2000.

[24] Sobre as funções económicas gerais dos derivados, vide Girino, Emilio, *I Contratti Derivati*, 16 e segs., Giuffrè, Milano, 2001; Hudson, Alastair, *The Law on Financial Derivatives*, 15 e segs., 3rd edition, Sweet & Maxwell, London, 2002; Reiner, Günter, *Derivative Finanzinstrumente im Recht*, 4 e segs., Nomos, Baden-Baden, 2002.

[25] Tais contratos-modelo são elaborados por organizações internacionais especializadas, com particular destaque para a "ISDA – International Swap Dealers Association", contendo um conjunto de condições gerais que virão a enquadrar e regular os diferentes contratos individuais de permuta financeira celebrados entre as partes. Cf. Harding, Paul, *Mastering the ISDA Master Agreements (1992 and 2002): A Practical Guide for Negotiation*, 3rd edition, FT Prentice Hall, London, 2010.

[26] Assim sucede também com a esmagadora maioria dos demais derivados. Tal significa dizer que a execução das prestações contratuais na data do seu vencimento pode ser realizada segundo duas modalidades: uma modalidade física ("physical settlement"), consistente na entrega do ativo subjacente contra o pagamento do preço respetivo, ou uma modalidade puramente financeira ("cash settlement"), consistente no mero desembolso do saldo ou diferencial pecuniário entre os preços do ativo fixado na celebração do contrato ("strike price" ou preço de exercício) e apurado no vencimento do mesmo ("spot price" ou preço de referência). Cf. Antunes, J. Engrácia, *Os Instrumentos Financeiros*, 200 e segs., 3.ª edição, Almedina, Coimbra, 2017; Antunes, J. Engrácia, *Os Derivados*, 109 e seg., in: 30 "Cadernos do Mercado de Valores Mobiliários" (2008), 91-136.

puros contratos diferenciais, construídos por referência a um lote meramente nocional de ações ("equity notional amount") e que não envolvem quaisquer direitos ou obrigações à mobilização física das ações, dando origem a meras obrigações de pagamento que tomam por base o saldo pecuniário diferencial apurado entre os valores de partida e de chegada daquele montante nocional[27].

2. *"Equity Swaps" e "Hidden Ownership"*

I. Ora, como frisámos logo no início, graças à dissociação ("decoupling") entre a propriedade jurídica e económica das ações subjacentes, *os "equity swaps" com liquidação financeira vêm-se tornando num dos derivados mais difundidos da titularidade indireta de capital e votos.*

II. Com efeito, tornou-se hoje visível a olho nu a utilização massiva dos "equity swaps" como expediente da aquisição da *propriedade oculta* de ações cotadas ("hidden ownership")[28] ou da estruturação de *participações encobertas* ou dissimuladas em sociedades abertas ("verdeckter Beteiligungen")[29], através dos quais os investidores têm sucedido a adquirir discretamente a titularidade material ou económica de lotes significativos do capital e votos de sociedades abertas, passando assim a dispor nestas do correspondente poder de influência e até controlo, à margem do conhecimento do mercado e furtando-se aos deveres imperativos consagrados na lei ("maxime", deveres de divulgação de participações qualificadas e de lançamento de OPA obrigatória). Exemplos bem conhecidos deste fenómeno são, a nível internacional, o caso "Continental AG – Schaeffler" na Alemanha[30] e, a nível interno, o caso "Portugal Telecom – Telefónica"[31].

[27] Sobre os "equity swaps" com liquidação financeira, vide Lo Po, Luca, *Cash-Settled Corporate Equity Derivatives. The Relationship Between Disclosure Rules and Decoupling Phenomena*, 7 e segs., in: 7 "Rivista di Diritto Bancario" (2014), 1-28.

[28] Rhee, June, *A Theory of Empty Voting and Hidden Ownership*, HLS Forum on Corporate Governance and Financial Regulation, Harvard, 2012.

[29] Jocham, Felix, *Verdeckter Beteiligungsaufbau im Spannungsfeld von Handlungsfreiheit und Transparenz*, Würzburger Arbeiten zum Wirtschaftsrecht, Band 6, 2014.

[30] Neste caso, a empresa "Schaeffler AG" conseguiu reunir, de modo não transparente e sem conhecimento do mercado, uma participação de cerca de 36% no capital e votos da sociedade aberta alemã "Continental AG": para além de ser titular direta de 2,97% do capital social e de uma opção de compra sobre 4,95% desse capital, a Schaeffler celebrara ainda um "equity swap" relativo a 28% das ações da Continental, tendo o mercado permanecido na ignorância dessa participação significativa até ao momento em que a Schaeffler lançou uma OPA sobre a totalidade do capital da Continental

III. Além disso, importa sublinhar que a relevância deste tipo de instrumento financeiro derivado é largamente independente da respetiva modalidade de liquidação (física ou financeira). Tal relevância – que é óbvia no caso dos "physically-settled equity swaps", os quais envolvem obrigações jurídicas de entrega ou venda das ações subjacentes na sua maturidade – ocorrerá também frequentemente nos *"cash-settled equity swaps"*. De facto, este tipo de derivado investe tipicamente o "equity amount receiver", titular da posição longa, no risco económico global do ativo subjacente, expondo-o às eventuais valorizações e desvalorizações das ações. Além disso, sendo frequente a contraparte ("equity amount payer" ou titular da posição curta) realizar a cobertura do risco da sua própria posição através da aquisição do ativo subjacente (ações), então tais derivados são suscetíveis de assegurar ao "equity amount receiver", titular da posição longa, simultaneamente, a aquisição dessas ações na maturidade do instrumento ou o controlo dos direitos de voto a estas associados durante a respetiva vigência, tendo em atenção o dado da experiência ("Erfahrungstatsache") segundo o qual a contraparte (usualmente, um banco de investimento) não deixará em princípio de refletir o sentido da vontade porventura manifestada pelo titular da posição longa sobre o exercício de tais direitos, não porque a tal esteja jurídico-formalmente obrigada, mas porque, via da regra, está interessada na manutenção de uma relação de negócio estável e duradoura com os seus clientes[32].

(Zetzsche, Dirk, *Continental vs. Schaeffler: Hidden Ownership and European Law – A Matter of Law or Enforcement*, in: AA.VV., "Direito dos Valores Mobiliários", vol. IX, 247-285, Coimbra Editora, Coimbra, 2009). Outros exemplos conhecidos são os casos "Fiat – Exor" e "Perry Corporation – Guiness Peat": cf. Antunes, J. Engrácia, *Os "Hedge Funds" e o Governo das Sociedades*, 69, in: AA.VV., "Direito dos Valores Mobiliários", vol. IX, 9-70, Coimbra Editora, Coimbra, 2009.

[31] Neste caso, a empresa "Telefónica, S.A.", titular de uma participação de 10% do capital e votos da "Portugal Telecom, SGPS, S.A.", reduziu tal participação para 2,02% através de vendas de ações e subsequente realização de contratos de "equity swap" sobre essas mesmas ações: em comunicado de 28 de julho de 2010, a CMVM veio considerar que tais contratos, ao manterem intacta a exposição da Telefónica aos riscos e benefícios económicos das ações PT, constituíam base relevante para a imputação à primeira dos direitos de voto inerentes a tais ações nos termos do artigo 20.°, n.° 1, a) e c) do CVM (cf. http://www.cmvm.pt/pt/Comunicados/Comunicados/Pages/20100628a.aspx).

[32] Trata-se de uma opinião muito difundida na doutrina: Baums, Theodor/ Sauter, Maiker, *Anschleichen an Übernahmeziele mittels Cash Settled Equity Derivaten – Ein Regelungsvorschlag*, 5 e seg., Institute for Law and Finance, Frankfurt, 2009; De Nardis, Eugenio/ Tonello, Matteo, *Know Your Shareholders: The Use of Cash-Settled Derivatives to Hide Corporate Ownership Interests*, 2, in: "The Conference Board" (2010), 1-12; Lo Po, Luca, *Cash-Settled Corporate Equity Derivatives. The Relationship Between Disclosure Rules and Decoupling Phenomena*, 7 e segs., in: 7 "Rivista di Diritto Bancario" (2014), 1-28; Kettunen, Maiju/ Ringe, Wolf-Georg, *Disclosure Regulation of Cash-Settled Equity Derivatives – An Intentions-Based Approach*, 2 e seg., University of Oxford, Legal Reserch Paper Series, 2011.

IV. Esta *"presunção" da propriedade económica das ações* subjacentes aos "cash--settled equity swaps" por parte do titular da posição longa ("equity amount receiver") acabou por ser reconhecida, quer pelo *legislador português* (artigos 2.º-A e 2.º-B do Regulamento CMVM 5/2008, de 2 de outubro, na versão revista de 2010, além do próprio CVM posteriormente), quer pelo *legislador europeu* (artigo 13.º da "Diretiva da Transparência", na versão revista de 2013).

Nas palavras do legislador português, "a suscetibilidade de influência por parte do detentor deste tipo de instrumentos resulta do facto de a sua contraparte realizar a cobertura da sua posição, frequentemente, através da aquisição das ações que são o ativo subjacente do instrumento. Em consequência, o detentor dos instrumentos financeiros derivados com liquidação financeira tem a suscetibilidade de exercer influência de facto sobre os direitos de voto detidos formalmente pela contraparte, a qual, tipicamente, procura assegurar a manutenção de um relacionamento comercial estável e duradouro"[33]. E nas palavras do legislador europeu, "a inovação financeira levou à criação de novos tipos de instrumentos financeiros, que provocam para os investidores uma certa exposição económica face às empresas e cuja divulgação não está prevista na Diretiva 2004/109/CE. Esses instrumentos poderiam ser utilizados para adquirir, de modo secreto, participações em sociedades, o que poderia dar origem a abusos de mercado e criar uma imagem falsa e enganosa da propriedade económica de sociedades cotadas em bolsa. A fim de garantir que os emitentes e os investidores tenham pleno conhecimento da estrutura de propriedade das empresas, a definição de instrumentos financeiros da referida diretiva deverá passar a incluir todos os instrumentos com efeito económico similar à detenção de ações e a direitos de aquisição de ações"[34].

[33] Preâmbulo do Regulamento CMVM 5/210, de 1 de outubro.

[34] Preâmbulo da Diretiva UE/2013/50, de 22 de outubro. Assim também a EUROPEAN SECURITIES AND MARKET ASSOCIATION (EMSA): "It is highly probable that such a financial institution will hedge its position with the underlying shares or with an instrument which may provide access to such shares. At the end of the contract, the financial institution will normally sell the shares, and its counterparty (the holder of the long instrument or buyer) will be in a privileged position to buy or in any other way gain access to those shares, either directly by purchasing the shares from the financial institution or indirectly by purchasing the shares that the financial institution is selling in the market. Additionally, given the commercial relationship between the client and the financial intermediary, the latter will seek to preserve the business relationship with its client. As a result, the financial intermediary may have the ability to exercise a significant degree of de facto control over the voting rights attached to the shares held as a hedge" (*On Draft Regulatory Technical Standards on Major Shareholdings and Indicative List of Financial Instruments Subject to Notification Requirements under the Revised Transparency Directive*, 41, Brussels, 2014).

O Código Civil e as transformações do Direito de família

PROF. DOUTOR JOÃO ZENHA MARTINS*

SUMÁRIO: *I. Enquadramento. II. Refluxo. III. Família e Sociedade. IV. Coordenadas sistémicas.*

I. **Enquadramento****

1. O Código Civil português, aprovado pelo Decreto-Lei n.º 47344, de 25.11.1966, filia-se no pandectismo, adoptando a sistemática do *Bürgerliches Gesetzbuch* (BGB)[1], com cinco livros: *I – Parte Geral; II – Obrigações; III – Coisas; IV – Família; V – Sucessões*, colhendo, na sequência da dogmática civilística de Guilherme Moreira [*Instituições de Direito Civil Português* (1907)] e Manuel de Andrade [*Teoria Geral da Relação Jurídica* (1944)], o esforço de uma "sabedoria dos séculos"[2]. Com a redescoberta do Direito romano a ser empreendida, a tempos diferentes, pelos glosadores do *Corpus Juris Civilis* (Idade Média) – que

* Professor Auxiliar da Faculdade de Direito da Universidade Nova de Lisboa e Membro do CEDIS.

** Texto que serviu de base à minha intervenção no dia 25 de novembro de 2016 no âmbito do Congresso Internacional de comemoração dos 50 anos do Código Civil organizado pela Faculdade de Direito da Universidade de Coimbra.

[1] E outro tanto do *Schweizerisches Zivilgesetzbuch* (ZGB) suíço de 1907, de EUGEN HUBER. Importa, todavia, não esquecer que, em 1938, no ordenamento alemão, uma lei de família já havia destacado do Código o direito de celebração do casamento e o divórcio, o mesmo tendo sucedido com o direito de redação do testamento e do contrato sucessório.

[2] Isto, num momento em que, aliás, o neutralismo da *Allgemeiner Teil* começava a ser abalado no seu país por um jusnaturalismo renascido dos "espinhos da história contemporânea". Ver ORLANDO GOMES, "O projecto de reforma do Código Civil Português", BMJ 1966, n.º 159, 5-458, também responsável pela revisão de 1962 do Código Civil brasileiro (1916), e ORLANDO DE CARVALHO, *A Teoria Geral da Relação Jurídica, Seu Sentido e Limites,* Coimbra, Centelha, 1981, 6.

conformaram as diversas Ordenações do Reino[3] –, pelos iluministas franceses (Idade Moderna) e pandectistas alemães (Idade Contemporânea), o Código de 1966, cuja génese é situável em 1944[4], cortou com a genealogia antropocêntrica que permeava o Código de Seabra[5], fortemente inspirado no *Code Civil*[6], este, por seu turno, largamente influenciado pela divisão tripartida das *Institutas* (pessoas, coisas e ações), de Gaio[7].

A explicação para a integração sistemática do Direito de família no Direito civil está no génio de Savigny, que acentuando a incompletude do Homem a partir de uma visão solipsista, fez relevar a dialética ipseidade/alteridade que, por contraste com o Direito das obrigações, marca, no plano institucional, a realidade familiar[8].

Com efeito, importando não perder de vista que os primeiros estudos de revisão do Código de Seabra surgiram a propósito das *pessoas e da família*[9], já

[3] A saber: Código Afonsino ou Ordenações Afonsinas, 1448 (formalmente em 1446 por D. Pedro, Duque de Coimbra); Código Manuelino ou Ordenações Manuelinas, 1512-1520 (por D. Manuel I; modificado em 1526, 1533 e 1580); Código Filipino ou Ordenações Filipinas, 1603.

[4] Com o Decreto-Lei n.° 33 908, de 04.09 (1944), foi o Ministro da Justiça, Adriano Pais da Silva Vaz Serra, "autorizado a promover os trabalhos de elaboração de um projecto de revisão geral do Código Civil". Volvidos 22 anos, em 25.11.1966, nasceu o atual Código Civil, em comissão presidida por Adriano Vaz Serra, sendo Ministro da Justiça João Antunes Varela.

[5] O Código Civil de 1867 foi elaborado por António Luís de Seabra e Sousa, Juiz-Conselheiro do Supremo Tribunal de Justiça e Reitor da Universidade de Coimbra. Foi aprovado pelas Cortes por Carta de Lei de 01.07.1867, tendo entrado em vigor na Metrópole em 22.03.1868, apresentando-se, no plano estrutural, polarizado no sujeito de direito, i.e., na biografia do indivíduo jurídico.

[6] Que inspirou também o Código Civil italiano de 1865, em certo sentido filho do movimento de unificação nacional promovido pela burguesia liberal. Exemplo claro da perdurabilidade do esforço codificador surgido no século XIX, o Código francês de 1804 conserva, dos seus 2.284 artigos, mais de 1200 sem reforma, sendo os mais modificados justamente os que compõem o Direito das pessoas e da família.

[7] Que contém três livros: I – Das pessoas (artigos 1.° a 515); II – Dos bens e das diversas modificações da propriedade (artigos 516 a 710); III – Das diferentes formas por que se adquire a propriedade (artigos 711 a 2281). Sem prejuízo da reconhecida influência do Código Napoleónico, o Visconde de Seabra, em construção original, assumiu uma sistemática tetrapartida: «Parte I – Da capacidade civil»; «Parte II – Da aquisição dos direitos»; «Parte III – Do direito de propriedade»; «Parte IV – Da ofensa dos direitos e da sua reparação».

[8] Marietta Auer, *Der privatrechtliche Diskurs der Moderne,* Mohr Siebeck, Tubinga, 2014, 83-4. Como notavelmente salientou Manuel Gomes Da Silva, "Esboço de uma concepção personalista do direito: reflexões em torno da utilização do cadáver humano para fins terapeuticos e científicos", Separata RFDUL, vol. XVII, 1964, 91, o Homem "vive unido aos seus semelhantes, assim na comunidade, como na história, mas nem por isso deixa de ter um fim pessoal e singular".

[9] Em concretização do Decreto-Lei n.° 31844, de 08.01.1942, que o autorizava «a nomear uma comissão para o efeito de elaborar um projecto de reforma da legislação relativa aos serviços jurisdicionais de menores» (artigo 1.°), o ministro da Justiça nomeou para essa comissão Fernando Pires de Lima,

então o Direito de família mostrava uma permeabilidade incomum às alterações políticas, sociais, económicas e culturais, porosidade que, encontrando reflexo direto nos preceitos da Constituição da República Portuguesa, substancia a área mais mutável do Direito civil. Se, em fase anterior, o Direito de família refletia as especificidades historicamente consolidadas de cada país e projetava um conjunto de opções civilizacionais tendencialmente acantonáveis a um reduto ineliminável de soberania, o movimento de unificação normativa que cruza áreas fundamentais do Direito civil estendeu-se a este espaço. Sendo, por isso, crescente a comunhão de soluções vislumbráveis em diferentes Estados, outrora com soluções marcadamente contrastantes[10], qualquer estudo do Livro IV que desconheça essa influência será necessariamente parcial, destacando-se a Convenção Europeia dos Direitos do Homem (CEDH) e a Carta dos Direitos Fundamentais da União Europeia (CDFUE), e, em sequência, a jurisprudência do Tribunal de Estrasburgo e do Tribunal do Luxemburgo[11].

Sem que seja possível dissociar a unificação deste movimento da centralidade que a família assume na construção da personalidade de cada qual – embora, também aqui, a implicação de um Direito em camadas não escape ao fenómeno de *jet lag* normativo –, é nítido que Direito de família e direitos fundamentais caminham em uníssono, reinformando uma área do Direito civil onde os influxos de instrumentos internacionais com vocação garantista e da Constituição são geralmente sobrenotados. Embora a tempos diferentes, as novas dimensões do direito ao livre desenvolvimento da personalidade e do princípio da igualdade[12], os movimentos de desformalização que vêm atraves-

que cedo fez notar "que se impunha, antes de tudo, reformar alguns capítulos da nossa legislação, e designadamente os respeitantes às matérias de filiação, poder paternal, tutela de menores, emancipação e maioridade, há muito envelhecidos, e sem o que não se poderia esperar obra aproveitável nem obra duradoura". Cfr. Fernando Pires de Lima, "Filiação, poder paternal, tutela de menores, emancipação e maioridade (projecto de reforma)", BFDUC 1944, vol. XX, 516 e Adriano Vaz Serra, "A revisão geral do Código Civil", BFDUC 1946, vol. XXII, 452.

[10] Nina Dethloff, «Europäische Vereinheitlichung des Familienrechts», *Archiv für die civilistische Praxis*, vol. 204, 2004, 544-568.

[11] Cabendo ainda ter presente a normação da UE que faz frequentemente apelo a estes instrumentos, como sucede com o preâmbulo da Directiva 2003/86/CE do Conselho de 22.09, relativa ao direito ao reagrupamento familiar, ao prever que "as medidas relativas ao agrupamento familiar devem ser adoptadas em conformidade com a obrigação de protecção da família e do respeito da vida familiar consagrada em numerosos instrumentos de direito internacional (...) e a presente directiva respeita os direitos fundamentais e observa os princípios reconhecidos, designadamente, no artigo 8.° da Convenção Europeia para a Protecção dos Direitos Humanos e das Liberdades Fundamentais e na Carta dos Direitos Fundamentais da União Europeia".

[12] Assumindo particular relevo a proibição de discriminação em razão do sexo, cumpre recordar que este princípio já levou o TEDH a rejeitar a possibilidade de prestações diferenciadas para

sando o Direito civil, os desenvolvimentos bio científicos (com a associação de direitos que assomam um campo fértil de novas questões éticas e jurídicas ao reconhecimento da capacidade para procriar[13]), as alterações ao estatuto das mulheres e das crianças[14] ou as necessidades de tutela das pessoas idosas têm originado um fenómeno de recontextualização das relações familiares, *qua tale* associado a uma construção predominantemente antropocêntrica, fundável na tutela da pessoa humana *in totum*[15].

homens e mulheres casados (*Wessels-Bergervoet v. Países Baixos*, de 04.06.2002), de direitos diferentes em caso de viuvez (*Willis v. Reino Unido*, de 11.06.2002) ou mesmo, em articulação com o artigo 8.° da CEDH, a considerar inatendível a recusa das autoridades turcas em conceder a uma mulher autorização para usar unicamente o seu apelido de solteira em razão do casamento (*Ünal Tekeli v. Turquia*, de 16.11.2004), em caso que, pela sua dimensão, é hoje referência incontornável na análise do artigo 8.° da CEDH e na relação pressuposta com o Direito internacional privado. Por exemplo: Louwrens R. Kiestra, *The Impact of the European Convention on Human Rights on Private International Law*, Springer, Haia, 2014, 282.

[13] Em panorâmica, v. Alkorta Idiakez, "Nuevos límites del derecho de procriar", *Derecho Privado y Constitución* 2006, n.° 20, 9 e ss.., destacando-se, no Direito estrangeiro, a associação feita pelo *Supreme Court* entre essa capacidade e a intimidade da vida privada (*Skinner v. Oklahoma*, 316 US 535 77, de 1942, e *Roe v. Wade*, 410 US 113 78, de 1973) e a ligação estabelecida pelo Tribunal Constitucional espanhol dessa capacidade ao direito ao livre desenvolvimento da personalidade previsto no art. 10 da Constituição espanhola (STC 215/1994, de 14.07), salientando-se, todavia, a existência crescente de posições que, por contraste com os regimes da adoção genericamente existentes, sinalizam uma potencial rarefação do princípio do superior interesse da criança, associando a irrestrição da procriação medicamente assistida a um epicurismo infrene. A miríade de questões filosóficas que se suscitam tanto atinam com a procriação medicamente assistida (conjunto de técnicas destinadas à formação de um embrião humano sem intervenção do acto sexual) quanto com o recurso aos processos heterólogos (procriação com gâmetas de terceiros), sem que se possa esquecer a designada «maternidade de substituição» (entendida como o fenómeno da gestação por terceira pessoa) ou mesmo a procriação assistida *post mortem*.

[14] *Ex multis*, veja-se Brigitte Hess-Fallon/Anne-Marie Simon, *Droit de la famille* (3.ª ed.), Ed. Sirey, Paris, 2002, 4, que acrescentam a "intervenção crescente do Estado (solidariedade social)", e, entre nós, M.ª Margarida Silva Pereira, *Direito da Família*, Nova Causa, 2016, Porto, 132 e ss..

[15] Aludindo a um princípio *personocêntrico* inerente aos direitos fundamentais, v. J. J. Gomes Canotilho, "Dignidade e Constitucionalização da Pessoa Humana", *Estudos de Homenagem ao Prof. Doutor Jorge Miranda. Vol. II*, Coimbra Editora, Coimbra, 2012, 285. Com a dimensão autónoma da dignidade da pessoa humana a articular-se com a liberdade de conformação e de orientação da vida segundo o projecto espiritual de cada um, a autonomia vital da pessoa e a sua autodeterminação cruzam-se inevitavelmente com o conceito de família que a Constituição acolhe como "elemento fundamental da sociedade" e que, na formulação do Ac. TC n.° 121/2010, de 08.04 (Vítor Gomes), "é um conceito aberto e plural, adaptável às necessidades e realidades sociais".

II. **Refluxo**

2. O que vem de ser dito encontra expressão no facto de o Livro IV, relativo ao Direito de família, ser o Livro que mais alterações sofreu ao longo de meio século. Mais não sofreu, dado que foram muitos os diplomas que, com incidência directa ou reflexa sobre as situações jusfamiliares, foram feitos *a latere* do Código[16], podendo, todavia, condensar-se a *ressubstancialização* do Livro IV, e, em certa medida, do Direito de família contemporâneo, nas reformas de 1977 e 2008 do Código Civil. Esta simplificação, sendo potencialmente redutora, apresenta, contudo, virtualidades heurísticas, que iluminam o necessário contraste com a matriz originária do Código.

3. Assim, em 1977, e por força da Constituição de 1976, consagra-se o direito ao divórcio para os casamentos católicos[17], e uma igualdade de facto entre os cônjuges, que, afastando uma concepção hierárquica da família[18] [bastará lembrar a discriminação em favor do sexo masculino que havia na administração da herança (artigo 2080.°) ou a possibilidade de cessação da atividade profissional da mulher, decalcada do BGB, que fazia eco de que à mulher está destinada a construção do lar e o «governo doméstico» (artigo 1677.°)], é ainda manifestação clara da afirmação do valor da liberdade individual[19], mau grado fosse já questionável a (des)conformidade constitucional de parte substancial da regulação originária do Código[20], uma vez que a revisão constitucional de 1971 havia estabelecido, no § 2.° do artigo 5.°, a plena igualdade dos sexos, ressalvada apenas quando razões fundadas na sua natureza impusessem uma diversidade de regime[21].

[16] Em amostra: Jorge Duarte Pinheiro, *O Direito da Família Contemporâneo* (5.ª ed.), Almedina, Coimbra, 2016, 26-7.

[17] A Concordata com a Santa Sé, celebrada em 07.05.1940, logo seguida pelo Decreto n.° 30 615, de 25.07 do mesmo ano, proibiu a dissolução por divórcio dos casamentos católicos, regime depois consagrado no artigo 1790.°. Sobre o ponto, entre outros, Nuno de Salter Cid, "Sobre a separação de facto como fundamento do divórcio, e algo mais", *Textos de Direito da Família: para Francisco Pereira Coelho*, Imprensa da Universidade de Coimbra, Coimbra, 2016, 51-5.

[18] «O marido é o chefe da família» (artigo 1674.°), como tal exercendo um poder quase absoluto nas decisões sobre todos os assuntos do casal, vigiando a conduta da mulher, a quem se veda o exercício de certos direitos sem a sua autorização, a não ser que suprida pelo juiz (artigos 1676.° e 1696.°).

[19] Cfr. Jorge Duarte Pinheiro, *O núcleo intangível da comunhão conjugal*, Almedina, Coimbra, 2004, 21.

[20] Designadamente: artigos 1636.°, alínea e); 1672.°; 1674.°; 1675.°; 1676.°; 1677.°; 1686.°; 1699.°, alínea c); 1881.°, e 1882.°.

[21] Em consonância, o cônjuge sobrevivo passou para o primeiro plano na classe sucessíveis, embora, para muitos, a potencial sobretutela do cônjuge sobrevivo seja uma solução sistematicamente inadequada, uma vez que não lhe deve caber um título sucessório superior em dignidade ao dos descen-

Passando-se, com o Decreto-Lei n.º 496/77, de 25.11, do sistema marital ao sistema de comum acordo (= partilha de responsabilidades), aboliu-se a discriminação dos filhos nascidos fora do casamento, corolário da aversão burguesa pelos filhos naturais e do poder marital discricionário nas relações entre os cônjuges, naturalmente entregue ao marido. Fixando-se, *pari passu,* a maioridade aos 18 anos e a idade núbil aos 16 anos[22], a primeira alteração ao regime jurídico da adoção foi introduzida pelo Decreto-Lei n.º 496/77, de 25.11. Uma das razões para esta alteração foi o texto constitucional e também a CEDH[23], tendo-se aberto o campo de aplicação da adoção plena aos casados há mais de cinco anos não separados judicialmente e abandonado a exigência da não existência de filhos dos adotantes, a par da abertura da adoção plena a pessoa não casada. No que respeita aos adotados, aceitou-se que a adoção não se limitasse aos filhos do cônjuge do adotante ou de pais incógnitos ou falecidos, mas que pudesse abranger também os menores judicialmente declarados abandonados e, em geral, os que há mais de um ano residissem com o adotante e estivessem a seu cargo. Criou-se, ademais, a declaração judicial do estado de abandono que leva à dispensa do consentimento dos pais biológicos nos casos em que, por decisão judicial, seja reconhecido o comprometimento da subsistência dos vínculos próprios da filiação, inserindo-se no Código Civil a obrigatoriedade de um inquérito[24].

dentes, carecendo de sentido o limite mínimo de ¼ para o primeiro (artigo 2139.º/1), designadamente quando conjugado com a dispensa de colação, ou seja, com a desnecessidade de restituir à massa da herança, para fins de igualação da partilha, os bens que lhe hajam sido doados em vida pelo *de cujus*, em conceção que funciona ainda como ressaibo da lógica conjugal subjacente à versão inicial do CC, que assentava na equivalência entre a obediência devida ao marido e a *proteção devida à mulher*, em sucedâneo do *ósculo*. Isto, sem prejuízo de, na versão inicial do CC, se preterir o cônjuge em favor dos irmãos e sobrinhos do de *cujus,* ao contrário do que fazia o Decreto de 31.10. 1910; todavia, o CC não deixava de atribuir ao cônjuge sobrevivo o usufruto vitalício da herança (artigo 1146.º).

[22] No que à idade núbil diz respeito, o TEDH tem considerado que, sem prejuízo da latitude reconhecível aos legisladores nacionais, não é possível "restringi-la ou reduzi-la a um ponto que vulnere a sua substância" (*Rees v. Reino Unido*, de 17.10.1986, 50, e *F. v. Suiça*, de 18.12.1987, 32), exigindo-se, para o efeito, uma idade claramente desproporcionada. Isso não se verifica, todavia, nos casos em que a lei prevê uma idade superior à permitida pela religião professada pelos noivos (*Janis Khan v. Reino Unido*, de 07.07.1986).

[23] Adotada em Roma em 04.11.1950, assinada por Portugal em 22.09.1976, e com início de vigência no ordenamento jurídico português em 09.11.1978, após aprovação para ratificação pela Lei n.º 65/78, de 13.10. O artigo 14.º da CEDH estabelece que "(o) gozo dos direitos e liberdades reconhecidos na presente Convenção deve ser assegurado sem quaisquer distinções, tais como as fundadas no sexo, raça, cor, língua, religião, opiniões políticas ou outras, a origem nacional ou social, a pertença a uma minoria nacional, a riqueza, o *nascimento* ou qualquer outra situação".

[24] Ainda no âmbito do instituto da adoção, cabe não perder de vista a Lei n.º 143/2015, de 08.09, que reúne num único diploma todas as normas que regulamentam a adoção nacional e internacional,

Quanto à união de facto, histórica e imageticamente associada ao casamento de *Jean des Vignes*, a versão primeira do Código não continha qualquer referência à figura[25], sendo apenas em 1977 que, a par da eliminação do advérbio *legitimamente* que figurava no artigo 1577.°, e em reconhecimento da necessidade de mecanismos de tutela *post mortem*, se consagra um direito a alimentos ao membro sobrevivo da união de facto, direito que, encontrando hoje assento no artigo 2020.°, é complementado pelo enquadramento trazido pela Lei n.° 7/2001, de 11.05[26], que entretanto revogou a Lei n.° 135/99, de 28.08, diploma legal que, de forma precursora, estabeleceu a proteção jurídica das pessoas em união de facto[27].

4. Em 2008, as alterações introduzidas pela Lei n.° 61/2008, de 31.10, polarizaram o matrimónio na assunção dos afectos e eliminaram a declaração de culpa no divórcio (*quoad vinculum*), em convergência com os *princípios da família* do Direito de família Europeu[28]. Não se tratando, em rigor, do acolhimento do "princípio do divórcio a pedido"[29], adota-se uma conceção da conjugalidade

com exceção das normas substantivas previstas no Código Civil. Com efeito, este diploma alterou o Código Civil, no que se refere aos artigos 1973.°, 1975.°, 1976.°, 1978.° a 1983.°, 1986.° a 1990.°, e aditou a este código o artigo 1990.°-A, avultando, neste âmbito, a eliminação da adoção restrita, o reconhecimento do direito e a garantia do acesso ao conhecimento das origens do adotado.

[25] Em sequência, no que à paternidade diz respeito, a al./c do artigo 1860.° previa que a investigação da paternidade ilegítima fosse permitida «tendo havido convivência notória da mãe e do pretenso pai no período legal de conceção», e o artigo 1862.° definia esta convivência como a «comunhão duradoura de vida em condições análogas às dos cônjuges, ou no concubinato duradouro entre eles, que se tenha prolongado para além do nascimento do filho». E, em matéria de alimentos, dispunha o artigo 1907.° que «o pai ilegítimo é obrigado, desde a data do seu reconhecimento legal, a prestar alimentos à mãe do filho ilegítimo durante a gravidez e no primeiro ano de vida do filho, sem prejuízo das indemnizações a que por lei ela tenha direito».

[26] Entretanto alterada pela Lei 23/2010, de 30.08.

[27] Ver Guilherme de Oliveira, «Transformações do Direito da Família», *Comemorações dos 35 anos do Código Civil e dos 25 anos da Reforma de 1977*, Vol. I, *Direito da Família e das Sucessões*, Coimbra, Coimbra Editora, 2004, 763-779.

[28] A *Commission on European Family Law* (CEFL) foi constituída em Utrecht (2001), tendo um papel essencial na identificação de um tronco comum no Direito da família europeu, cuja primeira base de trabalho incidiu sobre o divórcio. Cfr. Katharina Boele-Woelki, "The principles of European family law: its aims and prospects", *Utrecht Law Review* 2005, Volume 1, n.° 2, 160-168; IDEM, "Os princípios do Direito da Família Europeu: Os seus objetivos e as suas perspetivas", *Revista Lex Familiae*, Ano 3, n.° 5, Coimbra, Coimbra Editora, 2006, 5-17.

[29] Ver Rita Lobo Xavier, *Recentes Alterações ao Regime Jurídico do Divórcio e das Responsabilidades Parentais* (reimpressão), Almedina, Coimbra, 2010, 3, referindo que "causa alguma perplexidade que se pretenda transpor fenómenos sociais (...) de sentimentalização e individualização, para a disciplina jurídica de um instituto que existe precisamente para os superar. A dimensão afectiva não é o

assente nos afetos, e não nos deveres, que, cessando por via da constatação da rutura de afetos (*Zerrüttungsprinzip*), funciona como travão à conflitualidade que marcava o divórcio-sanção, cujas percussões, designadamente na hipótese de existirem filhos[30], são comummente marcantes.

Nesse contexto, para lá de se estabelecer como fundamento do divórcio a rutura da vida em comum e de se ter eliminado os efeitos da culpa do divórcio[31], *(i)* exclui-se o vínculo de afinidade em consequência do divórcio, *(ii)* sedimenta-se o princípio da autossubsistência dos cônjuges e *(iii)* estabelece-se a figura dos créditos compensatórios[32], embora, para muitos, o n.° 2 do artigo 1676.°[33], que encontra parecença no art. 270. do *Code Civil* (*prestation compensatoire*)[34], potencie uma visão contabilística do casamento que, sendo contrária à comunhão de vida e ao espaço de afeto que deve marcar o instituto, oferece dificuldades operativas não despiciendas[35] – sem que, nessa conjunção, se afigure possível dissociar essa lógica de *conta-corrente* de uma atividade probatória arduamente conseguível –, ao que, no entanto, se poderá replicar com a justeza subjacente ao acolhimento de "um mecanismo de correção da disparidade na contribuição de um dos cônjuges para os encargos da vida familiar em função

núcleo fundador do casamento como instituição jurídica, mas sim a vontade de assumir os deveres conjugais recíprocos".

[30] Nessa leitura crítica da *nova* filosofia divorcial – entre outros, cfr. Rabindranath Capelo de Sousa, "As alterações legislativas familiares recentes e a sociedade portuguesa", *Textos de Direito da Família: para Francisco Pereira Coelho*, Imprensa da Universidade de Coimbra, Coimbra, 2016, 548-9 –, também o artigo 1790.° infirma a vontade dos cônjuges, ao impor, com o divórcio, a partilha segundo o regime da comunhão de adquiridos, esvaziando, em larga medida, de conteúdo o regime da comunhão geral.

[31] Em análise, cfr., entre outros, Sandra Passinhas, "O novo figurino do divórcio em Portugal após a Lei n.° 61/2008", *I Congresso de Direito da Família e das Crianças* (coord. Paulo Guerra), Almedina, Coimbra, 2016, 19-36.

[32] Em dissecação das múltiplas questões implicadas, veja-se João Guilherme Pires da Silva, "Aspectos patrimoniais do Divórcio", *I Congresso de Direito da Família e das Crianças* (coord. Paulo Guerra), Almedina, Coimbra, 2016, 48-73.

[33] A formulação anterior do n.° 2 do artigo 1676.°, introduzida pelo Decreto-Lei n.° 496/77, de 25.11, previa que "(s)e a contribuição de um dos cônjuges para os encargos da vida familiar exceder a parte que lhe pertencia nos termos do número anterior, presume-se a renúncia ao direito de exigir do outro a correspondente compensação".

[34] Em análise, entre outros, Laurence Francoz Terminal, "The Changing Concept of 'Family' and Challenges for Domestic Family Law in France", *European Family Law Volume II* (ed. Jens M. Scherpe), Edward Elgar, Cheltenham, 2016, 50-1 (39-64).

[35] Em leitura crítica, embora sob ângulo diverso, veja-se Carlos Pamplona Corte Real, "Relance crítico sobre o Direito de Família português", *Textos de Direito da Família: para Francisco Pereira Coelho*, Imprensa da Universidade de Coimbra, Coimbra, 2016, 114.

do sacrifício que representou a renúncia aos seus interesses pessoais em prol da vida em comum e dos interesses da família"[36].

Em acréscimo, substituiu-se a expressão *poder paternal* por *responsabilidades parentais*, consagrando-se o seu exercício conjunto no que respeita aos atos de particular importância para a vida da criança (artigo 1906.°). Se esta regra só pode ser afastada quando o tribunal, em decisão fundamentada, entenda que tal solução é contrária aos interesses da criança, já no que toca aos atos da sua vida corrente prevê-se que as responsabilidades parentais sejam exercidas pelo progenitor com quem esta reside habitualmente[37]. Ora, se, na perspetiva dos progenitores, o direito-dever de educação dos filhos é uma norma de direito fundamental marcada pela irrenunciabilidade (n.° 5 do artigo 36.° da CRP) – pois atina diretamente com valores ou interesses comunitários que transcendem a esfera individual de cada um[38] –, na perspetiva da criança importa atender ao n.° 3 do artigo 24.° da CDFUE, que, reconhecendo expressamente o direito de todas as crianças a manterem contacto com os progenitores, aprofunda, na sequência de jurisprudência do TEDH[39], a caracterização desses contactos como *regulares*, *diretos* e funcionalizados ao desenvolvimento de uma *relação pessoal*, sem prejuízo das limitações impostas pelo interesse superior da criança[40].

O *logos* subjacente ao exercício conjunto das responsabilidades parentais, que não depende de um específico modo de comunhão de vida entre os pro-

[36] Assim: Sandra Passinhas, "O crédito compensatório previsto no artigo 1676 do Código Civil português: o que o legislador disse e o que realmente quis dizer", *Actualidad Jurídica Iberoamericana* (ainda em versão inédita: 1-29), 2016, 27.

[37] O exercício conjunto das responsabilidades parentais não pode ser confundido com o conceito de residência alternada. Com efeito, este regime não implica que as crianças residam alternadamente com ambos progenitores. O exercício conjunto das responsabilidades parentais diz apenas respeito à tomada das decisões relativas às questões mais relevantes da vida dos menores. No entanto, o progenitor que não resida com a criança deverá poder conviver com a mesma, conferindo-lhe expressamente a lei o direito a "manter uma relação de grande proximidade" com o filho.

[38] Neste sentido: Jorge Reis Novais, "Renúncia a direitos fundamentais", *Perspectivas constitucionais: nos 20 anos da Constituição de 1976. Vol. I* (org. Jorge Miranda), Coimbra Editora, Coimbra, 1998, 267.

[39] Por exemplo: *B. v. Reino Unido*, de 08.07.1987. *ECHR 1987*, 10 EHRR 87.

[40] Invocando, entre outros, este preceito, o TJ recordou que a CDFUE no seu artigo 7.° reconhece o direito ao respeito pela vida privada e familiar, mas esta disposição tem de ser articulada com a obrigação de levar em conta o superior interesse da criança, previsto no n.° 2 do artigo 24.°, impondo-se, por isso, relevar a necessidade de a criança manter de forma periódica relações pessoais e contactos diretos com o seu pai e a sua mãe (*Parlamento v. Conselho*, de 27.06.2006, C-540/03, 58).

genitores[41] e já se encontrava no § 1671.2.2 BGB após a *KindRG* (1998)[42], é maximizado com o princípio da residência alternada, encontrando-se hoje no n.º 7 do artigo 1906.º potencialidades bastantes para que esta seja decretada pelo tribunal, independentemente de acordo dos pais[43].

Este regime tende, aliás, a conhecer renovada ênfase com a Resolução 2079 (2015) do Conselho da Europa, que, limitando as exceções aos casos de abuso infantil ou negligência ou violência doméstica, *(i)* vem prever a necessidade se ter em conta a existência de residência alternada sempre que sejam atribuídos benefícios sociais (5.7) e *(ii)* encorajar a mediação no âmbito de processos judiciais de família que envolvam filhos/as, em particular através da instauração judicial de uma sessão obrigatória de informação, com o sentido de esclarecer os progenitores que a residência alternada pode ser uma opção apropriada para o melhor interesse da criança (5.9), firmando um enquadramento que, em razão dos aspetos sociais, previdenciais e processuais implicados, extravasa, uma vez mais, o Código Civil.

III. **Família e Sociedade**

5. No movimento interativo que liga família e civilização não há regulação jurídica que possa ficar alheia às necessidades da comunidade e às exigências e expectativas socialmente dominantes[44]. Tal não significa que o Direito acolha

[41] Irrelevando-se o modelo familiar que está base, a regulação do exercício das responsabilidades parentais deve realizar-se quando estejam verificados os seguintes pressupostos: (*i*) existência de filhos menores e (*ii.i*) os progenitores estejam divorciados, separados de pessoas e bens, ou tenha sido declarado nulo ou anulado o casamento; (*ii.ii*) os progenitores casados estejam separados de facto ou não tenham entre eles qualquer comunhão de vida; (*ii.iii*) os progenitores unidos de facto estejam separados ou não tenham entre eles qualquer comunhão de vida; (*ii.iv*) os progenitores não tenham qualquer convivência marital.

[42] Com o *Bundesgerichtshof*, logo após a *Kindschaftsrechtsreformgesetz*, a considerar, no entanto, que o exercício conjunto das responsabilidades parentais exige "uma relação social firme entre os progenitores" para que sejam possíveis o consenso e a cooperação necessários a um desenvolvimento são da criança: BGH, FamRZ, 1999, 1646.

[43] Trata-se de solução que, para lá de manter os pais presentes com regularidade na vida da criança, permite-lhe preservar um contacto estreito com a sua família alargada, viabilizando a consecução de um projeto de vida que, na medida do possível, menos se distancia do *modus vivendi* anterior da criança.

[44] Sobre o ponto, v. Jorge Duarte Pinheiro, "Perspectivas de evolução do Direito de Família em Portugal", *Textos de Direito da Família: para Francisco Pereira Coelho*, Imprensa da Universidade de Coimbra, Coimbra, 2016, 347-8. Ver ainda Paulo Guerra/Helena Bolieiro, "Os Novos Rumos do Direito da Família e das Crianças e dos Jovens", *I Congresso de Direito da Família e das Crianças* (coord. Paulo Guerra), Almedina, Coimbra, 2016, 283-317.

de forma acrítica os dados sociais, cifrados em estatísticas, incorporando, sem mais, os teoremas trabalhados noutras áreas científicas. O trabalho dogmático baseado em pressupostos importados de áreas diversas, além da inversão metodológica subjacente (o *dever ser* não *deve ser* conformado pelo *ser*), opera uma simplificação conceptualmente redutora do Direito de família, que recusa o seu *definens* axiológico. Sem prejuízo, verifica-se que a quebra da taxa de fecundidade, o envelhecimento da população (138,6 idosos por cada 100 jovens), a subida dos índices do divórcio (em cada 100 casamentos há 70 divórcios), a difusão das uniões de facto, o surgimento de nascimentos fora do matrimónio (em 2014, 49,3% dos bebés surgiram fora do casamento) e a participação de mulheres casadas e de mães no mercado de trabalho têm metabolizado o Direito de família[45].

Assim, para lá da latitude subjacente à admissão do divórcio por mútuo consentimento[46] – sem que exista *(i)* qualquer período mínimo de permanência ou *(ii)* tão pouco qualquer reserva de intervenção judicial para a dissolução do casamento (o divórcio, com base no artigo 1775.°, é fazível administrativamente), em solução que, sendo conforme com propósitos de desjudicialização e mais consentânea com a autonomia da vontade dos sujeitos, descaracteriza a histórica dissolubilidade *ope iudicis*, com natural exceção da morte, das relações familiares, que também está presente em relações menos adstringentes no plano institucional, como o apadrinhamento civil[47] –, vislumbram-se feições de despatrimonialização do casamento.

Esta tendência, além contribuir virtualmente para uma polarização do casamento nos efeitos pessoais[48], é reforçada pela sugestão, recorrentemente avançada, de que o regime supletivo de bens deve ser o da separação de bens, enquanto regime que, traduzindo a vontade conjetural dos sujeitos, melhor se acomoda às novas feições do divórcio, à ideia de que o casamento não é um

[45] Utilizam-se os dados fornecidos pela PORDATA referentes a 2014, com consulta a 17.11.2016.

[46] Cfr. Francisco Pereira Coelho/Guilherme de Oliveira, *Curso de Direito da Família – Volume I* (4.ª ed.), Coimbra Editora, Coimbra, 2014, 605 e ss..

[47] Nos termos do artigo 25.° da Lei n.° 103/2009, de 11.09, com a última redação dada pela Lei n.° 141/2015, de 08.09, para a revogação é competente o tribunal de família e menores ou, fora das áreas abrangidas pela jurisdição dos tribunais de família e menores, o tribunal da comarca da área da localização da instituição em que a criança ou o jovem se encontra acolhido ou da área da sua residência.

[48] Em leitura crítica, haverá quem acentue que, com a eliminação dos efeitos da culpa do divórcio, a esfera pessoal do casamento, conformada a partir dos deveres conjugais, surge de tal modo rarefeita que o núcleo tipificante do instituto mais não será do que uma reminiscência histórica; como quer que seja, existem efeitos relacionados como nome, a filiação ou a nacionalidade que, sendo pessoais, aparecem colocados em plano diverso dos deveres conjugais.

meio para adquirir e outro tanto a juízos de probabilidade, essencialmente fundados em regras de experiência.

Este movimento de despatrimonialização é confirmado pela diluição patrimonial revelável pela *empiria*: as confusões de patrimónios subjacentes à abertura de contas coletivas solidárias e às múltiplas aplicações e sucessivas reaplicações financeiras efetuadas conjuntamente, além da sequente perda de nitidez do que é de cada qual, desfiguram os regimes de administração de bens e da responsabilidade por dívidas e estiolam a imutabilidade das convenções antenupciais.

Também o princípio da imutabilidade do regime de bens, tendo sido desenhado em época marcada por uma conceção patriarcal do casamento e fortemente inspirado pela ideia de que existe um potencial ascendente de um dos cônjuges, não escapa hoje a um juízo de potencial contradição com o princípio da igualdade entre cônjuges, com a lógica de facilitação do divórcio entretanto introduzida e naturalmente com as feições de privatização do casamento, que vão de par com o alargamento da autonomia conjugal. Se o princípio da imutabilidade tende, por isso, a ser abandonado[49] – em exemplo, o ordenamento belga permite que os cônjuges alterem, por acordo, e a todo o tempo, o regime de bens, total ou parcialmente, aplicável[50] –, a rigidez comummente apontada à impossibilidade de alteração do regime de bens encontra, aliás, vetores sistemáticos contraditórios, que abrindo espaço para uma flexibilização das relações patrimoniais, conhece expressão substancial na admissibilidade de doações entre casados (artigo 1761.º), possibilidade que o Direito transalpino historicamente reprimiu[51] e que ainda hoje encontra eco no art. 781 do Código Civil italiano de 1942[52], numa visão que, tendo sido afastada no Código português

[49] Francisco Pereira Coelho/Guilherme de Oliveira, *Curso de Direito da Família – Volume I* (4.ª ed.), cit., 497-500 e Carlos Pamplona Corte Real, "Relance crítico sobre o Direito de Família português", *Textos de Direito da Família: para Francisco Pereira Coelho*, Imprensa da Universidade de Coimbra, Coimbra, 2016, 118-9.

[50] Veja-se Alain Duelz/Jean-Christophe Brouwers/Quentin Fischer, *Le droit du divorce* (4.ª ed.), De Boeck, Bruxelas, 2009, 59.

[51] As origens da proibição estão no Direito romano, estimando-se, como refere Alvaro D'Ors, *Derecho privado romano* (7.ª ed.), Eunsa, Pamplona, 1989, 387, que a proibição seja posterior à *Lex Cincia* (204 a.C.), conhecendo na *Oratio divi Antoni* ou na *Oratio divi Severi* (D. 24.1.23) importantes expressões. Em texto atribuído a Ulpiano: *moribus apud nos receptum est, ne inter virum et uxorem donationes valerent. Hoc autem receptum est, en mutuato amore invicem spoliarentur, donationibus non temperantes, sed profusa erga se facilitate* (D. 24.1.1).

[52] O preceito já foi, todavia, considerado inconstitucional pela *Corte Costituzionale*, com a decisão n. 91, de 27.06.1973, mas qualquer discussão sobre a admissibilidade de doações entre casados não pode ser desligável da base de afeto mútuo que caracteriza o casamento e do correlativo afastamento de cálculos de probabilidade egoístas (*ne mutuo amore invicem spoliarentur*), pelo que, como faz notar

de 1966, permite, embora com travões (designadamente a revogabilidade[53], que já vem do Código Napoleónico[54], e a proibição para os casos de regime de separação de bens), uma transferência de propriedade intraconjugal[55], que perece não apenas a imutabilidade do regime de bens convencionado, como se mostra também suscetível de, em aplicação ínvia, configurar um mecanismo que defrauda os direitos de terceiros.

Andrea Torrente, *La donazione* (2.ª ed.), Giuffrè, Milão, 2006, 140-1, é nas fronteiras dos elementos tipificantes do casamento que a sua (in)admissibilidade deve ser atendida.

[53] Em anotação ao artigo 1178.° do Código de Seabra, salientava José Dias Ferreira, *Codigo Civil Portuguez. Volume II,* Imprensa da Universidade, Coimbra, 1895, 413, que "deu o legislador a estas doações o caracter de revogabilidade, não só para manter a dignidade e a pureza da união conjugal, mas tambem para impedir que taes doações, em vez de serem a expressão da vontade do doador, signifiquem a captação, a fraude, ou mesmo ou o abuso de poder sobre o doador", embora já então não existisse qualquer base para, em obediência ao *dominium ad tempus,* se limitar o *jus disponendi* do donatário e a possível transmissão do bem a um terceiro.

[54] Que cedo se perfilou como alternativa à assimilação legal das doações entre casados às doações *mortis causa* que caracterizou o Direito romano tardio e que apenas excecionava as liberalidades conformes aos usos, as quais, em sistemas onde a revogabilidade da doação é impreterível, são definitivas e outro tanto ressalvadas no âmbito da proibição genericamente contida no art. 781 do Código italiano. Em todo o caso, seja qual for o sistema adotável, entrevê-se, *per comparationem,* um favorecimento claro do unido de facto que surja a assumir a posição de donatário, uma vez que a doação não padece de qualquer vício ou, em sistemas como o português, não é, ao revés do que se topa para o casamento, livremente revogável.

[55] Aqui, sem que se deva também subestimar a utilização conhecidamente esdrúxula dos regimes da separação de bens e da separação de pessoas e bens, deve outrossim questionar-se a potencial contradição entre a valorização da ideia de autonomia conjugal e a aplicação imperativa do regime de separação de bens prevista no n.° 1 do artigo 1720.° ou a incomunicabilidade de bens prevista no n.° 2 do artigo 1699.° para os casamentos celebrados por quem já tenha filhos (embora, na leitura que perfilhamos, e uma vez que se visa com a garantia de incomunicabilidade dos bens próprios do progenitor a proteção dos filhos de um cônjuge, o n.° 2 do artigo 1699.° não seja aplicável se os filhos forem de ambos os cônjuges), atendendo ainda aos efeitos contraproducentes que a articulação desta constrição legal com o regime da doação entre casados pode potenciar. Com efeito, e uma vez que as doações entre casados são nulas se entre os cônjuges vigorar o regime da separação de bens, promove-se, em razão dessa impossibilidade, o recurso às doações entre nubentes ou às doações para casamento, desfigurando-se as preocupações legais que justificam aquele regime, uma vez que essas doações, ao contrário do que se verifica com as doações entre casados, são marcadas pela irrevogabilidade. Se, nestes contextos, o axioma de que o casamento não é um meio para adquirir não deixa de aparecer envolto por uma espessa camada formal, o mesmo se verifica, atenta a definitividade que as caracteriza, quanto às doações (*lato sensu*) associáveis à união de facto, dado que aí o sistema separa o destino da união de facto da sorte de qualquer transferência patrimonial entretanto ocorrida, gerando-se, assim, um fenómeno de estabilização patrimonial que pode constituir um freio à cessação *ad nutum* promovível pelo doador e que, sob esse ângulo, empresta às uniões de facto uma feição estabilizadora que não logra encontrar paralelo no regime que conforma o casamento.

Isto, para lá de a putativa injuntividade de alguns regimes quedar inane perante a vontade dos sujeitos, de que a aquisição em regime de compropriedade[56] ou a possibilidade de atribuição por via de mandato a um dos cônjuges da administração exclusiva dos bens comuns ou dos bens próprios do outro cônjuge são exemplos expressivos[57].

6. Nesta sequência, sendo também crescentes as uniões de facto, o reconhecimento da existência de espaços diferenciados para a regulamentação dos interesses da família implica a assunção de que deverão ser entendidas como família todas relações esteadas em laços de intimidade, afetividade, comunhão e privacidade, aí se incluindo, naturalmente, as pessoas que optam por uma vida partilhada[58], independentemente de qualquer ato bilateral vinculante[59].

Bem se compreendendo o alcance de um preceito como o artigo 8.° da CEDH (qualquer pessoa tem direito ao respeito da sua vida privada e familiar) – materialmente replicado pelo artigo 7.° da CDFUE –, a noção de família, em leitura acomodada à jurisprudência do TEDH, abrangerá, sem dúvidas, a união de facto, ainda que esta não esteja registada ou não seja registável[60].

[56] Cfr. Francisco Pereira Coelho/Guilherme de Oliveira, *Curso de Direito da Família – Volume I*, cit., 518.

[57] Francisco Brito Pereira Coelho, "Os factos no casamento e o Direito na união de facto: breves observações", *Textos de Direito da Família: para Francisco Pereira Coelho*, Imprensa da Universidade de Coimbra, Coimbra, 2016, 94. Não se perde também de vista que o n.° 2 do artigo 1714.° admite a celebração de contratos de compra e venda entre cônjuges separados de pessoas e bens. Permitindo-se a venda entre casados por via de uma venda em ação executiva, não existe ademais qualquer proibição que incida sobre a "a dação em cumprimento, feita pelo cônjuge devedor ao seu consorte" ou qualquer restrição à celebração de contratos de locação, mútuo ou comodato entre cônjuges.

[58] Nicole Gallus, *Le droit de la filiation: Rôle de la vérité socio-affective et de la volonté en droit belge*, Larcier, Bruxelas, 2009, 495.

[59] Em saliência da comunhão de vida livremente exercida "fora do quadro vinculativo de um contrato", veja-se Francisco Brito Pereira Coelho, "Os factos no casamento e o Direito na união de facto: breves observações", cit., 78.

[60] *Elsholz c. Alemanha*, de 13.07.2000, [2000] 2 FLR 486, 43: o requerente, pai de um menor nascido de uma união de facto que terminou quando este tinha um ano e meio, solicitou aos tribunais nacionais a atribuição e a regulação do direito de visita relativamente ao menor, não tendo, todavia, obtido procedência nas ações que propôs, sob invocação do bem-estar do menor; a relação entre pai e filho e a fruição por cada um da companhia do outro constitui um elemento fundamental da vida familiar, mesmo que a relação entre os progenitores haja findado; as medidas que limitem esse direito constituem uma ingerência segundo o artigo 8.° da CEDH; no caso concreto, estabeleceu-se que a ingerência se encontrava prevista na lei (§ 1171 BGB), a qual visava concretizar os fins legítimos da "proteção da saúde e da moral" e dos "direitos e liberdades" da criança; a recusa em ordenar a realização de um exame psicológico independente (como requerido pelo pai do menor), quando conjugada com a ausência de uma audiência perante o tribunal, revela(ra)m que o requerente

Aqui, *de iure condendo,* não deve, aliás, ser rejeitada a possibilidade intramuros de adequada publicidade registal a esta forma comunhão de vida sempre que exista uma base contratual de coabitação (à semelhança do que se verifica na Alemanha, na Áustria ou em França)[61], atalhando-se, por um lado, a questões conexas com a certeza e a segurança jurídicas (planos fiscal, previdencial e laboral, entre outros), e obviando-se, por outro, atenta a sua sedimentação jurídica, à conspeção de que se trata de uma simples união formal e descomprometida, geneticamente precária e socialmente marginal[62], apenas efetivável mediante prova testemunhal, visão que, em paralaxe, arranca genericamente da ausência de cognoscibilidade social associada à ausência de possibilidade de inscrição no registo civil, por regra articulada, no plano argumentativo, com a ausência do unido de facto da classe de sucessíveis[63].

Todavia, se esta leitura encontra na inconfundibilidade dos modelos de comunhão de vida um argumento importante (a equiparação, tanto nos efeitos pessoais quanto patrimoniais, do casamento e da união de facto encontra-se falha de coerência lógica[64], premendo, além do mais[65], a diversidade sistémica do Direito de família[66]), importará evitar a caracterização do antecedente com

não participou suficientemente no processo decisório e demonstra(ra)m que as autoridades nacionais ultrapassaram os limites da sua margem de apreciação, violando, em consequência, os direitos do requerente consagrados no artigo 8.° da CEDH. Cfr. Jonathan Herring, *Family Law* (3.ª ed.), Pearson, Essex, 2007, 508.

[61] Em sentido que entendemos diverso, propugnando que a união de facto "deve continuar a ser não jurídica", veja-se Guilherme de Oliveira, "Notas sobre a Lei n.° 23/2010, de 30 de agosto (Alteração à Lei das Uniões de facto) *Revista Portuguesa de Direito da Família*, Ano 7, n.° 14, Coimbra, Coimbra Editora, Julho/Dezembro de 2010, 140 (139-153).

[62] Com argumentário ainda hoje mobilizável, cfr. Clotilde Brunetti-Pons, "L`émergence d`une notion de couple en droit civil", *Revue Trimestrielle de Droit Civil* 1999, n.° 1, 47-49 (27-50).

[63] Do mesmo modo, não deixa de causar alguma perplexidade o facto de a separação de pessoas e bens não constituir impedimento à atribuição de direitos ou benefícios, em vida ou por morte, a uma união de facto (al./c do artigo 2.° da LUF), permitindo-se, assim, que uma união de facto protegida possa ser constituída por dois membros (que continuam) casados e que não estão desobrigados do dever de fidelidade (...).

[64] Entre outros, veja-se Cristina Araújo Dias, "Da inclusão Constitucional da união de facto: nova relação familiar", *Estudos em homenagem ao Prof. Doutor Jorge Miranda. Vol. VI*, Coimbra Editora, Coimbra, 2012, 451-467.

[65] A passagem destina-se a evidenciar a existência de uma garantia institucional do casamento. Veja-se Rita Lobo Xavier, "A garantia institucional do casamento, o legislador democrático e o Tribunal Constitucional: *cuis custodiet ipsos custodes?*", *Estudos em homenagem ao Prof. Doutor Jorge Miranda. Vol. III,* Coimbra Editora, Coimbra, 601 e ss..

[66] Essa diferenciação, sendo ineliminável, deve operar nas fronteiras ditadas pela *relação interna de sentido* de cada modelo familiar. O TJ, sobre a questão, tem sustentado que o estado civil e as prestações que lhe vão associadas são matérias compreendidas na competência dos Estados Membros, não sus-

base no consequente (não deverão ser os efeitos produzíveis por cada modelo o referencial adotável para o recorte dessa realidade modelar) e afastar igualmente uma hipóstase do argumento jus-sucessório para eliminar a recondução da união de facto a uma situação familiar *proprio sensu*, uma vez que é patente a ausência de qualquer relação familiar com o Estado, entidade que, de forma abstrata, pode, *ex vi* da al./e do n.º 1 do artigo 2133.º, assumir as vestes de herdeiro.

É, aliás, incontornável suscitar a reflexão destinada a saber se um unido de facto, em razão da comunhão de vida desenvolvida com o *de cujus,* não deve, no mínimo, anteceder o Estado no chamamento dos herdeiros previsto no artigo 2133.º, em ponderação mais conforme com as feições de comunhão familiar que caracterizam o sistema sucessório português.[67]

7. Outra tendência demográfica, que tem recebido parco enquadramento sistemático, está no envelhecimento crescente da população portuguesa[68], que, a par das dificuldades de ingresso no mercado de trabalho de trabalhadores mais jovens, tem implicado uma atribuição legal crescente da titularidade de responsabilidades parentais aos progenitores próximos sempre que os pais não as possam ou devam exercer.

Não sendo tendência nova, o artigo 1887.º-A confere legitimidade processual ativa aos avós para, ainda que contra a vontade dos progenitores, reque-

citando óbices à existência, nas legislações nacionais, de um tratamento jurídico diferenciado entre as pessoas que estão casadas e as que não estão – cfr. *D. v. Conselho*, de 31.05.2001, C-122/99/*K. B.*, de 07.01.2004, C-117/01 e *Tadao Maruko* v. *Versorgungsanstalt der deutschen Bühnen,* de 01.04.2008, C-267/06 –, pois o "facto de se reservar determinadas vantagens às pessoas que contraíram matrimónio, excluindo todas aquelas que convivam sem estar casadas, obedece a uma decisão do legislador ou a uma interpretação das normas de Direito interno realizada pelos órgãos jurisdicionais nacionais sem que os particulares possam invocar discriminação alguma em razão do sexo proibida pelo Direito comunitário" (§ 28 *Tadao Maruko* v. *Versorgungsanstalt der deutschen Bühnen*).

[67] Veja-se, entre outros, Carlos Pamplona Corte-Real, *Direito da Família e das Sucessões* – Volume II, Lex, Lisboa, 1993, 173-6 e Cristina Araújo Dias, *Lições de Direito das Sucessões* (4.ª ed.), Almedina, Coimbra, 2015, 20-4.

[68] Em análise desta tendência, que não é nova, e da sua correlação com as dinâmicas familiares, veja-se Ana Paula Relvas, *O Ciclo Vital da Família. Perspectiva Sistémica*, Afrontamento, Porto, 2000, 214-229. O indicador mundial relativo à expectativa de vida do ser humano tem aumentado significativamente, não somente em razão da diminuição da taxa de natalidade, mas também em função de melhorias tanto do saneamento básico quanto do desenvolvimento tecnológico e científico, especialmente na área da saúde. Esta será também uma razão para se questionar a adequação de soluções como a que flui do n.º 1 do artigo 1720.º, que, para lá da discriminação em função da idade que traz ínsita, foi desenhada em época marcada por uma esperança de vida substancialmente inferior à dos dias de hoje.

rerem um espaço de convívio com os seus netos, em previsão que, tendo sido introduzida em 1995, surge como corolário natural do caso *Marckx v. Belgique* (13.06.1979)[69] – com o TEDH a assumir que, mesmo um conceito minimalista de família, há de abranger as relações entre avós e netos, "na medida em que aqueles podem assumir um papel importante na vida familiar das crianças" –, entretanto objeto de reafirmação no par. 26 em *Pla & Puncernau v. Andorra* (13.07.2004)[70], e que cedo encontrou no § 1685 (I) BGB um importante arrimo, com o direito de contacto da *sozial-familiäre Beziehung*[71].

Esta influência avita, que vai ganhando dimensão gradual[72], entrecruza-se, ainda, com a delimitação do conjunto de obrigações familiares para com os idosos, sabendo-se, por um lado, que o artigo 72.° da CRP determina que as «pessoas idosas têm direito à segurança económica e a condições de habitação e convívio familiar e comunitário que respeitem a sua autonomia pessoal e evitem e superem o isolamento ou a marginalização social» (reconhecendo-lhes ainda o direito à realização pessoal e a uma participação ativa na vida da comunidade)[73], e que, por outro lado, o Direito positivo não vem incorporando a temática da responsabilidade descendentes-progenitores com a exigência e a amplitude necessárias[74], bastando-se com a previsão genérica do artigo 1874.°, que, atinando com as relações de primeiro grau, não contempla as necessidades avoengas[75], e outro tanto com o artigo 2009.°[76], relativo à obrigação de alimentos (regime que, globalmente, encontra *simile* nos artigos 315., 324. e 433. do

[69] Katharina Boele-Woelki, *Debates in Family Law around the Globe at the Dawn of the 21st Century (European Family Law)*, Intersentia Publishers, Mortsel, 2009, 158.

[70] Cfr. Hugh Collins, "On The (In)Compatibility Ff Human Rights Discourse and Human Rights", *Constitutionalization of European Private Law* (dir. Hans-W. Micklitz), Oxford University Press, Oxford, 2014, 53-4 (26-60).

[71] Cfr. Harry Dettenborn/Eginhard Walter, *Familienrechtspsychologie*, GmbH, Munique, 2016, 235-6.

[72] Diogo Leite de Campos/Mónica Martinez de Campos, "A comunhão familiar", *Textos de Direito da Família: para Francisco Pereira Coelho*, Imprensa da Universidade de Coimbra, Coimbra, 2016, 26-9.

[73] Ainda o artigo 25.° da CDFUE, que consagra expressamente o direito das pessoas idosas a uma existência condigna.

[74] Jorge Duarte Pinheiro, *O Direito da Família Contemporâneo* (5.ª ed.), cit., 311-6.

[75] Em exemplo, se o Código Civil espanhol prevê, de forma substancialmente análoga, nos artigos 143. e 144, um dever de cuidar por parte dos filhos em relação aos progenitores que se encontrem em situação de necessidade, já o Direito chinês estende o dever de "solidariedade familiar", de forma biunívoca, à relação entre avós e netos, encontrando-se previsão similar no que respeita às relações tios-sobrinhos. Cfr. Frédéric Constant/Christophe Lopez, *Le Droit Chinois*, Dalloz, Paris, 2013, 85.

[76] O não cumprimento desta obrigação encontra previsão nos termos do artigo 250.° do Código Penal. Em análise: J. M. Damião da Cunha, "Anotação ao artigo 250.°", *Comentário Conimbricense do Código Penal – Tomo II* (dir. Jorge de Figueiredo Dias), Coimbra Editora, Coimbra, 1999, 621-636.

Codice Civile), ficando-se, *in genere,* aquém dos modelos espanhol[77] ou inglês[78], que, assumindo um modelo de integração entre o *Direito das pessoas e o Direito de família,* consagraram mecanismos específicos, mas transversais, de tutela de todos os que se encontram em situação de especial vulnerabilidade e que denotam incapacidade para subsistir de forma autónoma e independente.

Ora, se tanto a Parte Geral do Código quanto o Livro de Direito de família carecem, em regime articulável, de reenquadrar a tutela das pessoas idosas – entre nós, a proteção conferida às pessoais idosas *qua tale* desbasta-se praticamente na obrigação de alimentos e, externamente, no regime de proteção das vítimas de violência doméstica, sem que se vislumbrem remédios específicos para enquadrar situações como a apropriação do domicílio ou a comparticipação previamente acordada, e não cumprida, nas despesas domésticas –, é bom de ver que, depois de uma fase de exaltação das responsabilidades parentais, os tempos vindouros anunciam, em ponderação reversa, especiais preocupações com as responsabilidades filiais *lato sensu.*

Contudo, o artigo 1887.º-A, ao estabelecer que *os pais não podem injustificadamente privar os filhos do convívio com irmãos e ascendentes*, convoca ainda a questão de saber se a criança é titular de um direito a conviver, a visitar ou a trocar correspondência com os irmãos e ascendentes, ou, ao revés, se esse direito, embora funcionalizado ao superior interesse da criança, é titulado pelos avós e irmãos [assim: o § 1685 (I) BGB prevê que "os avós e irmãos têm um direito ao convívio com o filho, se este estiver ao serviço do bem-estar de filho", em disposição que, devendo ser negociada e acomodar-se a horário conciliável com as obrigações escolares da criança, é compatível com a presença dos pais durante os períodos de visita dos avós[79]], cabendo aos pais, enquanto representantes legais, afastar esse contacto se ele se revelar contrário ao interesse da criança[80].

[77] Veja-se a Lei n. 39/2006, de 14.12, que veio adotar o regime jurídico da *promoción de la autonomía personal y atención a las personas en situación de dependência.* Cfr. Viqueira Pérez, *Promoción de la autonomía personal y atención a las personas en situación de dependência,* Tirant Lo Blanch Laboral, Valencia, 2013.

[78] Veja-se o *Family Law Act* 1996, que caracteriza como *vulnerable adult* todos os indivíduos, com 16 ou mais anos, cuja capacidade de se proteger e salvaguardar de situações de violência, abuso ou negligência, se encontra prejudicada por doença, deficiência física ou mental, velhice ou qualquer outra forma. Cfr. Michael Mandelstam, *Safeguarding Vulnerable Adults and the Law*, Jessica Kingsley Publishers, Londres, 2009.

[79] OLG *Brandenburg* 17.05.2010 – 10 UF 10/10, FamRZ 2010, 1991.

[80] Cfr. Jorge Duarte Pinheiro, "A relação entre avós e netos", *Estudos em Homenagem ao Prof. Doutor Sérvulo Correia* (coord. Jorge Miranda), Coimbra Editora, Coimbra, 2010, 83 (73-92).

Seja qual for o ângulo de análise adotável, mas sem que se esqueça a impostação sistemática do preceito[81], a reconfiguração conceptual da representação legal significada pelo âmbito nocional das responsabilidades parentais (o *elterliche Sorge* germânico), encontrando a sua legitimação por associação ao respeito pela autonomia da vontade da criança, implica que a criança, em determinadas circunstâncias, possa decidir por si, e também que deva emitir opinião, necessariamente valorada, em todas as questões que a afetem[82].

Não existe, por isso, razão para que não seja reconhecível à criança um direito a conviver, a visitar ou a trocar correspondência com uma pessoa que tenha tido um papel importante no seu desenvolvimento, apesar do recorte fechado do artigo 1887.º-A. Estas pessoas, designáveis como *terceiros de referência*, têm conforto no II do § 1685 BGB para, após 2004, requerer a marcação de um espaço de convívio com a criança, ao prever-se o alargamento de possibilidade idêntica a quem *tenha assumido, perante a criança, uma responsabilidade real tanto a nível social como familiar* (*v.g.* padrasto, ama, tio, primo, prima, entre outros), não obstante os riscos de uma interferência familiar alargada na agudização dos conflitos parentais não poderem/deverem ficar à margem de adequada ponderação jurisprudencial[83].

Embora essa *responsabilidade real* seja em princípio adquirida por quem tiver vivido ou viver com a criança por um tempo considerável na mesma casa[84], trata-se, em todo o caso, de um direito fundeado *ex lege* que, não dispensando uma valoração casuística e uma análise da idade da criança[85], quadra melhor com o enquadramento desenvolvido pelo TEDH no que ao círculo de relações familiares diz respeito (abrangem-se inequivocamente as relações entre tios e sobrinhos[86]) e também com o n.º 1 do artigo 24.º da CDFUE (previsão de que as crianças têm direito a exprimir livremente a sua opinião, que será tomada

[81] Inserido, em quadro histórico marcado por um apelo conceptual ao "poder paternal", na Subsecção II (Responsabilidades parentais relativamente às pessoas dos filhos), por seu turno, compreendida na Secção II (Responsabilidades parentais).

[82] Nestes exatos termos: THOMAS KÖSTER, *Sorgerecht und Kindeswohl: ein Vorschlag zur Neuregelung des Sorgerechts*, Peter Lang, Frankfurt, 1996, 4. A este respeito, entre outros, cfr. artigo 12.º da Convenção sobre os Direitos da Criança, artigos 3.º e 6.º da Convenção Europeia sobre o exercício dos Direitos da Criança e al./b do artigo 23.º do Regulamento (CE) n.º 2201/2003, de 27.11.

[83] OLG Koblenz 29.9.1999 – 11 UF 386/99, FamRZ 2000, 1111.

[84] Salientando, neste âmbito, a situação do unido de facto com um dos pais da criança, cfr. CAROL HAMILTON/ALISON PERRY, *Family law in Europe* (2.ª ed.), Butterworths, Londres, 2002, 317.

[85] BVerfG v. 11.12.2000 – 1 BvR 661/00, FamRZ 2001, 753; v. 25.11.2003 – 1 BvR 834/ 03, FamRZ 2004, 689.

[86] Assim: *Boyle v.* The *United Kingdom* 16580/90; (28.02.*1994*) *19 EHRR 179 ou Bronda v. Italy* [09.07.1998] 33 EHRR 81. Em análise detalhada da jurisprudência do TEDH sobre o ponto, veja-se ANDREW BAINHAM, "Contact as a Right and Obligation", *Children and Their Families: Contact, Rights*

em consideração nos assuntos que lhes digam respeito, em função da sua idade e maturidade), havendo outro tanto no Código Civil belga, com latitude e sentido idênticos, o artigo 375-B[87].

IV. **Coordenadas sistémicas**

8. O Direito de família, perdendo parte da sua substância originária, procedimentaliza-se, assumindo-se como um Direito dotado de desígnios inclusivos e compositivos.

Encontrando-se no alargamento expressivo do instituto da adoção e na consagração do apadrinhamento civil novas fórmulas de inclusão sócio afetiva de crianças[88], um dos eixos regulativos que sobreveio ao CC de 1966 polariza-se na fisionomia terapêutica ou compositiva dos institutos. Para lá da feição preventiva quanto à eclosão de um conflito que marca o desenho de algumas figuras – sirva de exemplo a eliminação da culpa do divórcio, que permite obstar à conflitualidade que marca o divórcio-sanção, em solução que, na sua materialidade, e além do seu *logos* compositivo, permite também desvelar a latência do superior interesse da criança na conformação regimental do regime matrimonial e, em espiral, também no pós-casamento[89] –, fomenta-se o recurso

and Welfare (ed. Andrew Bainham/Bridget Lindley/Martin Richards/Liz Trinder), Hart Publishing, Oxford, 2003, 64-7 (61-88).

[87] Alain Duelz/Jean-Christophe Brouwers/Quentin Fischer, *Le droit du divorce* (4.ª ed.), cit., 139-141.

[88] Ainda Paulo Guerra/Helena Bolieiro, "Os Novos Rumos do Direito da Família e das Crianças e dos Jovens", cit., 304-8. Com a *Lei* n.° 103/2009 de 11.09, embora com sucesso muito aquém do desejado, surgiu o instituto do apadrinhamento civil, enquanto relação jurídica do *tipo familiar* que se constitui entre uma criança ou jovem com menos de 18 anos e uma pessoa singular ou família, a quem são atribuídas as responsabilidades parentais, e entre quem se estabelecem vínculos afetivos. Com a lei a prever, por um lado, que *(i)* os padrinhos exercem as responsabilidades parentais dentro dos limites previstos no compromisso de apadrinhamento civil ou na decisão judicial, e, por outro, que *(ii)* se os pais da criança ou do jovem tiverem falecido, se estiverem inibidos do exercício das responsabilidades parentais ou se forem incógnitos, são ainda aplicáveis as regras previstas para os tutores, também aqui, e não obstante a perspetiva de redinamização do instituto que é entrevisível com a eliminação da figura adoção restrita operada com a Lei n.° 143/2015, de 08.09 e com as alterações introduzidas pela Lei n.° 141/2015, de 08.09 às competências do Ministério Público nas situações de aplicação da medida por acordo – veja-se Rui do Carmo, "Apadrinhamento Civil – um recomeço?", *I Congresso de Direito da Família e das Crianças* (coord. Paulo Guerra), Almedina, Coimbra, 2016, 197-213 –, têm sido várias as posições de algum ceticismo, uma vez que, para muitos, a figura da tutela, com recuada tradição, seria virtualmente apta a prosseguir *ab initio* esses propósitos.

[89] Recorde-se que o n.° 2 do artigo 2016°-A, aditado pela Lei n° 61/2008, de 31.10, estabelece que "o tribunal deve dar prevalência a qualquer obrigação de alimentos relativamente a um filho do

a procedimentos para a solução de conflitos e para a harmonização de interesses *prima facie* conflituantes, avultando, nesse âmbito, a ênfase que o Código Civil empresta aos poderes de conciliação de exercício facultativo, em *actio per judicis*[90], ou à mediação[91].

Se para muitos é questionável o lugar que os mecanismos de resolução alternativa de litígios ocupam em diplomas como o Código Civil, o artigo 1774.°, após a Lei n.° 61/2008, de 31.10, prevê que, antes do divórcio, a conservatória do registo civil ou o tribunal devem informar os cônjuges sobre a existência e os objetivos dos serviços de mediação familiar, encontrando-se também no artigo 1779.° a previsão de que no processo de divórcio sem consentimento de um dos cônjuges haverá sempre uma tentativa de conciliação. Isto, para lá do *favor legis* quanto à tentativa de conciliação prevista no artigo 1901.° relativa ao exercício das responsabilidades parentais sobre "questões de particular importância" ou a faculdade prevista no artigo 24.° do RGPTC quanto à intervenção de serviços públicos ou privados de mediação.

A resolução alternativa de litígios firma-se, assim, como um caminho de sentido irretornável – sendo também antevisível que se alargue a outras situações de índole familiar, face aos instrumentos de Direito internacional que, com relevo crescente, vêm sinalizando a mediação como *prius*, designadamente em processos que envolvam crianças[92] –, encontrando no Código Civil a sua base tendencial de acolhimento.

cônjuge devedor sobre a obrigação emergente do divórcio em favor do ex-cônjuge", solução que vale ainda que o ex-cônjuge carecido de alimentos não tenha sido o causador da rutura matrimonial ou tenha sido o causador em menor grau. Em análise: M.ª João Carreiro Vaz Tomé, "Reflexões sobre a obrigação de alimentos entre ex-cônjuges", *Textos de Direito da Família: para Francisco Pereira Coelho*, Imprensa da Universidade de Coimbra, Coimbra, 2016, 573-624, *maxime* 586 e ss..

[90] Por exemplo, o n.° 2 do artigo 1673.° ou o n.° 2 do artigo 1901.° prefiguram situações em que o juiz é chamado a decidir sobre assuntos concretos da vida familiar mediante solicitação de qualquer uma das partes, gozando de poderes de arbitragem vinculativa, a que se somam poderes de conciliação de exercício facultativo.

[91] Em sentido idêntico, veja-se, por exemplo, o artigo 19.° (processo) do Regime Jurídico do Apadrinhamento Civil, que prevê que "em qualquer estado da causa e sempre que o entenda conveniente, oficiosamente, com o consentimento dos interessados, ou a requerimento destes, pode o juiz determinar a intervenção de serviços públicos ou privados de mediação", ou, com formulação idêntica, o n.° 6 do artigo 25.° (revogação). A Lei 47/2007, de 28.08, veio estender o âmbito da concessão de apoio judiciário ao acesso a estruturas de resolução alternativa de litígios, como o Sistema de Mediação Familiar.

[92] Neste sentido, ainda a Resolução 2079 (2015) do Conselho da Europa, sobre Igualdade e responsabilidade parental partilhada, que, no § 5.9, convida os Estados a «encorajar e, quando apropriado, desenvolver mediação no âmbito de processos judiciais de família que envolvam filhos/as, em particular através da instauração judicial de uma sessão obrigatória de informação, com o sentido de

9. As especificidades que cunharam o Direito de família cedo levaram o legislador à utilização de conceitos vagos e indeterminados, na ciência de que a multiplicidade de cambiantes que marcam a dinâmica das relações familiares quadra mal com uma legislação densa e minuciosa.

Com a tipificação de alguns conceitos a limitar em muito as possibilidades de preenchimento e de valoração, o emprego de conceitos indeterminados, no entanto, subsiste – com o pretexto de que só assim se logra uma melhor adaptação ao concreto e uma certa imunização da lei ao decurso do tempo –, as lacunas são inevitáveis e o potencial de aparecimento de soluções desencontradas também o são, em parte devido a intervenções legais que, incidindo sobre uma regulação das relações familiares projectada com coerência, demandaram um conjunto de reformas que, aparecendo como social e constitucionalmente necessárias, produziram espaços de incongruência.

Esta situação é visível não só no plano formal – o Código alberga *(i)* as designações "poder paternal" e "responsabilidades parentais em (renovada) sinonímia[93], *(ii)* contém, com sentido idêntico, as expressões "criança"[94] e "menor", *(iii)* faz referência à figura da "despronúncia", *qua tale* inexistente[95], *(iv)* mantém na epígrafe do Capítulo II do Título IV uma referência à "adopção plena", cujo sentido desapareceu com a unificação do instituto adoptivo e *(v)* inclui vários buracos negros, designadamente em preceitos outrora incidentes sobre o registo[96] –, como também no plano material, sendo, em exemplo, vários os ressaibos da declaração de culpa outrora associável à decretação do

esclarecer os progenitores que a residência alternada pode ser uma opção apropriada para o melhor interesse da criança, e para trabalhar no sentido dessa solução assegurar que os mediadores recebem a formação apropriada e encorajar a cooperação multidisciplinar baseado no "Modelo Cochem"».

[93] É nítido o contraste entre a Parte Geral e o Livro de Direito da Família. O conceito de responsabilidades parentais, de há muito reclamado por parte substancial da doutrina, é fortemente inspirado na Recomendação n.° R (84) sobre as Responsabilidades Parentais de 28.02.1984, aprovada pelo Comité de Ministros do Conselho da Europa. Todavia, com sentido crítico quanto a essa nominologia, cfr. Rabindranath Capelo de Sousa, "As alterações legislativas familiares recentes e a sociedade portuguesa", cit., 537-8.

[94] Veja-se o artigo 1976.°, introduzido pela Lei n.° 143/2015, de 08.08, que já contém uma referência à "criança", embora predominem no Código as referências a "menor".

[95] Assim, cfr. al./f do n.° 1 do artigo 1604.°, preceito que, aliás, é de duvidosa utilidade, dado que a sua verificabilidade não transporta qualquer juízo de invalidade sobre o casamento ou tampouco qualquer sanção para os cônjuges, sendo questionável a utilização de normas imperfeitas em Direito da família. Em fundo, como salienta M.ª Margarida Silva Pereira, *Direito da Família*, cit., 291-2, o Código "apresenta o elenco de patologias da vontade de casar de forma tecnicamente discutível. E atrabiliária".

[96] Em exemplo, os artigos 1606.°, 1607.°, 1637.° ou os artigos 1654.° a 1668.°. Em acréscimo, pode também questionar-se, após o movimento de desformalização que atravessou o Código Civil, se há

divórcio, atentando-se, para o efeito, ao artigo 1760.°, relativo à caducidade da *doação para casamento* se o donatário for considerado único ou principal culpado, ou ao artigo 1766.°, atinente à caducidade da *doação entre casados*, se o donatário for considerado único ou principal culpado[97].

Ora, se os conceitos indeterminados encontram um campo fértil na formulação dos deveres conjugais e paterno filiais e no âmbito da regulação do divórcio[98], surge atribuída ao intérprete-aplicador uma tarefa que, aqui e ali, sendo prosseguível sob critérios de conveniência e oportunidade[99], deve também sobrepassar a técnica menos conseguida que caracteriza alguns preceitos. A começar pelo artigo 1576.°, que, tratando das *fontes de relações jurídicas familiares*, abre o pórtico das disposições gerais do Livro IV. Sendo patente que o parentesco e a afinidade não são fontes[100] (mas tão só relações familiares), tecnicamente apenas são fontes o casamento e a adopção. E, naturalmente, também a filiação. Se esta definição convoca a questão de saber o que é uma família, *constância mínima*, *vocação de perdurabilidade* e *publicidade* são traços que, embora em escala diversa, subjazem a uma concepção minimamente operativa[101].

Tratando-se de uma realidade social dinâmica, marcada por modificações profundas, o tribunal de Estrasburgo tem abrangido as relações esteadas em laços de intimidade e em relações de afetividade e de privacidade, enquadrando genericamente, independentemente do casamento, todas as pessoas que optam por uma vida comum. Todavia, se em *Haas v. Países Baixos* [13.04.2004][102],

razão para exigir que uma convenção antenupcial não possa ser feita por documento particular autenticado, uma vez que, fora da conservatória, persiste no artigo 1710.° uma reserva de escritura pública.

[97] Jorge Duarte Pinheiro, *O Direito da Família Contemporâneo* (5.ª ed.), cit., 492, alude a uma revogação tácita da al./c do n.° 1 do artigo 1766.°, considerando, em sequência, que, com o divórcio, caducam sempre as doações entre casados, solução que, sendo que a melhor quadra com a abolição da declaração do cônjuge culpado do divórcio, não deixa de conflituar com o *logos* que está subjacente à não caducidade da doação se o casamento vier a ser declarado nulo ou anulado no caso em que ambos os cônjuges estão de boa fé ou em que o donatário é o único cônjuge de boa fé.

[98] Rita Lobo Xavier, *Recentes Alterações ao Regime Jurídico do Divórcio e das Responsabilidades Parentais*, cit., 8, fala mesmo em "cascata de conceitos indeterminados".

[99] Miguel Teixeira de Sousa, "Do direito da família aos direitos familiares", *Textos de Direito da Família: para Francisco Pereira Coelho*, Imprensa da Universidade de Coimbra, Coimbra, 2016, 566-7.

[100] Referindo este "apontamento de falta de rigor legislativo", veja-se, *ex multis*, M.ª Margarida Silva Pereira, *Direito da Família*, cit., 159.

[101] Cfr. Carlos Pamplona Corte Real, "Relance crítico sobre o Direito de Família português", *Textos de Direito da Família: para Francisco Pereira Coelho*, Imprensa da Universidade de Coimbra, Coimbra, 2016, 109 e ss. e Sandra Passinhas, *Propriedade e Personalidade no Direito Civil Português*, Almedina, Coimbra, 2017, 229 e ss..

[102] ECHR 13.01.2004. Cfr. Karen Reid, *A Practitioner's Guide to the European Convention on Human Rights* (4.ª ed.), Sweet & Maxwell, Londres, 2011, 298.

o TEDH considerou que a mera paternidade biológica não implica por si a criação de uma família se não existirem provas adicionais de vida familiar, já entendeu, poucos meses depois, em *Lebbink v. Países Baixos* [01.06.2004], que, sem prejuízo de a coabitação pode ser um requisito para tal relação, existem outros fatores mobilizáveis para a demonstração de que a relação é suficientemente constante para criar, *de facto*, vínculos familiares, associando, portanto, o preenchimento do conceito de vida familiar a um critério predominantemente factual, baseado na *existência real da prática de vínculos pessoais estreitos*[103].

Assim, se também o conceito de família que a CRP acolhe implica, designadamente, (i) mútua assistência e (ii) contribuição para as necessidades comuns e não se vislumbram diferenças de vulto em relação ao conceito de vida familiar acolhido no artigo 8.° da CEDH[104] (tal como este vem sendo densificado pelo TEDH), o *punctum cruxis* associado a essa qualificação está no alcance dos mecanismos de proteção jurídica, económica e social relativos às diferentes realidades jusfamiliares[105] e na forma como estas devem aparecer inter-relacionadas. Perante o vislumbre de características interligadas e não (meramente) aditadas, é necessário situar as diferentes situações jusfamiliares numa linha de tipos, segundos as suas características diferenciais, num processo abstrativo de *genus proximum*, processo que, revelando-se incompatível com uma figuração piramidal das *species* jusfamiliares, não deve, contudo, implicar uma preterição das situações filiais em favor da tutela da convivência subjacente a uma união de facto. É, por isso, questionável a (in)adequação de soluções como a que acolhe

[103] Neste caso, o TEDH assinalou que a diferença face a *Sahin v. Alemanha* e a *Sommerfeld v. Alemanha* está no facto de o demandante não ter reconhecido Amber e de nunca ter formado uma unidade familiar com este e a sua mãe, tão pouco tendo existido qualquer vivência conjunta. Nesse sentido, o interesse da decisão estava na possibilidade de existência de outros fatores que demonstrassem que a relação do demandante com Amber tinha a constância suficiente e a importância bastante para criar, *de facto*, vínculos familiares, equação a que o TEDH, na falta de prova de outros elementos legais ou de facto que indicassem a existência de uma relação pessoal estreita, respondeu negativamente, reiterando a insuficiência do simples parentesco biológico para o preenchimento da *factis species* do artigo 8.° da CEDH e dos mecanismos de proteção que lhe vão associados.

[104] Ac. TCAS (Catarina Jarmela), de 10.03.2016, proc. n.° 12826/15, não esquecendo, neste plano, a importância desse recorte conceptual para efeito de reagrupamento familiar.

[105] Tendo outro tanto presente que do n.° 1 do artigo 33.° da CDFUE resulta a consagração de um princípio geral de proteção jurídica, económica e social da família, que se encontra em estreita conexão com várias disposições da CDFUE, nomeadamente o artigo 7.°, na parte em que consagra o direito ao respeito pela vida familiar, o artigo 9.°, que consagra o direito de contrair casamento e de constituir família, o artigo 24.°, relativo aos direitos das crianças, e o n.° 2 do artigo 33.°, que enumera um conjunto de direitos tendentes à conciliação da vida familiar e da vida profissional. Cfr. Sophie Perez Fernandes, *Carta dos Direitos Fundamentais da União Europeia Comentada* (coord. Alessandra Silveira e Mariana Canotilho), Coimbra Editora, Coimbra, 2013, 103.

o artigo 5.º da LUF sempre que a fruição do direito real de habitação atribuída *ope legis* ao outrora unido de facto afete a posição de filho ou filhos do *de cujus* no que respeita ao correlativo uso desse mesmo imóvel, designadamente em situação de carência de habitação própria[106].

10. As recentes intervenções no Direito de família fazem sobressair um princípio de neutralidade em relação às diferentes formas de conceber a sexualidade, o *matrimonium* (*munium* de *matris*) e a geração da vida familiar[107]. Nessa compreensão, a família encontra-se mais radicada num fenómeno de opções individuais[108] – em expressão significativa, a Lei n.º 17/2016, de 20.06, veio permitir o acesso de todos os casais e todas as mulheres à PMA, independentemente do seu estado civil, orientação sexual e diagnóstico de infertilidade – e não tanto em realidades ontológicas ou institucionais, filiando-se na conceção de que não são as pessoas que existem para a família e para o casamento, mas a família e o casamento que são funcionalizados ao seu desenvolvimento pessoal[109]. *Pari passu*, a proteção estatal desloca-se da família, entendida como um todo, para cada um dos indivíduos que a integra, apesar de a lei conferir à família, em alguns casos, uma proteção especial dos seus interesses, nomeadamente com as expressões "bem da família" ou "interesses da família".

[106] Em análise, cfr. Rute Teixeira Pedro, "Breves reflexões sobre a protecção do unido de facto quanto à casa de morada de família propriedade do companheiro falecido", *Textos de Direito da Família: para Francisco Pereira Coelho*, Imprensa da Universidade de Coimbra, Coimbra, 2016, 341--5, salientando "que se topa com "um estranho caso de um legatário forçoso não legitimário" (346) e ainda Sandra Passinhas, *Propriedade e Personalidade no Direito Civil Português*, cit., 242 e ss., que nutre sérias e fundadas dúvidas acerca da (in)constitucionalidade do regime que hoje vigora (252). O contra senso, nesse cenário, é ainda evidenciado pelo facto de o unido de facto sobrevivo e os filhos do *de cujus* não serem co-herdeiros (o que sucederia se, em lugar da união de facto, houvesse um casamento), circunstância em que o direito de uso da casa de morada de família pertenceria a todos. Isto, ao revés do que se verifica no quadro da pós-união de facto, em que o direito real de habitação, surgindo *ex novo*, permite ao unido sobrevivo afastar os filhos do *de cujus*, sem que, para tanto, estes disponham de qualquer remédio, gerando-se, assim, um cenário em que os intentos de protecção patrimonial dos filhos que podem ter impelido o *de cujus* a não optar pelo casamento quedam completamente frustrados.

[107] Assinalava-o, há mais de uma década, Guilherme de Oliveira, «Transformações do Direito da Família», cit., 765.

[108] Assim, António Menezes Cordeiro, "A família e a lei na primeira década do século XXI", *A Família e o Direito. Nos 30 anos da Exortação Familiaris Consortio*, Coimbra Editora, Coimbra, 2013, 48, assinalando que "numa ponderação entre os valores individuais de cada um e os valores supra--individuais do grupo (da família), o legislador optou, nas opções mais paradigmáticas, claramente pelos primeiros".

[109] Em dissecação, cfr. Miguel Teixeira de Sousa, "Do direito da família aos direitos familiares", cit., 560 e ss...

Aqui, se a família não tem, enquanto grupo, personalidade jurídica ou sequer personalidade judiciária[110], a lógica de despatrimonialização de relações familiares fundadas nos afetos ainda não é absoluta. O mesmo se passa quanto aos mecanismos de proteção da família *ex uno latere* que a lei prevê, já que, de forma paradoxal, são atribuídos, com pós-eficácia, direitos de carácter patrimonial para lá da dissolução da relação familiar, cuja efetivação vulnera, em muitos casos, a lógica de conflitualidade que se intentou afastar com as feições troponómicas do divórcio e também com a cessabilidade a todo o tempo, sem quaisquer espartilhos, da união de facto (designadamente quando não existem filhos comuns). Destacando-se, nesse âmbito, a manutenção e/ou criação de direitos sobre a casa de morada de família[111], a racionalidade de tais mecanismos é, no entanto, questionável, dado que, de um lado, existe uma possibilidade de obrigação de alimentos, e que, de outro, esse prolongamento de direitos não cessa se o seu beneficiário constituir uma nova relação familiar sexual e afetivamente fundada, gerando-se, *in extenso*, um conjunto de benefícios suscetíveis de fruição por alguém alheio à situação familiar primeva (*v.g.* artigo 5.° da LUF). O sistema, perante a conformação do regime de obrigação de alimentos (artigo 2019.° do CC), fornece sinais com direção oposta[112].

Nesta sequência, e não sobejando dúvidas de que o casamento é hoje tão só uma das formas possíveis de organização da vida sexual e afetiva dos indivíduos[113], entrevê-se, em vaga de fundo, um pendor para desvalorizar o *status*

[110] Veja-se Jorge Duarte Pinheiro, *O Direito da Família Contemporâneo* (5.ª ed.), cit., 58 ou Diogo Leite de Campos/Mónica Martinez de Campos, "A comunhão familiar", cit., 9-10. Por isso, embora o conceito de família não seja obtenível a partir de uma definição, o seu recorte é heurístico, operando com enlaces diversos e alcances não coincidentes, em função da ordenação imperativa dos valores envolvidos e em escala que exorbita do Código Civil, como se verifica com os pressupostos aquisitivos da nacionalidade portuguesa ou com o reagrupamento familiar.

[111] Sirva de exemplo o artigo 1793.° do CC, que, ao prever a possibilidade de o tribunal dar de arrendamento a qualquer dos cônjuges a casa de morada de família, funda uma relação obrigacional entre ex-cônjuges, que, devendo ser manuseada com rigor, pode potenciar a conflitualidade que a eliminação do divórcio-sanção quis evitar e cuja aplicabilidade é estendida pelo artigo 4.° da LUF.

[112] O artigo 5.° da LUF não contém qualquer previsão acerca da cessação do direito real de habitação caso o unido de facto sobrevivo venha a contrair casamento ou a iniciar união de facto, criando-se um quadro em que o outro cônjuge ou unido de facto vem a beneficiar de uma tutela patrimonial cuja razão de ser está na proteção de uma família que, entretanto, foi substituída por outra na qual os ora beneficiários são protagonistas. Ao contrário, quanto à obrigação de alimentos, o artigo 2019.° do CC vem prever a cessação do direito a alimentos sempre que o alimentado contrair novo casamento, iniciar união de facto ou se tornar indigno do benefício pelo seu comportamento moral, em disposição cuja aplicação é determinada pelo n.° 3 do artigo 2020.° do CC.

[113] Se a questão, em substância, opõe, *in extremis*, o institucionalismo formalista do matrimónio burguês ao *nihilismo* individualista das teses de que todas as formas que viabilizam a constituição de uma famí-

familae[114], associando-se a regulação jurídica a um *logos* marcadamente protecionista, de que o exercício das responsabilidades parentais constitui exemplo expressivo. Esta polarização regulativa, se, para muitos, traduz um afunilamento da malha regulativa sobre a família, para outros, e em paralaxe, dimensiona a riqueza sistémica do Direito de família, pois corta com a sede de construção doutrinária e até legislativa do paradigma da família no matrimónio, enquanto produto da tradição de um Direito de família apegado à Lei de Bona e à Constituição italiana, que, durante décadas, foi dimensionado pela disponibilidade de uma técnica e de um património de conceitos formais comuns baseados num modelo socialmente predominante[115]. Sem prejuízo, a identificação da família como um conjunto de cidadãos que se unem com o propósito único de satisfazer reciprocamente os seus interesses é suscetível de revelar um caminho que tende para a desregulação (a índole privada das realidades familiares é, sob essa lente, um elemento sistemático de relevo), gerando-se, a jusante, uma segmentação vetorial, pois se, de um quadrante, a liberdade e a privacidade que caracterizam (intra)tipologicamente as diferentes formas de vida familiar debilitam as *regulae agendi* que historicamente adstringiam os seus membros na correlação subjetiva de cunho institucional que aí se postula(va), de outro quadrante, sendo a família um elemento conformador da socialidade contemporâ-

lia são lídimas e iguais (devendo *ipso jure* receber idêntico sinal de promoção), essa leitura é, todavia, parcial e renuncia a uma valoração do ordenamento jurídico na sua integralidade. A sociedade, seja qual for o ângulo de análise implicado, assume a existência de diferentes unidades sociais, enquanto estruturas aptas à criação de comunidades humanas organizadas. Contudo, se o Código Civil na sua versão primeva assentava numa construção tipologicamente unitária da família, enquanto instituição que, sob determinada valoração, transcendia a vontade dos sujeitos (ainda o traço de perpetuidade que prefigurava o matrimónio, a indesligabilidade do instituto adotivo da qualidade conjugal sem filhos e a prefiguração genericamente institucional do *status familiae*), é seguro que as dificuldades ressentidas pelas velhas formulações da *família* em relação à emergência de uma ordem social complexa e à dissemelhança de situações que envolviam as pessoas não derivavam tanto dos enunciados utilizados, quanto da metodologia subjacente, que operava um reducionismo sistémico da enorme riqueza que é o conjunto das fórmulas de comunhão de vida, através das quais se realiza uma fundamental e diversificada função socio-afetiva, ainda que, no plano ético-social, se suscitassem, velada ou desveladamente, valorações depreciativas ou estigmatizantes. Neste sentido, a ideia de que existem múltiplas formas de constituir família não está tanto na sua novidade – elas já existiam, independentemente da sua qualificação –, mas na perda da marginalidade e do desvalor que lhes vinha associado, numa conceção que é substancialmente mais consentânea com o sentimento, as convicções da comunidade e a vida quotidiana e também mais conforme com um Direito que, descolando de uma filosofia monocêntrica, é outro tanto mais neutral e virtualmente mais plural.

[114] Cfr. Miguel Teixeira de Sousa, "Do direito da família aos direitos familiares", cit., 553-6.

[115] Assinalando o aspeto: Rosa Cândido Martins, "A morte do casamento: mito ou realidade?", *Textos de Direito da Família: para Francisco Pereira Coelho*, Imprensa da Universidade de Coimbra, Coimbra, 2016, 222.

nea, o Direito confia à família as funções de educação, socialização e assistência dos membros que a integram, alcandorando, assim, a *realidade familiar* a um plano que não convive com a ausência de regulação[116], perante os fins sociais e assistenciais que lhe são destinados[117].

A escassez de estabilidade do casamento e a perda de centralidade regulativa do matrimónio, que ganharam fôlego com a admissibilidade do divórcio sem culpa [iniciado em 1969 com a lei inglesa (*irretrievable breakdown*)] e também com a exaltação paralela do conceito de responsabilidades parentais, vieram acentuar a confluência entre os direitos de personalidade e o Direito de família, uma vez que o direito à constituição de uma família é um *jus in se ipsum radical*, que, aflorando o livre desenvolvimento da personalidade, praticamente acantona a responsabilidade civil quanto à inobservância dos deveres conjugais à violação de direitos da personalidade do outro[118], o mesmo se verificando em relação às uniões de facto. Sucede, contudo, que estas mudanças implica(ra)m uma desjuridificação jurificadora ou, metalepticamente, uma juridificação desjurificadora de um Direito de família que, fazendo eco das pessoas como seres mais centrados na sua interioridade e virtualmente orientados a desígnios de autonomia, assume as vestes de um Direito ontologicamente contrastante, em que a rarefação da tutela da estabilidade familiar e outro tanto do biologismo é contrapesada pela referência gravitacional do superior interesse da criança (o *Kindeswohl*), surgindo, muito por obra do TEDH, um Direito matricial-

[116] Sem que se vislumbre necessidade de recorrer a Jano, o movimento legislativo percorrido gera, por isso, resultados inevitavelmente antinómicos: o reforço do enquadramento fiscal, assistencial ou educativo das famílias produz uma mole de diplomas que, denotando grande permeabilidade a pulsões periféricas, adensa a carga normativa que incide sobre a função e as relações externas da família, acentuando, nessa medida, o contraste com o estiolamento da regulação sobre a conformação e a constituição interna da família, de que a tendencial rarefação dos deveres conjugais que se mostra virtualmente associada à admissibilidade do divórcio sem culpa é expressão visível (eclipsado que foi o divórcio-sanção) ou ainda a ausência, provida de plausibilidade, de qualquer freio à dissolução *ad nutum* de uma união de facto, enquanto fórmula de comunhão de vida cuja difusão é crescente.

[117] Em movimento circular, o Direito da Família condensado no Livro IV, aparecendo como um conglomerado de intervenções axiologicamente diversas, enfrenta um conjunto de dificuldades relativas ao encontro de um denominador comum entre a dimensão da pessoa, essencialmente avaliável segundo o registo de ser – indesligável, *qua tale,* de um ideário marcado pela liberdade e pela privacidade –, e os critérios ordenantes de uma regulação supra individual, mensuráveis sob a lógica de um dever ser de cunho institucional, que, não prescindindo de uma ideia de injuntividade, corresponde, para muitos, a um reduto último de ordem pública. Ainda: António Menezes Cordeiro, "A família e a lei na primeira década do século XXI", cit., 48.

[118] Nestes termos, v. ainda Francisco Brito Pereira Coelho, "Os factos no casamento e o Direito na união de facto: breves observações", cit., 87-9.

mente *infantocêntrico*[119], mau grado, aqui e ali, subsistirem aspetos de regime que não refletem, com adequação, essa centralização regulativa, lá onde ela deveria encontrar fundamento[120].

Esta reconstrução do Direito de família, que é feita a dois tempos e mediante pulsões periféricas[121], rarefaz, por um lado, o *distinguo* entre substantivo e adjetivo, e embacia, por outro, a centralidade regulativa do Código na tipificação e no recorte de sentido das diferentes situações jusfamiliares, ora assentes, com exceção da filiação, no *aliquid voluntatis*. Acentuando-se a díade direitos de personalidade | situações jusfamiliares – que, em certo sentido, recentra a regulação do Direito de família no Direito das pessoas e repristina a dogmática subjacente ao Código de Seabra –, confirma-se que um caminho de relativização da regulação acerca da convivência afetiva não fundada na filiação há de implicar a transformação do Direito de família num Direito da filiação, em (tendencial) compressão axiológica que irradia para outros ramos do Direito, cuja direção tutelar é superlativada. Veja-se, por exemplo, o recorte do conceito de *responsabilidades familiares* na legislação laboral, que, com referência aos mecanismos de compatibilização da vida profissional e familiar[122], aparece circunscrito às responsabilidades parentais, viabilizando a leitura, *a contrario*, de que nas demais formas de comunhão de vida pressuponentes de uma família não existem responsabilidades familiares. Tratando-se de uma hipotaxe do Direito de família que, estando para lá do Código Civil, reforça a tendência de *reductio ad infans*, a família, enquanto primeira realidade civilizacional geradora de valores, encontra nos desafios vindouros a caução maior da sua perenidade. E, sob esse prisma, o conhecimento do percurso vivido pelo Código Civil será também a certeza maior do caráter efémero da modernidade do Direito de família analisado à luz das suas coordenadas atuais.

[119] Assinalando a tendência para hiperbolizar o critério *enfantroi* como princípio fundador do Direito da Família contemporâneo, cfr. Françoise Dekeuwer-Défossez, "Réflexions sur les mythes fondateurs du droit contemporain de la famille", *Revue Trimestrelle de Droit Civil* 1995, 2, 261 (249-270).

[120] Por exemplo, o artigo 1793.°, que deveria recolher como pressuposto aplicativo a existência de filhos comuns, uma vez que, por regra, não se justificará que alguém fique privado de habitar a sua casa se não existirem relações familiares que o possam fundamentar.

[121] Abrandando-se a regulação do âmbito interno das relações familiares, a criação legislativa tem-se revolvido para as designáveis relações externas, designadamente para os domínios penal (designadamente violência doméstica), fiscal, previdencial, laboral e, sobretudo, processual.

[122] O Código do Trabalho, com referência a um trabalhador com *responsabilidades familiares*, vem determinar que um trabalhador com filho menor de 12 anos ou, independentemente da idade, filho com deficiência ou doença crónica que com ele viva em comunhão de mesa e habitação pode trabalhar: (i) a tempo parcial; ou (ii) com horário flexível. Quando se trate de filho com idade até 3 anos, o trabalhador pode optar, ainda, por prestar a sua atividade em regime de teletrabalho.

A ideia de Direito e a ideia de Deus

PROF. DOUTOR FRANCISCO AGUILAR*

SUMÁRIO: *Introdução; 1. A ideia de Deus. 2. A ideia de Direito; Excurso: A co-implicada recusa da ideia de torto e da ideia da besta. 3. A ideia de Deus e a ideia de Direito no método jurídico; Excurso: A intuitiva percepção no caso da humanidade comum na imanência do eu e do outro intersubjectivamente filtrada pelo conhecimento da natureza das coisas. 4. Consequências da ideia de Deus e da ideia de Direito: 4.1. A rejeição do solipsismo; 4.2. A rejeição do dualismo e da transcendência: 4.2.1. Em particular, o dualismo como perigo directo para a liberdade (a eliminação de um limite mínimo de liberdade): 4.2.1.1. Em nome de Deus; 4.2.1.2. No lugar de Deus; 4.2.2. Em particular, o dualismo como perigo indirecto para a liberdade: a morte filosófica e a morte jurídica de Deus (a eliminação de um limite máximo de liberdade); 4.3. A ideia de Direito e a ideia de Deus como fonte de libertação do homem pelo homem e como superação do perigo (arbítrio individual ou colectivo) de uma suposta morte de Deus. Considerações conclusivas.*

Introdução

Temos defendido uma metodologia indestrinçavelmente comprometida com a axiologia[1]. Ela assenta, na nossa construção, em uma ideia de Direito que, à uma, afina os pólos interpretativos do caso e do programa de norma e, à duas, realiza o juízo de comparação, em qualquer dos casos densificando-se

* Professor auxiliar da Faculdade de Direito da Universidade de Lisboa.

[1] Temo-lo vindo a defender desde sempre: explicitamente, desde a nossa tese de doutoramento (assim, v., apenas a título de exemplo, FRANCISCO AGUILAR, *Dos comportamentos ditos neutros na cumplicidade*, Lisboa, 2014, sobretudo a Introdução e §§ 13 e 16; IDEM, *A norma do caso como norma no caso, Sobre a prático-axiológica natureza da intersubjectiva realização (unitária) do Direito*, Coimbra, 2016, *in passim*).

pela natureza das coisas percepcionada pelo homem moralmente orientado[2]. Procuraremos no presente artigo aprofundar um pouco mais, na tessitura da compreensão cultural da espiritualidade que lhes é inerente, o que são e como se relacionam as ideias de Direito e de Deus[3].

1. A ideia de Deus

Os objectos e a sua essência, *i.e.*, o seu significado, são percepcionados, *i.e.*, são captados e compreendidos, à luz do enquadramento histórico-cultural da natureza das coisas intersubjectivamente compartilhável por um homem moralmente orientado[4]. Ora, relativamente aos outros homens, o eu não deixa de se comparar com o outro e de identificar a essência daquilo que, existindo no eu, também se verifica no outro: a humanidade comum ao eu e ao outro. Essa humanidade comum, comparativamente percepcionada insista-se, implica uma necessidade moralmente febril de justiça. Essa necessidade de justiça cria um desejo irreprimível de justiça: chamemos-lhe a anelação de justiça da indestrinçável humanidade comum. A anelação de justiça é não o crer na justiça mas o querer a justiça. A anelação de justiça origina, consubstancia-se e identifica-se na anelação de Deus[5].

O Deus a que nos referimos não é, contudo, uma realidade exterior ao homem mas, no seu oposto, algo de interno, mais precisamente uma ideia (sublime) criada pelo homem. Perante a imperfeição do barro humano, a ideia de Deus simboliza a perfeição da realização cultural de justiça a que o homem almeja. É que, com efeito, a anelação de justiça é, como vimos, o desejo ardente e irreprimível de justiça do homem e por isso a ideia de Deus é não uma questão de crença mas uma questão de necessidade. O homem quer a ideia de Deus, porque dela irrenunciavelmente carece. E tão intenso é este querer de justiça no homem, que o levou inclusive a criar mais do que um Deus-ideia um Deus-ente, externo, ao mesmo tempo como fundamento de autoridade para o Direito e como referente da perfeição e imparcialidade da justiça: como modelo para a justiça humana. Por isso, com propriedade se poderá dizer tratar-se a anelação de justiça de uma necessidade espiritual do homem apenas

[2] Sobre estas questões, v. FRANCISCO AGUILAR, *Dos comportamentos...*, *op. cit.*, sobretudo a Introdução e §§ 13 e 16; IDEM, *A norma do caso...*, *op. cit.*, *in passim*, sobretudo §§ 1, 2, 4, 10 e 12.

[3] V. a nossa primeira referência em FRANCISCO AGUILAR, *A norma do caso...*, *op. cit.*, Epílogo.

[4] V., *supra*, a Introdução e respectiva anotação.

[5] Sobre a anelação de Deus, cfr. Miguel de Unamuno [v. UNAMUNO, *Do sentimento trágico da vida*, Lisboa, 2007 [original castelhano de 1913]], *in passim*, sobretudo, pp. 140 e ss..

comparável à necessidade biológica de todas as células do corpo humano pelo ar que se respira.

Acrescente-se somente que, ironicamente, é a perfeição da ideia de Deus que demonstra a imperfeição do seu criador e o seu desejo de superação e não o inverso[6]. A ideia de Deus é, com efeito, a obra das obras e o desafio dos desafios do espírito humano, a sua demanda do Graal, que traduz a primeva aspiração cultural do homem para a vida em sociedade: a justiça. A ideia de Deus é a ideia de justiça[7]. A ideia de Deus exprime a necessidade de um direito à justiça: o direito do homem a ser tratado pelo mesmo metro do seu semelhante, o direito à integridade da humanidade comum. A ideia de Deus é, assim, a integridade da humanidade comum. O desejar ardentemente a própria existência externa de Deus por parte dos homens moralmente orientados, traduzido, *e.g.*, no demandar incansável por uma prova do Deus-ente nas artes e na filosofia, mais não exprime no essencial, como vimos, do que o desejo de superação do homem latejante na anelação da justiça[8]. A ideia de Deus é a justiça da indestrinçável humanidade comum. Anelar Deus é anelar a justiça. A ideia de Deus é a anelação da justiça da indestrinçável humanidade comum.

2. **A ideia de Direito**

A ideia de Direito[9] dá resposta, no campo do jurídico, a essa anelação da justiça da igualdade de todos na indestrinçável humanidade comum[10]. Ou seja,

[6] Ao contrário do que pretende René Descartes com o seu argumento dito do direito de autor (inspirado na prova dita ontológica da existência de Deus de Santo Anselmo), nos termos do qual a perfeição da ideia implicaria que a criatura imperfeita não a pudesse ter mas antes que ela fora criada pela própria divindade dualista a que se reporta [v. Descartes, *Discours de la méthode pour bien conduire sa raison et chercher la verité dans les sciences*, Paris, 2016 [original de 1637], IV, pp. 68 e ss., sobretudo 69]. É que, em nosso entender, o que se passa é o contrário: é precisamente por o homem ser imperfeito (o criador) que ele almeja que a sua ideia-suprema [a Criatura (divina)] seja perfeita, servindo-lhe de modelo.

[7] V. Francisco Aguilar, *A norma do caso*..., *op. cit.*, Epílogo.

[8] V., *supra*, 1.

[9] Sobre a nossa ideia de Direito da igualdade de todos na indestrinçável humanidade comum, v. os nosso escritos dos últimos anos (v. Francisco Aguilar, *Dos comportamentos*..., *op. cit.*, sobretudo a Introdução e § 13; Idem, *A norma do caso*..., *op. cit.*, *in passim*, sobretudo §§ 1, 2 e 12; Idem, «Norma jurídica *in tempore casus*: o caso como fundamento dos (e limite aos) poderes legislativo e jurisdicional», *O Direito*, 2016, IV, pp. 823 e ss.; Idem, «A ideia de Direito ou uma das ideias de Direito?», *RDC*, 2016, IV, pp. 853 e ss.; Idem, «*Etiam si omnes, ego... et tu.... non*: o jurista perante o poder», *O Direito*, 2017, I, pp. 91 e ss.; Idem, «Espaço livre de Direito ou espaço livre de torto?», *RDC*, 2017, I, pp. 123 e ss.; Idem, «A ideia de Direito como "bem jurídico-penal"», *O Direito*, 2017, II, pp. 343

e por outras palavras, a ideia de Direito realiza a justiça pela ideia de Deus anelada. Há muito que o homem, não aceita aguardar passivamente pela justiça de uma entidade externa divina na vida pós-terrena (tanto o Deus-ente como a *after life* são realidades que não são intersubjectivamente reconhecidas) e, nesse sentido, procura activamente soluções políticas socialmente mais justas. A tão longe, porém, não vai a ideia de Direito. A ideia de Direito limita-se a impedir o injusto do arbítrio: ela surge como parâmetro destinado a assegurar a não-normação dos programas de norma iníquos e a consequentemente assegurar a indestrinçabilidade da nuclear humanidade em todos os homens comum[11]. Por menos palavras, a ideia de Direito realiza a justiça.

Podemos em suma dizer que a ideia de Deus e a ideia de Direito traduzem uma única realidade: a intersubjectiva necessidade de justiça da indestrinçabilidade da humanidade comum. A ideia de Deus anela-a, a ideia de Direito realiza-a. A ideia de justiça da indestrinçabilidade de todos na humanidade comum é, por conseguinte, ela própria a ideia de Deus e a ideia de Direito.

Excurso: A co-implicada recusa da ideia de torto e da ideia da besta

Naturalmente que a ideia de Deus e a ideia de Direito recusam qualquer tipo de cisão na humanidade comum.

Quando um programa de norma seja discriminatório de uma parte da humanidade comum, por numericamente ínfima que ela seja, do que se tratará é de uma ideia da besta (a moral subjectiva do homem-Deus-ente), de um patológico cancerígeno egoísmo ou mesmo mais do que isso sociopatia, e não da ideia de Deus (a moral intersubjectiva da humanidade-Deus-ideia, *i.e.*, a humanidade comum)[12] e, juridicamente, haverá não Direito mas torto, não normando o programa de norma por efeito da parametrização axiológica da ideia de Direito.

e ss.; IDEM, «Sobre o atentado de 20 de Julho de 1944 como legítima defesa da ideia de Direito», *RPCC*, 2017, II, pp. 227 e ss.; IDEM, «Ensaio sobre o Direito penal da família», *O Direito*, 2017, IV, pp. 834 e ss.; IDEM, «Felonia metodológica no Código Civil de 1966», no prelo; IDEM, «O "Direito penal do inimigo" de Günther Jakobs como torto penal legislado contra a ideia de Direito», no prelo).

[10] V., *supra*, 1.

[11] Sobre a parametrização da ideia de Direito, v. FRANCISCO AGUILAR, *Dos comportamentos…*, *op. cit.*, sobretudo a Introdução e §§ 13 e 16; IDEM, *A norma do caso…*, *op. cit.*, *in passim*, sobretudo §§ 1, 2, 7 e 12.

[12] V., *supra*, 1.

3. **A ideia de Deus e a ideia de Direito no método jurídico**

A ideia de Deus e a ideia de Direito apenas são realizadas e respeitadas em um método que não destrince a humanidade comum e, antes pelo contrário, traduza a primeva concretização material – a da igualdade – da justiça. Esse método, ao aceitar uma comparação que permite precisamente apartar o semelhante do diferente, assim respeitando respectivamente a proibição do arbítrio e o comando de diferenciação da igualdade, é o analógico[13].

Excurso: A intuitiva percepção no caso da humanidade comum na imanência do eu e do outro[14] intersubjectivamente filtrada pelo conhecimento da natureza das coisas

O apuramento do significado dos pólos da (analógica) comparação implica a intuitiva percepção da imanência do eu e do outro intersubjectivamente filtrada pelo conhecimento da natureza das coisas da humanidade comum. Em primeiro lugar, ela é intuitiva percepção no caso, porquanto é no momento do caso (*in tempore casus*)[15] perante a razão prática então criada que ela se coloca. Em segundo lugar, ela é intersubjectiva, porquanto se realiza através do recurso

[13] Assim o temos vindo a defender, v., *e.g.*, Francisco Aguilar, *Dos comportamentos...*, *op. cit.*, *in passim*, sobretudo a Introdução e § 16; Idem, *A norma do caso...*, *op. cit.*, *in passim*, §§ 2, 10 e sobretudo 12 e, por último, Idem «Felonia metodológica..., *op. cit.*, no prelo.

[14] O significado do outro é imanente mas, por se tratar de um outro (*alter*), há uma dimensão de respeito por alguém que se encontra para além da contingência física do eu, à qual por influência de Emmanuel Levinas [v., apenas a título de exemplo, os artigos de Levinas recolhidos em Levinas, *Alterité et transcendesse*[5], Paris, 2014 [original de 1995], *e.g.*, a síntese em «Interdit de la représentation et droits de l' homme», *Ibidem*, p. 131], chamámos de transcendência do outro (v. Francisco Aguilar, *A norma do caso...*, *op. cit.*, Epílogo). Note-se, portanto, que nessa nossa referência se tratava não da transcendência no tradicional sentido filosófico, por contraposição à imanência, da qual nos ocupamos no presente artigo. Isto é, quando então nos referimos à transcendência do outro, fizemo-lo claro está apenas no sentido de respeito pela alteridade – que na filosofia de Levinas constitui uma prioridade em face do asséptico autocentrismo do *Dasein* de Heidegger [v., apenas a título de exemplo, Levinas, *Totalité et infini, Essai sur l'exteriorité*, Paris, 2014 [original de 1971], *in passim*, paradigmaticamente, pp. 32 e ss.] –, *i.e.*, no sentido de se tratar de um significado que nos vincula ao respeito de algo – o outro – que nos é externo. Naturalmente, porém, que o significado da essência do outro, esse é imanente ao outro tal como o significado do eu é imanente ao eu, na esteira do imanentismo que temos defendido (sobre isto, v., *infra*, o presente número).

[15] V. Francisco Aguilar, *Dos comportamentos...*, *op. cit.*, *in passim*, sobretudo a Introdução e § 16; Idem, *A norma do caso...*, *op. cit.*, *in passim*, sobretudo §§ 1, 2, 13 e Epílogo; Idem, «Norma jurídica *in tempore casus...*, *op. cit.*, pp. 833 e ss..

a uma bitola de destinatário do programa de norma de homem inteligente moralmente orientado[16]. Em terceiro lugar, e ponto mais importante para o presente texto, ela apresenta a natureza das coisas, mais especificamente da natureza humana, como termo de comparação. O *tertium comparationis* da coisa humana é, em última análise, aquilo que, havendo em mim, também poderá haver no outro e aquilo que, havendo no outro, também poderá haver em mim. Não é, quanto a nós, por acaso que filosoficamente Friedrich von Schiller escreva no seu poema *A chave* (*Der Schlüssel*) que "se queres conhecer-te a ti próprio (*dich selber erkennen*), observa as acções de terceiros/se queres compreender (*verstehen*) os outros homens, olha para o teu próprio coração"[17]. O conhece-te a ti mesmo socrático é, na realidade, assim esteja certo, e entendemos que o está, o romântico campeão da liberdade da literatura alemã[18], realizado com a ajuda do outro e é desdobrável no conhece o outro a partir de ti próprio. Isso mesmo resulta da verificação da humanidade comum, isto é, do eu que há no outro e do outro que há em mim[19].

Em particular sobre a imanência, recordemos que, sendo certo que tudo é relação, não apenas no método de comparação (o vaivém horizontal da valsa analógica) da realização do Direito mas também, em geral, em matéria do conhecimento científico-natural, uma vez que, reconhecendo-se aqui, desde o fim do dogma da contraposição estanque sujeito-objecto, que este último não pode ser conhecido sem o sujeito e as suas estruturas de compreensão, esclarecemos apenas que, quando a ele (imanentismo) nos referimos, queremos, com isso, sublinhar a circunstância de o significado das coisas o ser precisamente por relação às coisas, *i.e.*, ter por referente os objectos, não se podendo legitimamente pretender, por conseguinte, que ele lhes é creditado externamente. Por outras palavras, a circunstância de o significado das coisas também passar pelo sujeito não deverá subverter a circunstância de esse significado, sendo a essência intersubjectivamente percepcionada das coisas, ser apenas e tão só a apreensão intersubjectiva de um sentido *das coisas*, pelo que às coisas não se poderá deixar de se reportar e não impor. Ainda por outras palavras, as coisas, ao constituírem o objecto do seu humano significado, são necessária e cumulativamente um limite a esse mesmo significado. Desse modo, esse significado, sendo espiri-

[16] V., *supra*, a anotação ao ponto 1.

[17] SCHILLER, «The key», *The poems of Schiller*, Milton Keynes, 2010, p. 295 [o poema foi directamente traduzido do original alemão].

[18] Bastaria para isso ter presente a sua dramaturgia [v., mesmo nesta apenas *e.g.*, SCHILLER, *Die Verschwörung des Fiesco zu Genua, Eine republikanisches Trauerspiel* [original de 1783], *in passim*; IDEM, *Wilhelm Tell*, Tübingen, [original de 1804], *in passim*].

[19] V., *supra*, 1.

tualmente filtrado pelo sujeito cognoscente e necessariamente intersubjectivamente compartilhável, impõe-se como expressão de um juízo que, por ser aferível de acordo com critérios de moral intersubjectiva, não é manipulável pelo programa de norma antes a este se impondo, limitando o legislador, designadamente, ao respeito e reconhecimento perante o objecto. Temos vindo a caracterizar esta nossa posição como de imanentismo ontologicista[20]. As classificações teóricas não são, bom é de ver, importantes. Aquilo que verdadeiramente importa são as ideias. Insista-se, portanto, um pouco nelas. Com a expressão imanentismo ontologicista pretendemos sublinhar a circunstância de o significado de uma realidade respeitar a um objecto – que é ontologicamente pressuposto, *i.e.*, não é necessária a sua demonstração filosófica[21] –, tendo-o por referente e por isso mesmo, *i.e.*, por a ele se reportar, por ele ser limitado, termos em que o significado das coisas, sendo a essência intersubjectivamente percepcionada das coisas, não pode ser legitimamente externamente subvertido (transcendentemente *lato sensu*), *e.g.*, pelo legislador, constituindo por isso, na analógica realização do Direito conteudístico-valorativamente ancorada, um limite axiológico à normação da lei[22].

Se juridicamente julgamos ter sido sobretudo influenciados por Arthur Kaufmann[23] e por Werner Maihofer[24], já o reconhecemos[25], parece-nos importante sublinhar na filosofia geral, sempre em outro contexto, claro está, e com outros significados e consequências, os imanentismos, designadamente as ideias do mínimo e do atributo ou essência (da substância), respectivamente em Giordano Bruno[26] e em Bento de Espinosa[27]. Em particular, quanto a Bruno, importa acrescentar o quão nos aproxima o seu amor à liberdade de pensamento e à não-submissão do entendimento humano ao jugo do poder[28].

[20] V. Francisco Aguilar, «Norma jurídica *in tempore casus*..., *op. cit.*, pp. 831 e ss.; Idem, «Ensaio..., *op. cit.*, pp. 834 e ss..

[21] V., *infra,* 4.1..

[22] V. Francisco Aguilar, *In passim.*

[23] V. a natureza das coisas em Arthur Kaufmann (v., apenas a título de exemplo, Arthur Kaufmann, *Analogie und "Natur der Sache"*[2], *Zugleich ein Beitrag zur Lehre vom Typus*, Heidelberg, 1982, *in passim*; Idem, *Rechtsphilosophie*[2], München, 1997, *in passim*).

[24] V., também no âmbito da natureza das coisas, os *entia moralia* de um "Direito natural concreto" em Maihofer (v. Maihofer, «Die Natur der Sache», *ARSP*, 1958, pp. 145 e ss., *in passim*).

[25] V. Francisco Aguilar, «Norma jurídica *in tempore casus*..., *op. cit.*, p. 832.

[26] V. Nicola Abbagnano, *História da filosofia*, V[3], 1984, pp. 180 e ss., sobretudo, 188 e ss..

[27] V. Espinosa, *Ética*, Lisboa, 1992 [escrito original latim de 1677], Parte I, pp. 100 e 103 e ss..

[28] V. Nicola Abbagnano, *Ibidem*, pp. 180 e s..

4. Consequências da ideia de Deus e da ideia de Direito

4.1. *A rejeição do solipsismo*

O imanentismo implica a rejeição do solipsismo. Não que se consiga demonstrar filosoficamente a existência, para lá do sujeito, do outro ou das coisas mas porque elas se assumem como pressuposto ontológico do pensamento filosófico e da acção humana. Note-se que nem mesmo a percepção intersubjectiva é substitutiva, é *ex novo* constitutiva da realidade a que se refere. Se afirmamos isto relativamente ao crivo da intersubjectividade, por maioria de razão o diríamos quanto à percepção do sujeito individualmente considerado.

4.2. *A rejeição do dualismo e da transcendência*

A ideia de Deus não constitui prova de um dualismo no sentido normalmente pretendido pelos defensores da prova ontológica da existência de Deus[29]. A ideia de Deus e a ideia de Direito limitam-se, como mencionado, a ontologicamente pressupor a existência do outro e, tratando-se de um ser humano, a exigir a igualdade de tratamento da humanidade comum. Assim, o dualismo rejeita-se, desde logo em sede de teoria do conhecimento, porquanto se é certo que se trata do significado de um objecto (a sua essência) externo, cuja existência filosófica se pressupõe, a verdade é que ele é um significado (humano) intersubjectivamente percepcionado.

A transcendência, referida agora no seu sentido antigo[30], de um Deus externo ao mundo (dele criador *ex nihilo*), é consequentemente rejeitada com o dualismo, como decorre da assumpção do nosso imanentismo ontologicista[31].

Mas mais importante do que isso, o dualismo deve ser rejeitado, em face dos perigos que representa para a liberdade. O dualismo constitui, com efeito, um caldo cultural de aparência que possibilita dois perigos principais contra a liberdade.

Vejamo-los com a brevidade que o tempo nos impõe.

[29] V., *e.g.*, a sua defesa em Santo Anselmo e em Réne Descartes (v., *supra*, 1).

[30] V., *supra*, Excurso: A intuitiva percepção no caso da humanidade comum na imanência do eu e do outro intersubjectivamente filtrada pelo conhecimento da natureza das coisas.

[31] *Ibidem*, *supra*, Excurso: A intuitiva percepção no caso da humanidade comum na imanência do eu e do outro intersubjectivamente filtrada pelo conhecimento da natureza das coisas.

4.2.1. *Em particular, o dualismo como perigo directo para a liberdade (a eliminação de um limite mínimo de liberdade)*

O primeiro perigo que o dualismo representa contra a liberdade é o de um ataque directo contra a liberdade, porquanto ele conduz à eliminação imediata, desde logo, da jusfundamentalmente nuclear liberdade de expressão (*e.g.*, historicamente, a *Inquisição* e o *índex*).

4.2.1.1. Em nome de Deus

Não por acaso, a exemplificação com que terminámos o ponto anterior respeita ao dualismo exercido em nome de Deus.

É que sucede que, como havíamos referido[32], o homem não se limita a criar a ideia de Deus (Deus-ideia) como uma ideia para satisfação da sua primeva necessidade e aspiração cultural. O homem na realidade vai mais longe e cria Deus como realidade do mundo do ser (Deus-ente), distinta e separada do homem (dualismo), de modo a assegurar o cumprimento normativo. Este Deus-ente é destinado, nas boas-intenções das palavras prometidas, a fundamentar externamente a imposição da moral-intersubjectiva, mas apresenta, no entanto, a recorrente patologia do seu exercício, o qual na realidade o confina a servir de mero instrumento do poder de quem o detém: ele serve o poder sumo-sacerdotal de comunicar a razão e/ou a vontade da divindade externa. Ora, esse poder propiciado por um Deus dualista é na realidade um pretexto do homem para exercer o poder sobre os outros homens, que, assim, afirma a sua vontade e o seu interesse sob a forma da vontade e da razão da divindade representada. Poder esse que é tão mais facilmente exercido quando é a referência externa ao Deus-ente que permite a obtenção da obediência do homem pelo receio (o chicote) do castigo da punição eterna, e da, nos seus antípodas, esperança (a cenoura) no prémio da salvação na vida pós-terrena: atendendo à natureza do prémio e do castigo, na realidade, com efeito, do que se trata é da circunstância de o Deus-ente propiciar a obediência cega do homem ao homem[33].

Para que isso seja possível são, no entanto, as próprias liberdade de expressão, científica e de ensino que são postergadas. O homem torna-se escravo não de Deus mas da voz do homem por detrás de Deus.

[32] V., *supra*, 1.

[33] Obediência do homem ao homem, que logo à partida é uma tendência da natureza humana (v. Francisco Aguilar, «*Etiam si omnes...*, *op. cit.*, pp. 97 e ss.).

Sucede porém, e como claro está, que a prepotência de uma imposição da transcendência é insustentável na perspectiva da liberdade enquanto fim do Direito. Recordemos, *e.g.*, como foi a imanência de Giordano Bruno que lhe custou o martírio na fogueira em Roma[34].

Nos antípodas do Deus-ente, é o Deus-ideia que, como veremos[35], nos termos da intersubjectiva *in tempore casus* interpretação, nega o aprisionamento e a perseguição do homem pelo homem, libertando-o.

4.2.1.2. No lugar de Deus

O mesmo perigo para a liberdade existe na deificada vontade da maioria que o pensamento iluminista e racionalista foi corporizando em substituição da influência religiosa. Não é já em nome do Deus-ente que se manda, é em nome dos cidadãos.

O problema é que também aqui tudo se resume à vontade externamente imposta, o que pode, nos correspondentes quadros patológicos, *mutatis mutandis* invocáveis, igualmente conduzir, por um lado, à realização pelos titulares de cargos públicos sob as vestes do interesse público de interesses económico-financeiros, normalmente intermediados pelos partidos políticos e, por outro lado, e no limite, igualmente impedir a liberdade de expressão em nome da imposição pretensamente jurídica de dogmas não já religiosos mas antes dos interesse económico-financeiros preponderantes e/ou do politicamente correcto da maioria.

4.2.2. *Em particular, o dualismo como perigo indirecto para a liberdade: a morte filosófica e a morte jurídica de Deus (a eliminação de um limite máximo de liberdade)*

O jusnaturalismo tradicional, designadamente o tomista, foi conduzindo a um entendimento cujos sedimentos apontavam para a destrinça entre um Direito supra-positivo e o Direito positivo, assim criando um dualismo propiciador da imposição da transcendência. Com o perigo, designadamente para a liberdade de expressão, que o mesmo representa[36].

Com os racionalismos e os seus apêndices veio, no entanto, um perigo diferente. A emancipação da razão pretendia impedir, desde o iluminismo, que

[34] V. Nicola Abbagnano, *História*..., V^3, *op. cit.*, pp. 180 e s..

[35] V., *infra*, 4.3..

[36] V., *supra*, 4.2.1..

o poder político fosse determinado pelo poder religioso. O homem quis emancipar a razão da religião, *i.e.*, de um Deus externo, dualista e transcendente. O homem quis libertar-se da escravatura exercida em nome do divino transcendente. A intenção foi louvável, há que reconhecê-lo. Simplesmente, não existindo fisicamente Deus mas apenas e verdadeiramente a sua ideia[37], e não conseguindo o homem separar a religião da moral intersubjectiva, a rejeição do Deus-ente traduziu-se na rejeição do Deus-ideia, *i.e.*, na eliminação da justiça da indestrinçabilidade da humanidade comum. Ou seja, traduziu-se na separação do Direito da justiça da moral intersubjectiva.

Por outras palavras, querendo emancipar a razão humana do Deus-transcendência e da religião, o homem, apenas preocupado com a no lugar do Deus físico agora deificada razão – e com a sua lógica de não-contradição onde apenas a forma e a aparência importam não já o conteúdo[38] –, acaba por emancipar a razão do único verdadeiro Deus, o Deus-ideia, *i.e.*, da própria moral: a morte filosófica de Deus é, por isso, não a morte física mas a morte da moral intersubjectiva, a morte da humanidade comum. Com tudo isto, kantianamente realizada a morte (da ideia) de Deus nestes termos[39], foi apenas esperar pelo fim do século XIX, para que a certidão de óbito de Deus fosse passada[40] e não por acaso no preciso sentido da morte da moral da humanidade comum (intersub-

[37] V., *supra*, 1.

[38] V., *infra*, o presente número e respectiva anotação.

[39] O do subjectivismo autolegislativo da sua razão prática, em que corta toda a relação do Direito com a moral e a religião a ela exteriores, fazendo da nova moral laica um produto da razão de cada um, um assunto de cada um, portanto, o que acaba por conduzir à própria neutralidade da lei, isto é, a um conceito estritamente formal de Direito [v., por todos, Arendt, «Some questions of moral philosophy» [1965-66], *Responsability and judgment*, New York, 2003, pp. 66 e ss.], em que a deificada razão de cada um rege não apenas todos os outros mas, para além disso, conforme acrescenta Arendt, os outros seres humanos os extraterrestres e mesmo os anjos senão mesmo Deus (cfr. Arendt, *Ibidem*, p. 142). Sobre a crítica ao pensamento de Kant, designadamente ao carácter que, meramente formal, apenas centrado na preocupação da não-auto-contradição, *i.e.*, é conteudístico-axiologicamente vazio do seu imperativo categórico, que tudo permite incluir, inclusive o torto do iníquo, v. o nosso pensamento reiteradamente afirmado, designadamente a partir de Francisco Aguilar, *Dos comportamentos...*, *op. cit.*, § 13.

[40] Verificando a morte da ideia de Deus já operada pela emancipação da razão que os racionalismos vinham já sedimentando (v., *supra*, a nota anterior), Nietzsche, em rigor, limitou-se a passar a certidão de óbito a um Deus [v. Nietzsche, *Die fröhliche Wissenschaft*, Stuttgart, 2009 [original de 1882; segunda edição (citada), revista e aumentada, de 1887], pp. 127, *467*, § 108, e 141 e s., *481 e s.*, § 125] já verdadeiramente morto por Kant (cfr. Arendt, *Ibidem*, p. 67), constituindo assim ironicamente o mérito de Nietzsche o de ter posto em evidência o quão "mesquinha e sem sentido" se tornara a moral (cfr. Arendt, *Ibidem*, p. 52).

jectiva) aos homens e da deificação da moral subjectiva da besta[41], *rectius*, do homem: Deus "morto" (ideia de Deus), Deus "posto" (ideia da besta).

Ora, o problema da morte filosófica de Deus não é, insista-se neste ponto, a questão da morte física em si – impossível por falta de objecto[42] – mas antes a demanda da morte da própria ideia de Deus que ela implicou. *I.e.*, sem a ideia de Deus, *rectius* sem a sua juridicamente realizadora ideia de Direito da indestrinçável humanidade comum, pode o homem, desvinculado à humanidade comum implicante do respeito pelo outro, fazer tudo aquilo que quiser? Não será o novo Deus, o novo homem, o super-homem, uma besta? E a sua ideia subjectiva, a da besta? Como assegurar, com efeito, o respeito pelo outro em nome da partilha da mesma humanidade, sem a justiça pela referência à ideia de Deus, à anelação da indestrinçabilidade da humanidade comum implicada? Esta questão corresponde à conhecida angústia da interrogação incessante do pensamento de Fiódor Dostoiévski, que conhece o seu apogeu no seu incomparável romance *Os irmãos Karamazov*[43], a obra-prima das suas obras-primas, publicado na versão integral pouco antes da sua morte: se Deus não existe, tudo é permitido? A preocupação de Dostoiévski prende-se, com efeito, com o perigo de arbítrio interior que a morte de Deus a da sua moral, ao tudo permitir, possibilita[44]. No fundo, com o libertar da besta interior (*beast within*) a cada homem, aquela que, nas felizes palavras de Jean-Paul Sartre, é o "inimigo cruel" e "imemorial" do homem, "a espécie carnívora [que jurou] a sua perda", a "besta sem pêlo e maligna": a saber, o próprio homem[45]. Isto leva o Filósofo, *in casu*, o Dramaturgo, a concluir que: "Um e um são um, eis o nosso mistério"[46]. Em nosso entendimento, é possível dizer que, no homem, um mais um é um, porque a humanidade comum com toda a sua complexidade é-lhe imanente e não transcendente. Por isso, o um (a besta) somado ao outro um (o santo) dá ainda e apenas o um (o homem). Ora, o problema reside na circunstância de a morte de Deus, ao dessantificar o homem, reduzir este último à condição de besta. Não é isso senão aquilo a que se refere, *e.g.*, Gilbert Keith Chesterton, quando, no início do século XX, se queixa do moralmente triste sinal dos tempos: enquanto na Idade Média se centrava o olhar sobre as pessoas boas (as angiografias), agora

[41] Sobre estas questões, v. Francisco Aguilar, *Dos comportamentos...*, *op. cit.*, § 13.

[42] O Deus-ente é criado pelo homem (v., *supra*, 1 e 4.2.1.1.).

[43] V. Fyodor Dostoyevsky, *The brothers Karamazov*, London, 2003 [original russo, na versão completa, de 1880], *in passim*.

[44] V. *Ibidem*, *in passim*, *e.g.*, XI, 9 [*The Devil. Ivan Fyodorovich's nightmare*], pp. 811 e ss., 830.

[45] V. Jean-Paul Sartre, *Os sequestrados de Altona*, Mem Martins, 2001 [original francês de 1959], p. 134.

[46] *Ibidem*.

prefere-se o estudo das más (a criminologia)[47], ao que acrescentamos nós, com o decurso do século XX, como resultado do triunfo do individualismo e da moral subjectiva, a multiplicação da publicação de biografias de sociopatas, particularmente no domínio do poder, sobretudo político e económico. Com este caldo cultural (triunfo do individualismo sem escrúpulos e sem empatia), é a ascensão da ideia interna da besta (da moral subjectiva) que é estimulada, em detrimento da ideia de Deus (da moral intersubjectiva da humanidade comum dos homens moralmente orientados).

A morte filosófica da ideia de Deus foi acompanhada por uma demanda de morte jurídica. Sucede, com efeito, que a dualista separação do jusnaturalismo foi implicitamente mantida pelos positivismos – a tradução no pensamento jurídico do racionalismo e do objectivismo científico-natural – apenas com a particularidade da rejeição de toda a relevância jurídica ao Direito natural: os positivismos obstam a qualquer influência no campo do Direito da religião, do Direito natural e da moral. Isto inclui naturalmente e em primeiro lugar a rejeição da justiça, porquanto no fundo, esta constitui o conteúdo da anelação da ideia de Deus, como vimos[48]. A justiça não parametriza o Direito, devendo não passar de assunto da filosofia do Direito, a qual, por sua vez, estaria condenada a quedar estanquemente apartada da metodologia (realizadora) do Direito. Assim, os positivismos, descomprometendo o Direito com o justo, porquanto este, como vimos, em última análise se reporta à ideia de Deus[49], permitem a veneração deificada da vontade da maioria, desde que respeitadas pré-existentes regras de produção formal, orgânica e procedimental, o que conduz ao perigo das consequentes possibilidade (de demanda) de queda do Direito (necessariamente justo) e sua usurpação por uma de sentido inverso ascensão do torto. No contexto democrático formal, temos aqui a colectivização do problema de Dostoiévski há pouco tratado[50]: das bestas interiores passamos à besta colectiva, à colusão narcisista (*e.g.*, a suposta raça ariana), onde, em rigor, os inimigos internos se multiplicam praticamente em *numerus apertus* ao sabor da conveniência política[51]. É que a regra da maioria, quando considerada no âmbito de uma democracia formal, não aceitando o limite do significado das coisas no seu apuramento intersubjectivo, arroga a reconstrução da natureza

[47] V. G. K. Chesterton, «The man with two beards», *The secret of Father Brown* [original inglês de 1927], *The complete Father Brown stories*, London, 2012, p. 540.

[48] V., *supra*, 1.

[49] *Ibidem*.

[50] V., *supra*, o presente número.

[51] V. Francisco Aguilar, *Dos comportamentos...*, *op. cit.*, § 13.

das coisas, *e.g.*, na definição de humanidade, de pessoa ou de cidadão[52]. Com o que isso implica de postergação do princípio da igualdade que ironicamente fundara o princípio da vontade da maioria[53]. É por isso que apenas um entendimento material e uma ideia material de democracia permitem explicar que a democracia, sob pena de antinomia, não pode por em causa o seu pressuposto fundamental da igualdade de todos na indestrinçável humanidade comum[54].

4.3. *A ideia de Direito e a ideia de Deus como fonte de libertação do homem pelo homem e como superação do perigo (arbítrio individual ou colectivo) de uma suposta morte de Deus*

A humanidade comum é, como referido, o eu que há no outro e o outro que há em mim: ela é a essência da humanidade em cada homem, *i.e.*, a humanidade que cada um de nós traz consigo, ela é o mínimo denominador comum a todos os homens. O homem necessita e deseja, como primeva aspiração cultural, que essa humanidade comum quede indestrinçável: é a ideia de Deus[55].

Ora, enquanto a morte de um Deus dualista é fisicamente impossível por falta de objecto[56], a morte filosófica e jurídica da ideia de Deus é culturalmente impossível enquanto existirem dois seres humanos em interacção. É que essa ideia é, como explicitado, não mais do que a anelação da justiça da indestrinçabilidade da humanidade comum que constitui a necessidade e a aspiração cultural primeva do homem[57]. Ora, essa indestrinçável humanidade comum implica que a moral intersubjectiva (a justiça) não possa ser apartada do Direito. Isto porque a moral intersubjectiva traduz a ideia da indestrinçabilidade da humanidade comum, da essência comum aos homens. E é essa essência que não pode ser manipulada pelo legislador, antes se impondo o respeito devido por cada homem ao seu semelhante.

[52] V., por todos, Francisco Aguilar, *Dos comportamentos…*, *op. cit.*, § 13.

[53] *Ibidem.*

Do ponto de vista da análise específica da legitimidade da democracia, v., *infra*, a continuação do presente número e a nota seguinte.

[54] Sobre as questões relativas à igualdade como fundamento comum a democracia e Direito e à dimensão material da democracia, uma ideia material de democracia, v. o nosso pensamento, apenas *e.g.*, Francisco Aguilar, *Dos comportamentos…*, Lisboa, 2014, a Introdução; Idem, *A norma do caso…*, obra citada, 2016, §§ 7 e 12; Idem, «Ensaio…, *op. cit.*, pp. 838 e s..

[55] V., *supra*, 1.

[56] V., *supra*, 1 e 4.2.2..

[57] V., *supra*, 1.

Ora, o erro de perspectiva filosófico (sobretudo racionalismos) e jurídico (sobretudo positivismos) radica, portanto, na confusão do Deus-ente com o Deus-ideia e por, querendo libertar o homem da patológica instrumentalização pelo próprio homem do primeiro como mero pretexto de exercício do poder e da prossecução de interesses particulares[58], "matar" o segundo. No limite, até poderia cogitar-se aqui de um duplo erro sobre o objecto, porquanto se supõe uma realidade física no lugar de uma ideia e porque se quer ver na moral intersubjectiva um dogma religioso. Ora, na realidade, a ideia de Deus e a ideia de Direito que a concretiza juridicamente não podem legitimamente acompanhar o destino da religião. Do mesmo modo que representaria um "excesso" deitar fora o bebé com a água do seu banho, também o é o prescindir no Direito da moral intersubjectiva e da justiça da humanidade comum aos homens que ela implica e a ideia de Deus anela conjuntamente com a moral subjectiva, o Deus--ente e a separação entre a religião e o Direito.

Na realidade, a ideia de Direito e a ideia de Deus, ao contrário do Deus dualista e transcendente e da democracia formal, ao não serem impostas do exterior, mas antes internamente assumidas, em um imanentismo, como inerentes à condição humana, não aprisionam o homem. Antes pelo contrário, libertam-no.

Libertam-no directamente perante um iníquo prepotente externo, seja em nome de um Deus-ente[59] ou seja no lugar de Deus[60], seja do dogma religioso ou do *Diktat* do politicamente correcto[61], como *aggiornata* expressão do *Führerprinzip*.

E libertam-no indirectamente, perante o(s) outro(s), ao superar o perigo do iníquo individual ou colectivo demandado por uma suposta morte filosófica e jurídica de Deus, *rectius* da sua ideia, assegurando que a humanidade comum deve ser por todos respeitada. Isto porque, se assim não for, é a ideia da justiça da indestrinçável humanidade comum que axiológico-parametricamente impede a normação como Direito[62] dos programas de norma destrinçantes dessa nuclear humanidade, impondo-se relativamente ao torto a que esses pro-

[58] V., *supra*, 4.2.1.1. e 4.2.1.2..

[59] V., *supra*, 4.2.1.1..

[60] V., *supra*, 4.2.1.2..

[61] Sobre o axiologicamente ilegítimo "Direito penal do politicamente correcto", v. Francisco Aguilar, *Dos comportamentos...*, *op. cit.*, 2014, §§ 13 e 18; Idem, *A norma do caso...*, *op. cit.*, § 2; e, sobretudo, Idem, «*Etiam si omnes...*, *op. cit.*, pp. 111 e ss. e Idem, «A ideia de Direito como "bem..., *op. cit.*, pp. 353 e s.; Idem, «Ensaio..., *op. cit.*, pp. 841 e s. e 876 e ss..

[62] Assim o temos sublinhado reiteradamente: a título de exemplo, v. Francisco Aguilar, *Dos comportamentos...*, *op. cit.*, *in passim*, sobretudo a Introdução e §§ 13 e 16; Idem, *A norma do caso...*, *op. cit.*, *in passim*, sobretudo §§ 1, 2, 4, 10 e 12.

gramas então darão origem um dever de desobediência resultante do dever de obediência ao verdadeiro Direito (o justo)[63].

Considerações conclusivas

Da verificação de uma mesma essência, de um espiritual mínimo denominador comum no eu e no outro, a saber, a humanidade comum, resulta uma vital necessidade espiritual de justiça no homem, que garanta que essa nuclear humanidade compartilhada permaneça indestrinçável. Da humanidade comum resultam a ideia de Deus e a ideia de Direito. Com efeito, a ideia de Deus e a ideia de Direito reportam-se à mesma realidade: a indestrinçável humanidade comum, *i.e.*, a necessidade do homem de integridade da humanidade comum.

A ideia de Deus é a anelação de justiça da indestrinçável humanidade comum. Por outras palavras, o desejo ardente de justiça, a mais antiga e irrenunciável necessidade cultural e espiritual do homem. Enquanto a ideia de Deus exprime essa anelação de justiça, a ideia de Direito realiza (no Direito) essa justiça da indestrinçável humanidade comum. Ambas traduzem, em suma, não mais do que a ideia de justiça da humanidade comum: a ideia de Deus dá voz à sua anelação, a ideia de Direito concretiza-a (juridicamente).

A ideia de Deus e a ideia de Direito, consubstanciando a integridade da humanidade comum, afastam a ideia da besta e a ideia de torto. Assentando em uma moral intersubjectiva, elas não são, com efeito, compatíveis com a moral subjectiva do homem-Deus-ente e a segunda determina a não-parametrização dos programas de norma destrinçantes da nuclear humanidade comum, os quais dão origem a um torto que não deve ser obedecido.

Num pequeno interlúdio teórico, esclarecemos que, sendo intersubjectivamente aferido perante a natureza das coisas através da percepção do homem moralmente orientado, o significado de cada objecto não é manipulável pelo legislador, antes se impondo como a essência imanente a esse objecto. Quando descrevemos a nossa posição como de imanentismo ontologicista, queremos sublinhar apenas a ideia nos termos da qual o significado de uma coisa, *i.e.*, a sua essência, o seu mínimo denominador comum, apesar da intuitiva percepção humana em que há naturalmente um momento de intervenção das estruturas compreensivas do sujeito intersubjectivamente compartilháveis pelos homens moralmente orientados, é um significado de uma coisa e, por isso, imanente a ela e, por conseguinte, para além de não poder ser legitimamente adulterado

[63] V. Francisco Aguilar, «*Etiam si omnes...*, *op. cit.*, pp. 94 e ss.

como se acaba de referir, é reportado a algum referente externo, cuja realidade se pressupõe filosoficamente.

A ideia de Deus, que importa não confundir com o Deus-ente, e a ideia de Direito constituem uma fonte de libertação do homem pelo homem e uma superação do perigo (arbítrio individual ou colectivo) de uma suposta morte de Deus. Com efeito, ao contrário do Deus dualista e da democracia formal, ao não assentarem em um dualismo, elas não apenas não aprisionam o homem, como, antes pelo contrário, libertam-no perante o dogma religioso em nome de Deus ou de um *Diktat* político no lugar de Deus. E libertam-no também indirectamente ao superar o perigo do iníquo individual ou colectivo do(s) outro(s) resultante da rejeição da moral intersubjectiva que comporta a referida morte de Deus, assegurando que a humanidade comum deve ser respeitada na parametrização dos programas normativos e com o dever de desobediência ao torto (o demandante de destrinça da humanidade comum) que o dever de obediência ao verdadeiro Direito (o justo) exige.

O Deus dualista não morreu, por nunca ter nascido. O frankensteiniano homem novo desejado pelos delírios do racionalismo ou de alguma delirante vontade demiurga da maioria nunca nascerá. Quem nasceu foi o homem e quem não morreu foi a humanidade comum, e a consequente anelação da justiça (a ideia de Deus) e a realização jurídica (a ideia de Direito) da sua não--indestrinçabilidade. A ideia de Deus, com efeito, correspondendo à anelação de justiça na indestrinçável humanidade comum, é tão antiga como o homem e por isso, tratando-se da sua natural aspiração cultural primeva e mais nobre e deslumbrante, ao ponto de o ter levado a afirmar na Criatura o criador, é imorredoira enquanto mais do que um houver. Cada homem traz em si essa humanidade, pelo que ela é em cada homem imanente.

Por isso mesmo e ironicamente, Giordano Bruno, mártir do imanentismo, bem poderia ter beijado o Crucifixo que lhe estenderam na fogueira da Inquisição para seu arrependimento[64]. Isto porque esse beijo teria significado, na realidade, não o arrependimento que durante largos anos recusara no cárcere em Roma[65] mas antes, nos seus antípodas, a suprema vitória do imanentismo: é que Cristo, ao contrário da dualista Inquisição, ironicamente não representa mais do que a imanência da humanidade comum. Ele é não um Deus externo aos homens mas a ideia (interna) de Deus – a indestrinçável humanidade comum –, como o mínimo denominador comum entre os homens, a essência humana que em todos nós pulsa. Bruno não estaria a arrepender-se mas antes, ao beijar a humanidade comum, a demonstrar o erro da Inquisição. A contradição estava

[64] V. Nicola Abbagnano, *História...*, V[3], *op. cit.*, p. 181.
[65] *Ibidem.*

no outro lado: na Inquisição que martirizou Bruno e que, ao fazê-lo, negou – em nome de um Deus físico externo, dualista e transcendente e em defesa do seu monopólio de intermediação com a divindade – a ideia de Deus, *i.e.*, a anelação da indestrinçável humanidade comum; por outras palavras, renegou a imanência da humanidade comum em Cristo, cujo significado – essa precisa humanidade que cada homem tem em si – ou nunca compreendeu ou, compreendendo, nunca quis que os homens compreendessem, menorizando-o sob os mantos dos dogmas e da fé, para, como o capítulo karamazoviano do *Grande Inquisidor* de Dostoiévski parece demonstrar[66], não deixar de exercer o poder que sobre os homens detém, o de escravizá-los na sua infantilidade.

[66] V. Fyodor Dostoyevsky, *The brothers Karamazov*, *op. cit.*, V, 5 [*The grand inquisitor*], pp. 322 e ss..

Subsídios para uma compreensão histórico-jurídica da presença dos Mouros em Portugal

MESTRE RUI MARQUES*

SUMÁRIO: *1. Em jeito de prólogo. 2. Os* moçárabes*: a (in)tolerância de mouros e cristãos. 3. Portugal,* Terra de Santa Maria. *4. Os* mudéjares*: vencidos no meio de vencedores. 5. A expansão ultramarina.* Mouros de pazes. *Escravatura. 6.* Os cristãos-novos*: entre a conversão e a expulsão*

1. **Em jeito de prólogo**

Rememorar, mesmo que em traços necessariamente breves, a secular experiência histórico-jurídica vivida em Portugal no contacto com a religião e cultura islâmica, nos seus altos e baixos, afigura-se prestimoso para melhor entendermos o nosso tempo e os desafios que se nos colocam.

Desde logo, importa ter presente que a cultura hispânica que aportou ao nascimento de Portugal significou um encontro entre, de um lado, a corrente clássica e, de outro, as correntes visigótica e sueva, temperadas pela mundividência cristã. A este substrato chegaram depois importantes contributos da cultura árabe.

Fazendo uma retrospectiva, verifica-se que a problemática do convívio da comunidade muçulmana com a lei portuguesa está presente desde a fundação da nacionalidade. A qual, recorde-se, aconteceu em grande parte através da reconquista cristã das terras em poder dos seguidores do Alcorão. Para trás ficara a reconquista, em 1249, do *Gharb Al-Andalus*, com D. Afonso III.

[1] * Doutorando em Direito Fiscal na Faculdade de Direito de Lisboa.

Os resgates obtidos com a venda de prisioneiros capturados[1], as pilhagens das cidades e vilas conquistadas, a força de trabalho dos escravizados e os impostos e rendas sobre os vencidos que ficam, são fontes de receita que marcam os alvores da nacionalidade. Os vencidos, árabes ou cristãos, conheceram bem a morte, a expulsão, a escravidão. E, porventura, os menos desafortunados, a discriminação, o que não é coisa pouca. Mas também, de parte a parte, alguns tempos de tolerância religiosa, cultural e administrativa, que também os houve, desde que não perturbada a ordem estabelecida.

Ao longo de uma presença multissecular em território português e enquanto minoria, a comunidade étnico-religiosa muçulmana sentiu (quase) sempre uma necessidade de viver resguardada ou mesmo separada. Para melhor viver a sua fé e cumprir os seus ritos. Para melhor resistir a uma corrupção ditada pela maioria. Mas, também, porque nesses séculos foram aprendendo que, debalde a letra da lei poder garantir-lhes a segurança de que necessitavam, sempre esta se revelou facilmente perturbada por excessos individuais, sectaristas ou mesmo do poder instituído.

Uma vivência aparentada deste receio, tiveram-na, outrossim, outras comunidades étnicas e religiosas, quando subjugadas ou postas em minoria. A comunidade judaica, sentindo tanto privilégios como perseguições. E, muito importante, a comunidade cristã quando sob o domínio dos muçulmanos (*moçárabes*), que adiante bem valerá algumas palavras.

A esta luz, justifica-se uma incursão histórica que constitua uma reflexão inicial, dada a complexidade e inquietude que o nosso tema suscita. Conhecendo primeiro da situação dos cristãos sob a dominação muçulmana e depois do papel da Igreja como uma co-fundadora da nacionalidade portuguesa.

O que, depois, nos habilitará a melhor apreender a situação dos muçulmanos sob a dominação cristã após a reconquista e até à sua expulsão ou conversão forçada (*cristãos-novos*) com D. Manuel, complementada pela Inquisição, a partir de D. João III, sem esquecer (porque não pode ser esquecida) a infâmia do tráfico de escravos.

2. Os *moçárabes*: a (in)tolerância de mouros e cristãos

Feita a conquista pelos seguidores do Alcorão de grande parte do território da Península, os cristãos não tornados escravos e que, ficando, não renegam à sua fé nem aceitam viver sob o jugo árabe são submetidos pela força, sendo-

[1] Outras vezes, dava-se a troca. Onde pontificava a figura do *alfaqueque*, que era tanto o cristão que ia a terra de mouros, como o mouro que vinha a terra de cristãos libertar os respectivos cativos.

-lhes retiradas as terras (onde apenas poderão trabalhar mediante o pagamento de uma renda, e enquanto lho for permitido) e os seus templos destruídos ou convertidos em mesquitas.

Malgrado todo o fulgor da *jihâd* islâmica,[2] os cristãos não tornados escravos e que, ficando, não quisessem converter-se à religião dos invasores, continuavam na posse dos seus bens e a gozar de uma certa autonomia jurídica, administrativa[3] e religiosa[4], mediante o pagamento de diversos tributos previstos na lei muçulmana[5]. Mantendo, no possível, a sua língua e cultura próprias. Nos pleitos entre cristãos, havia um magistrado próprio, e era aplicada a lei visigótica[6]. Para os árabes, eram também "gentes do Livro" e, como tal, detentores da revelação divina. Ficaram conhecidos por *moçárabes*.

A tolerância religiosa, quando existiu, não afastou a dificuldade de viver afastado das raízes nem a discriminação: «*Assim, por exigência dos pactos realizados com os muçulmanos dominadores, eram obrigados a dar hospedagem gratuita nas suas igrejas e casas, durante três dias e três noites, aos viandantes muçulmanos. Os cristãos não podiam vestir nem calçar como os muçulmanos; tinham de rapar só a parte anterior da cabeça; era-lhes vedado andar de cavalo; podiam deslocar-se apenas de mula ou de burro, desprovidos de selins e de estribos, e viajar com os dois pés pendentes para o mesmo lado do animal; não podiam andar munidos de espada, nem fabricar ou utilizar armas*»[7].

Revelador desta humilhação ditada pelas diferenças de credo, o pagamento do imposto: «*De pé e publicamente, o cristão depositava o imposto nas mãos do recebedor que, por sua vez, o entregava ao senhor, solenemente instalado numa poltrona. Depois, o senhor, seguido normalmente pelos muçulmanos presentes, agarrava o cristão pelo pescoço e exclamava, em tom sarcástico: "o dimmí, inimigo de Alá, paga a jízia"*»[8].

Não raras vezes, estes moçárabes terão sido empurrados para Norte, fugindo da intolerância de muçulmanos num contexto de avanços e recuos nas lutas contra os cristãos. Mas, mesmo aí, como após a reconquista, os moçárabes sen-

[2] Guerra feita pelos muçulmanos contra os infiéis, como luta contra as forças do Mal.

[3] Por exemplo, mantinham os cargos de *almoxarife* (intendente da fazenda), bem como o de *almotacé* (fiel de pesos e medidas).

[4] Mantiveram-se algumas dioceses, mas os bispos eram aprovados pelo monarca sarraceno.

[5] Foi o caso de Lisboa, Santarém, Coimbra e Seia.

[6] Identificado como *Liber Judicum*, depois *Forum Judicum* e, mais tarde, *Foro Juzgo*. Tratava-se do principal *corpus* legislativo na Península. Em Portugal, deixou de se aplicar a partir da segunda metade do século XII, a que corresponde uma maior influência das obras jurídicas castelhanas. A partir da dinastia de Avis, assiste-se a uma maior afirmação do *ius proprium*.

[7] Centro de Estudos de História Religiosa da Universidade Católica Portuguesa, in *História Religiosa de Portugal* (Dir. Carlos Moreira Azevedo), Vol. I – Formação e Limites da Cristandade, Círculo de Leitores, 2000, p. 94-95.

[8] *Idem*, p. 96.

tiram também a incompreensão e mesmo violência, por terem assimilado dos árabes alguns hábitos e saberes e por se recusarem a seguir a liturgia romana e os costumes beneditinos, introduzidos pela reforma unitária gregoriana, pretendendo manter por tradição o rito visigótico[9] que praticavam no período de domínio muçulmano. Sobre eles recaíram então suspeitas de heresia.

Deste modo se explica que muitos tenham sido abatidos ou feitos cativos ou escravos. Após a reconquista de Lisboa, D. Afonso Henriques capturou mais de um milhar de moçárabes ali encontrados. Arrastados para Coimbra, terão sido libertados a instâncias de São Teotónio, prior do Mosteiro de Santa Cruz de Coimbra (em cujas dependências foram acolhidos), que então terá feito ver a D. Afonso que se tratavam de cristãos, como os conquistadores.

Mas a reconquista também se fez com a decisiva participação destes cristãos. Haveria a vantagem de não poderem servir os fins militares dos árabes. Renomado ficou *Sesnando Davides*, conquistador e governador de Coimbra, e prezado conselheiro de reis. Moçárabe.

O esmorecimento da presença moçarábica acompanhou o declínio da sua liturgia própria. Após dois séculos volvidos sobre a imposição do rito romano pelo Concílio de Burgos, convocado em 1080 por D. Afonso VI, de Leão e Castela, a comunidade moçárabe perdeu a sua identidade. Afinal, a mesma que havia sido forjada num ambiente de resistência[10], distante já no tempo.

3. **Portugal,** ***Terra de Santa Maria***

O nascimento de Portugal entrecruza-se, forçosamente, pela separação e afirmação, com a história coeva da Galiza, de Leão e de Castela. Mas também, desde os primeiros passos, com a história da Igreja e da sua organização clerical, pelo amparo e influência recebidos e, finalmente, pela sagração da própria independência. D. Afonso Henriques cedo se intitulou senhor da Terra Portucalense pela "Graça de Deus", e não da concessão ou favor de outrem, reconhecendo a suserania do Romano Pontífice de modo a afastar qualquer autoridade, menor, de Leão e Castela.

Assim, a formação do Condado Portucalense e a reconquista foram sempre acompanhadas de um intenso movimento de reconversão monástica. A uni-

[9] Apenas com a conversão de *Recaredo* ao catolicismo se verificara a união entre Hispano-Romanos e Visigodos.

[10] Actualmente, na Catedral de Toledo, todos os dias é celebrada a missa e são rezadas as laudes de acordo com este antiquíssimo rito hispano-moçárabe.

dade eclesiástica e política foram-se correspondendo, mutuamente. Onde avançou a nacionalidade, avançou uma Igreja doméstica, e vice-versa.

Com a conquista da cidade de Toledo, o Papa Urbano II outorgou a bula *Cunctis Sanctorum* (1088), na qual se reconhecia ao titular da diocese de Toledo, pela antiguidade desta, a condição honorífica de *primaz* sobre as demais dioceses, onde se incluía Braga. Antiga capital dos Suevos[11], Braga veio a romper com a autoridade peninsular do prelado de Toledo, reclamando os Arcebispos o uso do título honorífico de *Primaz das Espanhas*, à revelia das ordens de obediência dadas por sucessivos Papas[12], e a restauração do seu vetusto estatuto metropolitano – perdido por ocasião da invasão árabe -[13], em acesa disputa com Compostela[14]. Deste modo, fazendo também o caminho da independência de Portugal e do seu reconhecimento pela Santa Sé[15].

Ao lado do Infante D. Afonso Henriques, na sua contenda com a mãe, D. Teresa, surge D. Paio Mendes, Arcebispo de Braga[16], ambos pretendendo a

[11] Os Suevos terão aderido prontamente ao catolicismo, fundando o primeiro reino independente católico, na Galécia, no século VI, durante o reinado do rei suevo Teodomiro.

[12] O título de Primaz das Espanhas é hoje usado tanto por Braga, como por Toledo, e ainda por Tarragona. O Prelado de Braga, por se tratar da diocese mais antiga do País, deteve sempre precedência sobre todos os Bispos de Portugal, com excepção, desde 1716, do Patriarca de Lisboa, que então se encontra honorificamente acima do próprio Arcebispo Primaz bracarense.

[13] Significava a jurisdição sobre as dioceses sufragâneas da antiga província da Galécia (Astorga, Lugo, Tui, Mondonhedo, Ourense, Porto, Coimbra, Viseu e Lamego), com a excepção de Compostela, pelo privilégio de isenção concedido por Roma.

[14] Pelas suas ancestrais relíquias, Braga poderia rivalizar na atracção de peregrinos com Compostela. Segundo relatos, em 1102, aquando uma visita de D. Diogo Gelmires, Bispo de Compostela, foram subtraídas em Braga os venerandos corpos de São Frutuoso, Bispo bracarense, e de São Silvestre, São Cucufate e Santa Susana, mártires. Eufemisticamente conhecido em Compostela por «*pio latrocínio*», este grave incidente apenas foi reparado oito séculos mais tarde, com a devolução das relíquias à Arquidiocese de Braga. De resto, D. Diogo Gelmires terá sido um apoiante de D. Teresa e dos nobres galegos, não vendo com bons olhos a posição rebelde de D. Afonso Henriques.
Segundo uma tradição, posteriormente, D. Maurício Burdino, Arcebispo de Braga, subtraiu na Terra Santa uma relíquia ainda mais veneranda – a cabeça do Apóstolo São Tiago cujo corpo a Sé de Compostela afirmava possuir. Apossando-se da relíquia, D. Urraca, Rainha de Leão e Castela, terá feito depois a sua doação a Compostela.

[15] Segundo o Príncipe *Lichnowsky*, alemão, que nos visitou, terá sido um Arcebispo de Braga que coroou o primeiro Rei de Portugal, com a grande coroa de ouro dos reis visigodos, que estava conservada na abadia de Lorvão (in *Recordações do anno de 1842*). Esta revelação surge nas famosas "Actas das Cortes de Lamego" *(Almacave), cuja veracidade é posta em causa desde Alexandre Herculano.*

[16] Segundo vários historiadores, D. Paio terá sido mesmo o grande conselheiro de D. Afonso. Em 1122, pela bula *Perventi ad nos*, o Papa Calisto II exigiu a D. Teresa a sua libertação.

independência face a Toledo, antiga capital do reino visigodo, onde se concentravam o centro político e religioso da Hispânia[17].

Pouco antes da decisiva batalha de São Mamede (1128), os dois lavraram um importante acordo[18] em que o Infante promete, para assim que vier a assumir as rédeas do Condado, a ampliação dos limites do Couto de Braga e a atribuição ao Arcebispo das funções de capelão-mor e chanceler-mor. E, muito importante, ficando a Catedral bracarense com o direito de cunhar moeda para ajudar às despesas da sua reconstrução, em face dos danos causados pelos partidários de D. Teresa contra o Arcebispo[19].

«*Ut tu sis adjutor meus*»: a troco de uma ajuda sem falhas.

Em 1142, na Catedral de Lamego, com o consentimento dos seus vassalos, D. Afonso Henriques determina, solenemente, «*que eu, meu reino, minha gente, meus sucessores fiquemos debaixo da tutela e proteção, defensão e amparo da Bem-aventurada Virgem Maria*», pedindo-Lhe «*que defendais meu reino dos Mouros, inimigos da Cruz de vosso Filho e conserveis minha coroa livre de sujeição estranha e corroboreis no trono real fiéis servos da minha geração*». A partir de então, Portugal é "Terra de Santa Maria"[20].

Não se estranha, pois, que o acordo de paz de Zamora (1143), entre os primos D. Afonso Henriques e D. Afonso VII, tenha acontecido por mediação do Cardeal Guido de Vico, enviado como legado pontifício a fim de acabar com as graves dissensões entre cristãos na Península.

D. Afonso Henriques, reconhecido então como Rei, veio depois a furtar-se a prestar vassalagem ao primo, como *Imperator totius Hispaniæ*, fazendo-se antes vassalo do sucessor de Pedro e enfeudando à Santa Sé o Reino de Portugal, com a promessa de um tributo anual de quatro onças de ouro[21] e de defender a cristandade contra os Infiéis. Na carta *Claues regni coelorum*, declara-se «*Eu Afonso, rei dos Portucalenses, pela Graça de Deus*». Vindo a obter, finalmente, em 1179, pela outorga da bula *Manifestis Probatum*[22], *do Papa Alexandre III, a legitimação do seu poder régio (Rex)*.

[17] Desde 1077, D. Afonso VI intitulava-se *Imperator totius Hispaniæ*.

[18] Para vários historiadores, trata-se da certidão de nascimento de Portugal, fruto de uma aliança do Infante e dos nobres, seus partidários, com o clero bracarense.

[19] Aliás, como D. Afonso VI fizera relativamente à catedral de Compostela. Por ordem expressa de D. Afonso Henriques, os restos mortais de D. Teresa foram trazidos, mais tarde, para a Sé de Braga, onde repousam junto ao túmulo do Conde D. Henrique, na que ficou conhecida por Capela dos Reis.

[20] A S. Miguel, Arcanjo, é atribuída uma bandeira própria – de campo branco com uma cruz firmada de azul –, usada como distintivo nacional, que corresponderá, segundo vários historiadores à primeira bandeira de Portugal.

[21] Ao que parece, depois descurado.

[22] Confirmada depois com D. Sancho I e D. Afonso II.

Rumo ao Sul, nas purgas contra os mouros, as hostes de D. Afonso e seus sucessores puderam contar com o auxílio de contingentes monástico-militares – integrados por franceses, ingleses, escoceses, flamengos, alemães, frisos e dinamarqueses, muitos em escala para a Terra Santa –, em particular na reconquista de Lisboa e Almada (1147), Silves e Alvor (1189), e Alcácer do Sal (1217). Traziam no peito, cosida sobre as suas vestes, a cruz-latina, que lhes valeu serem denominados de *cruzados*[23]. Prestimosíssimo, na reconquista das terras, mas também no seu povoamento, foi também o papel desempenhado pelas ordens religioso-militares (Santiago da Espada, Hospitalares, Templários, Calatrava e Avis).

Assim nasceu e se formou Portugal, a mais velha monarquia da Europa, numa aliança forjada entre o ceptro régio e o báculo arquiepiscopal. Completada em 1249 a reconquista do seu território, afastada está a ameaça externa do Islão mas, entre portas, subsiste uma comunidade, «*agora convertida em minoria étnico-religiosa, politicamente submissa*»[24].

4. **Os *mudéjares*: vencidos no meio de vencedores**

Não obstante, a reconquista cristã da Península Ibérica (*al-Andalus*), que em Portugal se concluiu em meados do século XIII, não significou a irradicação da matriz árabe, nem se pôde ou quis prescindir da organização e de todo o conhecimento dos vencidos e, sobretudo, da sua força de trabalho[25]. A par ou em contradição com a matriz judaico-cristã, a influência muçulmana sobreviveu e foi modelando o ser português.

Na voragem da derrota, muitos sarracenos terão fugido ou, desafortunadamente, feitos escravos[26]. Mas outros, por mercê régia, são tornados livres

[23] Após a derrota na batalha de Zalaca, o rei Afonso VI, de Leão, pediu auxílio aos cristãos do outro lado dos Pirinéus, chamada a que responderam muitos nobres e cavaleiros franceses. Entre eles, Henrique de Borgonha, que pelo seu auxílio na reconquista de terras aos mouros recebeu a mão da infanta D. Teresa, a quem coube a Terra de Portugal como dote hereditário.
A arregimentação destes cruzados era, muitas das vezes, conseguida por intervenção dos bispos portugalenses, a troco do saque das cidades tomadas aos árabes.

[24] Centro de Estudos de História Religiosa da Universidade Católica Portuguesa, in *História Religiosa de Portugal* (Dir. Carlos Moreira Azevedo), Vol. I – Formação e Limites da Cristandade, Círculo de Leitores, 2000, p. 103.

[25] Assim terá nascido a expressão "trabalhar que nem um mouro", ou seja, trabalhar sem descanso.

[26] Com D. Afonso V, quando o mouro cativo torna-se cristão deixa de pode servir pessoa que não seja, também ela, um cristão. O seu dono – via de regra, um judeu –, terá que o vender a um cristão, sob pena de confisco régio do cativo (Ordenações Afonsinas, Livro IV, Título LI, p. 184-185).

(*mouros forros*)[27]. Ficam e passam a ser tratados por *mudéjares* (do árabe *mudajjan*, que significa domesticado). E assim obstando a Coroa ao despovoamento das terras reavidas que, a acontecer, em particular a Sul, poria em risco a sua defesa e exploração.

Estes "domesticados" são transmudados dos seus povoados muralhados e afastados da *alcáçova*, mas, *intra muri*, feitos acantonar nos *arrabaldes*, onde passam a viver em bairros (*mourarias*[28]), cujas portas teriam que encerrar ao toque das Trindades[29]. Aos poucos, vão conhecendo e adoptando a língua e os hábitos dos cristãos, sob a protecção do soberano cristão: «*os meus mouros*», assim surgem designados em vários escritos régios.

O mais importante: não são obrigados a converter-se ao Deus dos vencedores, continuando a reger-se pelo seu credo e pelas normas próprias do Alcorão e a frequentar as suas mesquitas[30].

No plano terreno, são julgados nos seus pleitos por magistrados próprios, segundo as suas leis e costumes[31], mas não podem testemunhar nos pleitos dos cristãos, nem se asilar nos templos destes. Mas, a partir do século XV, pelas Ordenações Afonsinas, estabelece-se a obrigatoriedade do uso da língua portuguesa nos documentos lavrados pelos tabeliães mouros[32].

Algumas das vezes, foi a população moura contemplada com foral antes mesmo da população cristã, sendo-lhe reconhecida a sua organização religiosa, administrativa e legal própria (*comuna*), mormente a sua sujeição às leis gerais do Reino. Assim sucedeu após a conquista de Lisboa, por D. Afonso Henriques, que por carta de foral aos mouros forros instituiu em 1170 a *comuna*, o mesmo sendo extensível a Almada, Palmela e Alcácer do Sal[33].

[27] Pela *carta de alforria* se concedia a liberdade aos escravos ou cativos.

[28] Veja-se, por exemplo, o bairro da Mouraria, em Lisboa. Ainda hoje encontramos na nossa toponímia várias ruas com esta designação, com maior incidência no Sul. Apenas no século XIV, com D. Pedro I, vieram a conhecer um ordenamento jurídico.

[29] Ao fim da tarde, na hora de recolher a casa, lembrando aos cristãos a hora certa de rezar.

[30] Com D. João I, proíbe-se que o mouro seja tornado cristão se contra a sua vontade (Ordenações Afonsinas, Livro II, Título CXVIIII, p.561) mas dá-se privilégios ao que se torne cristão, favorecendo-o mais do que aqueles que sempre foram cristãos (Ordenações Afonsinas, Livro II, Título CX, p. 546).

[31] Em 1340, o Rei D. Afonso IV faz saber por carta aos alcaides dos mouros que guardem nos seus julgados, entre si, os seus direitos, usos e costumes.

[32] Livro II, Título CXVI, p. 557.

[33] Este modelo serviu a outras povoações, em particular no que respeita à tributação. Pensa-se que os muçulmanos constituiriam em alguns casos a maioria da população, e daí a especial protecção do monarca.

Mantêm as suas propriedades e permite-se-lhes a eleição do seu próprio alcaide (*al-qadí*), que concentra em si poderes religiosos e seculares (jurídico-administrativos) e é quem recebe e transmite as comunicações régias.

Toda esta autonomia jurídica é concedida, diga-se, a troco do pagamento de tributos e de certas obrigações[34] a favor do Coroa portuguesa. «*O programa político dos reinos medievais cristãos, necessariamente definido e controlado pelas suas elites, recupera um Islão* domado, *isto é, submetido aos seus próprios interesses, através de actos escritos de legitimação*»[35].

Estes "actos escritos de legitimação" podem mesmo assentar no aproveitamento do próprio direito islâmico, mas segundo uma produção vernácula. Por exemplo, na falta de outros herdeiros, os bens dos mouros forros são herdados pelo Rei com fundamento na interpretação que este faz da lei muçulmana[36].

De entre a comunidade muçulmana, é nomeado pelo Rei aquele que servirá como *juiz dos direitos reais* (tributos e outros benefícios), ocupando-se dos pleitos relacionados com os interesses patrimoniais do soberano na mouraria, segundo o direito comum, e até da gestão daqueles mesmos interesses.

Acresce que, bastas vezes, a tolerância serve para evidenciar as diferenças de mundividência: «*Os filhos da mesquita desfrutavam ainda de liberdade para observarem os preceitos morais islâmicos, alguns dos quais eram muito estranhos à civilização cristã e ocidental, nomeadamente o de os homens poderem casar simultaneamente com quatro mulheres, o da interdição da carne de porco e do vinho, o da observância ritual da sexta-feira, em vez do domingo, como dia de descanso, o da circuncisão e o do jejum durante o mês do Ramadão*»[37].

Alguns dos privilégios concedidos foram mesmo contestados. Por exemplo, já no reinado de D. Afonso V, nas Cortes de Lisboa (1439), os representantes se queixavam de que «*os infiéis, que são servos, têm razão para enriquecer, e os cristãos ser pobres, o que parece coisa estranha*». Isto porque os cristãos tinham de pagar a dízima ao Rei e à Igreja pelos bens comprados aos mouros, enquanto estes apenas estavam obrigados a pagar ao Rei. Na verdade, alvitramos a esta distância,

[34] Por exemplo, a *al-fitra*, que se traduzia numa contribuição predial. Estavam também obrigados a certos trabalhos (por exemplo, a cultivar as vinhas do Rei).

[35] Maria Filomena Lopes de Barros, in *Propriedade e direito entre os Muçulmanos de Portugal: dos bens comuns à gestão do património do Rei*, Sharq Al-Andalus – Estudios Mudéjares y Moriscos n.º 19 – Separata, Teruel – Alicante, 2008-2010, p. 2.

[36] Ordenações Afonsinas, Livro II, Título XXVII, p. 222. Adiante-se que, previamente, foram consultados os "*mouros letrados e sabedores em sua lei*", o que denuncia que o direito do soberano cristão se funda no direito muçulmano.

[37] Centro de Estudos de História Religiosa da Universidade Católica Portuguesa, in *História Religiosa de Portugal* (Dir. Carlos Moreira Azevedo), Vol. I – Formação e Limites da Cristandade, Círculo de Leitores, 2000, p. 116.

o desigual não poderia merecer tratamento igual: os mouros beneficiavam da protecção do Rei mas nunca poderiam integrar o conjunto de fiéis unidos em outro credo. Afinal, para uns e outros, Deus é único.

5. A expansão ultramarina. *Mouros de pazes*. Escravatura

Concluída em 1249 a reconquista cristã, as investiduras militares contra os muçulmanos prosseguiram fora de portas, desta feita no Norte de África, marcando o início da expansão além-mar.

Não obstante, explorando as dissidências do inimigo, a implantação do poderio português fez-se também de alianças com as populações locais: os *mouros de pazes*. Eram aqueles que aceitavam a paz do Rei de Portugal, prestando-lhe vassalagem e tributo e pondo-se do lado português na luta armada com os outros mouros, o que também lhes valeu, bastas vezes, a perseguição destes[38]. Ocupavam zonas circundantes às praças-fortes dos portugueses, assegurando-lhe os abastecimentos e servindo de tampão às investidas do inimigo.

Em troca, recebiam protecção do Rei bem como o direito de livre circulação e de exercício das actividades agrícola e comercial nos seus domínios[39].

Com o desenrolar da nossa expansão ultramarina, incrementou-se o tão lucrativo quão torpe negócio dos escravos[40]. Do Norte de África vinham os *mouros negros*, para trabalharem nas fortificações conquistadas ou então na Metrópole ou nas ilhas atlânticas, ou então serem vendidos, para Castela.

A escravatura veio a ser abolida legalmente na Metrópole e na Índia em 1761, a instâncias do Marquês de Pombal. Por pressões do Reino Unido, foram acordadas restrições, mas inobservadas durante muito tempo. Apenas em 1854 e 1856, terão sido libertados os primeiros escravos, respectivamente, pelo Estado e pela Igreja. Uma abolição, pois, "*para inglês ver*"[41].

[38] Pese embora também ter sucedido o contrário, deixando de ser "de pazes", para se juntarem aos outros mouros nas escaramuças contra os portugueses.

[39] *Estes acordos foram muitas vezes rompidos pelos mouros, mas também pelos portugueses.* O alcaide mouro *Yahya Bentafufa, aliado dos portugueses, em* carta enviada ao rei D. Manuel I queixa-se de que « *o capitão e os cavaleiros que cá estão não querem paz, senão guerra, e isto fazem por não terem nenhum proveito da paz, nem do serviço que eu faço, por não terem que tomar, nem que repartir; e por este respeito todos me querem fazer mais mal do que podem*».

[40] Antes, africanos vendiam africanos a africanos. Os portugueses instalam-se, fora de portas, internacionalizando o tráfico e conferindo-lhe uma outra dimensão.

[41] Esta expressão terá surgido a este propósito, julga-se. Segundo alguns, no Brasil.

Finalmente, com a Lei de 25 de Fevereiro de 1869, com D. Luís, proclamou-se a abolição da escravatura em todo o Império Português, até ao termo definitivo de 1878.

6. **Os *cristãos-novos*: entre a conversão e a expulsão**

O Reino de Granada foi finalmente conquistado em 1492 pelos Reis Católicos, Fernando e Isabel, quase dois séculos e meio após a reconquista portuguesa. Logo então se deu ordem de conversão ou expulsão aos judeus. Quanto aos muçulmanos, a conversão forçada viria, sob a forma de édito, a partir de 1502, sob pena de exílio no Norte de África. Os que aceitavam, ficaram conhecidos por *mouriscos*. A expulsão definitiva teria lugar em 1609, com D. Filipe III. O Tribunal do Santo Ofício estava instituído desde 1478, por iniciativa dos Reis Católicos.

Em Portugal, mais cedo, em 1496, o rei D. Manuel I promulgou um édito de expulsão de judeus e de mouros do território português. Pensa-se que para satisfazer uma exigência feita pelos Reis Católicos de Espanha, como condição para a realização do seu casamento com a infanta D. Isabel. Uns e outros poderiam ficar, mas como baptizados na fé de Cristo (os *cristãos-novos*, por oposição aos que careciam de ascendência judia ou árabe). «*Quanto aos mouros, o rei português, movido talvez pelo receio de que os muitos portugueses cativos ou simplesmente residentes em países islâmicos da Europa, da Africa e da Ásia fossem alvo de represálias, não só os não obrigou a receber o baptismo nem lhes arrebatou as crianças para serem baptizadas, como fez aos judeus, mas até facilitou aos que não quisessem ser baptizados a partida para Africa, sem sofrerem qualquer incómodo*»[42].

Ainda assim, muitos terão saído de Portugal, para o Norte de África. E é de supor que dificultado o abandono pela fronteira natural do mar ou mesmo por terra, onde no inferno de Espanha seria certa a perseguição, muitos se tenham convertido.

Por iniciativa do sucessor, D. João IIII, foi instalado o Tribunal do Santo Ofício, para condenar os falsos convertidos [43]. Entre mouros, mouros cati-

[42] Centro de Estudos de História Religiosa da Universidade Católica Portuguesa, in *História Religiosa de Portugal* (Dir. Carlos Moreira Azevedo), Vol. I – Formação e Limites da Cristandade, Círculo de Leitores, 2000, p. 128.

[43] Era um Tribunal simultaneamente régio e eclesiástico, inserindo-se na política de centralização do poder. A sua criação e funcionamento estiveram ligados à Igreja, mas era o monarca que nomeava e despachava com os inquisidores-gerais, sendo os condenados entregues ao poder secular. Ou seja, serviu de temível instrumento de poder ao Rei e à Igreja.

vos, mouriscos[44], mouriscos forros[45], cristãos-velhos e cristãos-novos, foram denunciados pela prática de outro crime: o *islamismo*[46].

O número de processos por conta dos seguidores da religião de *Maomé* deverá ter sido diminuto e totalmente desproporcional, por exemplo, ao dos judeus. Feita uma breve pesquisa ao Fundo do Tribunal do Santo Ofício, do Arquivo Nacional da Torre do Tombo, identificámos cerca de 28 processos sob a acusação de islamismo. Todos instaurados na Inquisição de Lisboa, a maioria do século XVI.

De um modo ou de outro, esta minoria foi em grande parte desaparecendo, por assimilação na grande maioria cristã.

[44] Muçulmanos convertidos ao Cristianismo.

[45] Muçulmanos não escravos ou cativos.

[46] Feita uma breve pesquisa ao Fundo do Tribunal do Santo Ofício, do Arquivo Nacional da Torre do Tombo, identificámos cerca de 28 processos sob a acusação de islamismo. Todos instaurados na Inquisição de Lisboa, a maioria do século XVI.

Meios de prova e a carta psicografada: prova baseada em crença e a liberdade religiosa[*]

DR.ª TATIANA BONATTI PERES

SUMÁRIO: *Introdução. Desenvolvimento. 1. Verdade judicial e os meios de prova admitidos no Direito Brasileiro. 2. O que é a psicografia. 3. Psicografia como fenômeno natural. 4. Em qual categoria de prova poderia ser enquadrada a carta psicografada e dificuldades práticas para sua admissão. 5. Prova baseada em crença e liberdade religiosa. 6. Decisão baseada em crença e liberdade religiosa. 7. Apreciação e valoração da carta psicografada como prova atípica. Conclusão.*

Introdução

Em acórdão de 11/11/2009 da 1.ª Câmara Criminal do Tribunal de Justiça do Estado do Rio Grande do Sul, nos autos da Apelação Crime no 70016184012, tendo como relator o Desembargador Manuel José Martinez Lucas[1] (que chamaremos de Decisão pela Admissibilidade), considerou-se que a carta psicografada não constitui meio ilícito de prova, na esfera do Direito Penal, em razão do sistema da livre convicção:

[*] Versão resumida do trabalho elaborado no âmbito dos estudos do "Pós-Doutoramento em Democracia e Direitos Humanos do *Ius Gentium Conimbrigae*, também designado por Centro de Direitos Humanos, sediado na Faculdade de Direito da Universidade de Coimbra". A versão completa do trabalho foi publicada em livro, pela Editora Prismas.

[1] Vale ressaltar, entretanto, que ainda pende de julgamento o recurso especial interposto pelo Ministério Público contra referida decisão, tendo sido dado provimento ao seu seguimento em decisão de 18/06/2012 (STJ, AI 1.389.293 RS, relator Ministro Gilson Dipp).

> "os jurados, investidos temporariamente da função de magistrados no Tribunal do Júri, julgam por íntima convicção, deixando de fundamentar os votos que proferem, o que decorre de sua própria condição de juízes leigos e da própria sistemática do Júri Popular."

A autoria das cartas psicografadas lidas aos jurados foi atribuída à vítima do crime e endereçadas à ré e ao marido da ré, amigo da vítima.

Não é a primeira vez que uma carta psicografada foi usada como prova em um julgamento no Brasil[2] sendo o caso mais conhecido o do prestigiado médium Francisco Cândido Xavier.

O objetivo do presente artigo é analisar se constitui ofensa ao direito de inviolabilidade de crença e liberdade religiosa, assegurados pelo artigo 5°, VI, da Constituição Federal Brasileira, aceitar que a carta psicografada seja admitida, ou negar que seja aceita, como meio de prova, conforme entendimento não uniforme da doutrina e jurisprudência brasileira. Ressalte-se que, nossa análise não se limitará ao campo do Direito Penal, mas tratará da possibilidade de admissão da carta psicografada como prova, em geral.

Para atingirmos o objetivo ora proposto, analisaremos o que é a verdade judicial, os meios de prova admitidos no Direito Brasileiro, estudaremos o que é a carta psicografada e se poderia ser classificada dentre os meios de prova existentes para, em seguida, tratar da questão da liberdade religiosa versus a

[2] "Na esfera penal, tem-se notícia de pelo menos quatro decisões judiciais fundadas em comunicações mediúnicas psicografadas por Francisco Cândido Xavier, de repercussão internacional, e que até hoje geram polêmica no meio jurídico. Cuida-se dos seguintes casos:
a) Dois crimes de homicídio ocorridos em Goiânia (GO): um, no dia 10 de fevereiro de 1976, praticado por João Batista França contra Henrique Emmanuel Gregoris; o outro, no dia 8 de maio de 1976, cometido por José Divino Gomes contra Maurício Garcez Henriques, em que os autores do delito foram absolvidos.
b) Um crime de homicídio havido no Mato Grosso do Sul no dia 1° de março de 1980, praticado por José Francisco Marcondes de Deus contra a sua esposa Cleide Maria Dutra de Deus, ex-miss Campo Grande. João de Deus, condenado por homicídio culposo, teve sua pena prescrita.
c) Um crime de homicídio perpetrado na localidade de Mandaguari (PR), no dia 21 de outubro de 1982, pelo soldado da Polícia Militar Aparecido Andrade Branco, vulgo "Branquinho", contra o então deputado federal Heitor Cavalcante de Alencar Furtado. Neste, embora admitida como prova a mensagem psicografada por Francisco Cândido Xavier, na qual o espírito da vítima inocentava o réu pelo tiro que deste recebera, o Tribunal do Júri, por cinco votos a dois, considerou-o culpado, tendo o Juiz de Direito, Miguel Tomás Pessoa, fixado a condenação em oito anos e vinte dias de reclusão." (MAIA, Roberto Serra da Silva. A psicografia como meio de prova no processo penal. Revista Jus Navigandi, ISSN 1518-4862, Teresina, ano 12, n. 1289, 11 jan. 2007. Disponível em: <https://jus.com.br/artigos/9381>. Acesso em: 16 jul. 2017).

laicidade do Estado e a impossibilidade de decisão pautada em crença, para extrairmos nossas conclusões.

O intuito do presente artigo não é encerrar o tema, até porque a realidade está em constante transformação e a ciência em constante progresso, de modo que qualquer conhecimento novo, transformação social ou legislativa que se tenha no futuro pode influenciar as premissas e, portanto, as conclusões aqui trazidas.

Desenvolvimento

1. *Verdade judicial e os meios de prova admitidos no Direito Brasileiro*

As provas são o modo como as partes trazem sua versão dos fatos ao processo, no intuito de demonstrá-la, para que se possa por fim a um litígio com justiça, buscando-se a verdade dos fatos.

Todavia, a verdade judicial não é a verdade histórica, ou a verdade dos fatos, à qual não se pode reproduzir com precisão e perfeição.

Conforme artigo 369 do Código de Processo Civil Brasileiro (CPC),

> "As partes têm o direito de empregar todos os meios legais, bem como os moralmente legítimos, ainda que não especificados neste Código, para provar a verdade dos fatos em que se funda o pedido ou a defesa e influir eficazmente na convicção do juiz."

No Código de Processo Penal estão previstos os seguintes meios de prova:

> "o exame de corpo de delito e outras perícias (arts. 158 a 184), o interrogatório do acusado (arts. 185 a 196), a confissão (arts. 197 a 200), as perguntas ao ofendido (art. 201), as testemunhas (arts. 202 a 230), os documentos (art. 231 a 238), os indícios (art. 239) e a busca e apreensão (arts. 240 a 250)."[3]

Nos artigos 384 e seguintes do CPC, estão elencados como meios de prova, a ata notarial, o depoimento pessoal, a confissão, a exibição de documento ou coisa, inclusive documentos eletrônicos, testemunho, perícia e inspeção judicial.

Conforme artigo 212 do Código Civil Brasileiro (CC),

[3] Greco Filho, Vicente. *Manual de processo penal.* 10. ed. São Paulo: Saraiva, 2013, p. 214.

> "Salvo o negócio a que se impõe forma especial, o fato jurídico pode ser provado mediante: I – confissão; II – documento[4]; III – testemunha; IV – presunção; e V – perícia."

Todavia, o rol legal é meramente elucidativo. Conforme já esclarecia Pontes de Miranda:

> "O meio de prova pode consistir em algo que possa ser apreciado pelos sentidos, ou que possa conter apreciações pelos sentidos: dados físicos, exteriorizações de pensamentos ou sentimento (documentos, certidões atestados, laudos periciais, depoimentos de figurantes, ou de testemunhas, confissões, sentimentos revelados em exames de responsabilidade, etc.)."[5]

Assim, são admitidas as provas atípicas ou inominadas para possibilitar às partes *"melhores mecanismos de demonstração de suas alegações, contribuindo para a busca da decisão mais justa no caso concreto"*[6], contudo, *"a admissibilidade e, posteriormente, o valor a ser dado à prova atípica devem ser confrontados com o parâmetro de aceitação social de aceitação ou a reprovação moral, independentemente da prévia avaliação legislativa."*[7]

Isso significa que, não sendo imoral ou obtida por meios ilícitos, a prova atípica há de ser aceita se a parte considerar que é útil para demonstrar os fatos ou seus direitos[8], sendo certo que é dever das partes *"não produzir provas e não praticar atos inúteis ou desnecessários à declaração ou à defesa do direito."* (artigo 77, CPC).

Muito embora a prova atípica não tenha a mesma força probatória das elencadas em lei, ela deve ser apreciada e valorada em conjunto com as demais provas trazidas ao processo.

[4] Conforme artigo 232 do Código de Processo Penal Brasileiro: "Consideram-se documentos quaisquer escritos, instrumentos ou papéis, públicos ou particulares."

[5] Miranda, Pontes de. *Tratado de direito privado*. Volumes 3. 3.ed. Rio de Janeiro: Borsoi, 1970, p. 416.

[6] Cambi, Eduardo. *Caráter probatório da conduta (processual) das partes*. Revista de Processo, vol. 201, 2011, p. 59-100, nov/2011, disponível em www.revistadostribunais.com.br, acesso em 15/07/2017, p. 5.

[7] Cambi, Eduardo. *Caráter probatório da conduta (processual) das partes*. Revista de Processo, vol. 201, 2011, p. 59-100, nov/2011, disponível em www.revistadostribunais.com.br, acesso em 15/07/2017, p. 4.

[8] "Se a pretensão do litigante depende da produção de prova atípica, não pode ser negada arbitrariamente, sob pena de caracterizar cerceamento de defesa e configurar autêntica denegação da justiça." (Cambi, Eduardo. *Caráter probatório da conduta (processual) das partes*. Revista de Processo, vol. 201, 2011, p. 59-100, nov/2011, disponível em www.revistadostribunais.com.br, acesso em 15/07/2017, p. 5).

2. *O que é a psicografia*

A psicografia[9] é modalidade de mediunidade, ou seja, comunicação entre pessoas vivas – encarnados, e pessoas desencarnadas, os espíritos. Ela pode ser intuitiva ou inspirada, mecânica, ou semimecânica.

Na psicografia intuitiva ou inspirada, a informação se forma na mente, ou seja, através do pensamento, do médium. A psicografia mecânica, embora muito rara e aquela que era detida pelo famoso médium Chico Xavier, é aquela em que o espírito move a mão do médium, para escrever seus pensamentos. A psicografia semimecânica mistura ambos os fenômenos[10].

Carlos Augusto Perandréa que estudou em profundidade o tema da perícia grafotécnica (a grafoscopia ou exame que visa ao reconhecimento de uma grafia, por comparação de letra), na psicografia, explica:

> "Um fenômeno muito comum nos médiuns escreventes é a mudança de caligrafia, conforme os espíritos que se comunicam. E o que há de mais notável é que uma certa caligrafia se reproduz constantemente com determinado Espírito, sendo às vezes idêntica à que este tinha em vida. (...). A mudança da caligrafia só se dá com os médiuns mecânicos ou semimecânicos, porque neles é involuntário o movimento da mão e dirigido unicamente pelo Espírito. O mesmo já não se sucede com os médiuns puramente intuitivos, visto que, neste caso, o Espírito apenas atua sobre o pensamento, sendo a mão dirigida, como nas circunstâncias ordinárias, pela vontade do médium,. Mas a uniformidade da caligrafia, mesmo em se tratando de médium mecânico, nada absolutamente prova contra a sua faculdade, porquanto a variação da forma de escrita não é condição absoluta, na manifestação dos Espíritos: deriva de uma aptidão especial, de que nem sempre são dotados os

[9] "Segundo a doutrina espírita, "PSICOGRAFIA (do gr. psukè, borboleta, alma e graphô, escrevo): transmissão do pensamento dos Espíritos por meio da escrita pela mão de um médium." (KARDEC, Allan. *Introdução ao estudo da Doutrina Espírita.* Disponível em: http://bvespirita.com/Introducao%20ao%20Estudo%20da%20Doutrina%20Espirita%20(Joao%20Teixeira%20de%20Paula).pdf, acesso em 17/07/2017.)

[10] Como explica Allan Kardec: "No médium puramente mecânico, o movimento da mão independe da vontade; no médium intuitivo, o movimento é voluntário e facultativo. O médium semimecânico participa de ambos esses gêneros. Sente que à sua mão uma impulsão é dada, mau grado seu, mas, ao mesmo tempo, tem consciência do que escreve, à medida que as palavras se formam. No primeiro o pensamento vem depois do ato da escrita; no segundo, precede-o; no terceiro, acompanha-o. Estes últimos médiuns são os mais numerosos." (KARDEC, Allan. *O livro dos médiuns.* [tradução de Guillon Ribeiro da 49.ed. francesa]. 71. ed. – Rio de Janeiro: Federação Espírita Brasileira, 2003. Disponível em: http://www.febnet.org.br/wp-content/uploads/2012/07/136.pdf, acesso em 17/07/2017, p. 258).

médiuns, ainda que os mais mecânicos. Aos que possuem damos a denominação de Médiuns polígrafos."[11]

Aspecto interessante e que vale ser apontado, é que a mediunidade mecânica (que permite ao médium escrever com a letra do espírito desencarnado) é a mais rara e, mesmo nas mensagens psicografadas pelo ilustre médium Chico Xavier (que detinha esse raro dom), Perandrea encontra elementos de gênese gráfica que coincidem com os da autoria alegada da mensagem (espírito) e do médium[12].

3. *Psicografia como fenômeno natural*

Antes de qualquer outro argumento contra ou a favor da admissão da carta psicografada como meio de prova, precisamos compreender que, embora atualmente explicado pela doutrina Espírita mas não pela ciência, a psicografia é fenômeno natural e não religioso.

O Espiritismo, desde o início, surgiu com a pretensão de ser uma ciência que explica fenômenos espirituais[13]. Desde o seu surgimento até a presente data, a ciência avançou bastante em comprovar algumas verdades levantadas pela doutrina Kardecista[14], mas ainda está longe de ser universalmente aceita

[11] Perandréa, Carlos Augusto. *A psicografia à luz da grafoscopia*. São Paulo: Jornalística Fé, 1991, p. 35.

[12] Perandréa, Carlos Augusto. *A psicografia à luz da grafoscopia*. São Paulo: Jornalística Fé, 1991, p. 56.

[13] "O Espiritismo é a nova ciência que vem a revelar aos homens, por provas irrecusáveis, a existência e a natureza do mundo espiritual, e suas relações com o mundo corporal. Ele no-lo mostra, não mais como uma força sobrenatural, mas, ao contrário, como uma das forças vivas e incessantes ativas da natureza, como fonte de uma multidão de fenômenos incompreendidos, até então atirados, por essa razão, ao domínio do fantástico e do maravilhoso. (...) O Espiritismo é a chave com a ajuda da qual tudo se explica com facilidade." (Kardec, Allan. *O Evangelho segundo o Espiritismo*. 5. ed. São Paulo: FEESP, 1982, p. 52.)

[14] Por exemplo estudos que buscam (i) comprovar que existe vida após a morte, conforme reportagem disponível em http://www.semprequestione.com/2016/05/cientistas-alemaes-provam-finalmente-em.html, acesso em 17/07/2017; ou em https://www.vamoslaportugal.com/noticias/cientista-prova-que-existe-vida-apos-a-morte-e-fotografa-alma-a-deixar-o-corpo, acesso em 17/07/2017; ou em http://www.jornalciencia.com/fisica-quantica-poderia-provar-que-existe-vida-apos-a-morte-de-acordo-com-cientista/, acesso em 17/07/2017; (ii) comprovar o poder de cura do passe spiritual, conforme reportage disponível em http://g1.globo.com/sp/bauru-marilia/noticia/2015/03/medicos-pesquisam-influencia-do-passe-espirita-para-tratar-ansiedade.html, acesso em 17/07/2017, ou em http://www.noticiaespirita.com.br/2015/10/estudiosos-comprovam-poder-do-passe.html, acesso em 17/07/2017; ou (iii) comprovar que a mediunidade é um estado mental, classificado no código internacional de doenças como estado de transe, associada ao funcionamento da glândula pineal.

como ciência, porque parte de diversas certas premissas (dogmas) ainda não comprovadas de forma irrefutável pelos processos comuns de investigação da ciência.

Não obstante, não se pode esquecer que *"não há conhecimento que não esteja, em algum grau, ameaçado pelo erro e pela ilusão"*[15]. *"O conhecimento é a navegação em um oceano de incertezas, entre arquipélagos de certezas."*[16]

Ressalte-se que os fenômenos estudados pelo Espiritismo *são fatos naturais*, embora ainda não se tenha uma explicação racional e científica para os mesmos, em razão da limitação tecnológica ou mesmo de compreensão do ser humano sobre existência fora das limitações terrenas do tempo e espaço.

O método científico da doutrina Espírita se reflete em conhecimentos avançados sobre o funcionamento do corpo humano, que por vezes escapam à possibilidade de confirmação com a tecnologia que dispomos[17].

Não obstante, como elucida Benjamim Silva Rodrigues:

> "a sociedade médica internacional começa a reconhecer, até pela inserção no Código de Doenças Internacionais (CID), n.° 10 (F. 44.3), os estados de transe e de "espírito possuído", ou seja, a medicina reconhece a influência dos espíritos sobre os seres encarnados. A mediunidade surge-nos como uma função ligada no sentido da percepção e, por isso, também necessita de um órgão sensorial que capte a mensagem, ou seja, de «uma área cortical do cérebro que a interprete e elemento do psiquismo que façam o julgamento». Tem-se vindo a estudar a glândula pineal, que se localiza no meio do cérebro, à altura dos olhos, surgindo-nos assim como um órgão cronobiológico, um relógio interno do organismo. Importa referir que

Segundo Carlos Torres Pastorino, em sua obra, afima: "A pineal, formidável válvula eletrônica, capta as ondas-pensamento, (corrente alternada) e as detecta em ondas discursivas (corrente direta pessoal) trabalhadas pelos lobos frontais do cérebro, e depois traduzidas em som (pelo aparelho fonador), ou em desenhos ideográficos (pelos músculos das mãos)." (Fonte: http://jornalcienciaespirita.spiritualist.one/glandula-pineal-e-mediunidade/, acesso em 17/07/2017.); também sobre o tema, vale conferir o video do neurologista, Sérgio Felipe de Oliveira, disponível em: https://www.youtube.com/watch?v=9hwsfO9lgH4, acesso em 17/07/2017.

[15] Morin, Edgar. *Os sete saberes necessários à educação do futuro*. 2. ed. 4. reimp. Tradução de Catarina Eleonora F. da Silva e Jeanne Sawaya. São Paulo: Cortez, 2011, p. 19.

[16] Morin, Edgar. *Os sete saberes necessários à educação do futuro*. 2. ed. 4. reimp. Tradução de Catarina Eleonora F. da Silva e Jeanne Sawaya. São Paulo: Cortez, 2011, p. 75.

[17] Como explica o neurologista Nubor Orlando Facure: "Um modelo interessante para exemplificar a extensão dessa dificuldade é visto na glândula pineal. Conhecemos sua anatomia minúscula, sua relação com os ritmos biológicos, sua sensibilidade à luz, sua precária ligação com o cérebro, sua produção química modesta e sua expressão clínica pouco significativa. É por isso que causam surpresa os relatos que nos chegam da espiritualidade, apontando expressivas atividades da glândula pineal, que ultrapassam o que até hoje fomos capazes de constatar com nossos estudos macro ou microscópicos." (Facure, Nubor Orlando. *Mediunidade: um ensaio clínico*. Campinas: Allan Kardec, 2014, p. 68).

René Descartes e Espinosa já aludiam à glândula pineal. Existiria, no cérebro, uma glândula que seria o local onde a alma se fixaria mais intensamente (...) A pineal não explica de modo integral o fenómeno mediúnico, como simplesmente os olhos não explicam a visão."[18]

A ciência, portanto, avança em validar parte da doutrina Espírita, embora tenha um grande limitador, como explica Nubor Orlando Facure:

> "O paradigma atual da Medicina, embora tenha esclarecido grande parte da anatomia e da fisiologia do organismo humano, não tem abrangência suficiente para perceber ou interpretar o complexo mecanismo de atuação do espírito sobre o corpo. Essa será possivelmente a maior descoberta da ciência."[19]

Na realidade, a existência de espíritos e sua comunicação com as pessoas vivas é uma hipótese científica em estudo, com experimentos em andamento, pendente de comprovação final.

De todo modo, o fenômeno da psicografia existe. Independentemente de crença ou da explicação de como ocorre.

Nemer da Silva Ahmad, reforça a ideia de que apenas porque a ciência não esteja apta a explicar o fenômeno, não deve ser rejeitado como meio de provar fatos alegados no processo:

> "Nesse passo, todos os meios legais de prova devem ser admitidos para provar os fatos articulados, afastados, obviamente, os preconceitos de qualquer ordem, porque incompatíveis com o avanço das descobertas científicas atuais."[20]

Na mesma linha, afirma Benjamim Silva Rodrigues:

> "Importa desmistificar o problema e ganhar, de novo, uma angelical e pura abertura intelectual ao saber. No Brasil, não faltam depoimentos de juízes, advogados e juristas, em geral, que, após terem lido e relido as cartas psicografadas, para formarem as suas convicções, ficaram deveras impressionados com a riqueza de detalhes narrados, já que os mesmos foram-no em termos tão explícitos ("de

[18] Rodrigues, Benjamim Silva. *Da prova penal.* Tomo VI – *Novos Métodos "científicos" de investigação criminal nas fronteiras das nossas crenças.* Cidade: Rei dos Livros, 2011, p. 127 e p. 128-159-160.
[19] Facure, Nubor Orlando. *Mediunidade: um ensaio clínico.* Campinas: Allan Kardec, 2014, p. 68.
[20] Ahmad, Nemer da Silva. *Psicografia: o novo olhar da justiça.* São Paulo: Aliança, 2008, p. 113.

forma") que, de modo inequívoco, somente a pessoa falecida poderia possuir tal conhecimento e, consequentemente, efectuar tais relatos."[21]

No Brasil, interessante apontar que a Constituição do Estado do Pernambuco[22], reconhecendo a existência dos fatos que a ciência ainda não consegue explicar em sua totalidade, garante de forma expressa a assistência às pessoas assim denominadas "paranormais".

Analisando o problema sob a ótica inversa, vale ressaltar que também não avançou a ciência a ponto de refutar os dogmas espíritas.

Ademais, a psicografia pode ser encarada como intuição do médium, fenômeno reconhecido pela ciência como forma de conhecimento.[23]_[24]

Assim, tem-se que "*O direito de duvidar é tão respeitável como o de crer.*"[25]

O que não se pode é fechar os olhos para os fatos, ainda que não estejamos aptos a compreendê-los por completo. O fenômeno mediúnico acontece, independentemente da crença do médium ou da sua opinião sobre o conteúdo da carta psicografada.

Vladimir Polízio, bem lembra que "*A Ciência, que ao mesmo tempo admite que "todo fato que não pode ser repetido não pode ser considerado como acontecimento científico", parece ignorar ou desconhecer que esses "fenômenos" aconteceram de forma abundante até há poucos anos (...).*"[26]_[27]

[21] Rodrigues, Benjamim Silva. *Da prova penal*. Tomo VI – *Novos Métodos "científicos" de investigação criminal nas fronteiras das nossas crenças*. Cidade: Rei dos Livros, 2011, p. 130.

[22] "Art. 174. O Estado e os Municípios, diretamente ou através do auxílio de entidades privadas de caráter assistencial, regularmente constituídas, em funcionamento e sem fins lucrativos, prestarão assistência aos necessitados, ao menor abandonado ou desvalido, ao superdotado, ao paranormal e à velhice desamparada." (Disponível em: http://www.pe.gov.br/_resources/files/_modules/files/files_105_201111171514476bd8.pdf, acesso em 04/08/2017).

[23] A esse respeito, vide: Reale, Miguel. *Filosofia do direito*. 20. ed. São Paulo: Saraiva, 2016, p. 128 e seguintes.

[24] "(...) comunicar-se com os mortos por meio da palavra ou da escrita (como é o caso da psicografia) ou presenciar a materialização destes por ocasião de reuniões mediúnicas específicas escapa e sua essência do campo puramente religioso para ingressar, sem nenhum vestígio de dúvida, em área essencialmente científica, e disso há milhares de provas, embora a ciência em si, ainda que não o reconheça, também não o desmemente." (POLÍZIO, Vladimir. *A psicografia no Tribunal*. São Paulo: Butterfly, 2009, p. 33 e seguintes).

[25] Timponi, Miguel. *A psicografia ante os tribunais*. Rio de Janeiro: Federação Espírita Brasileira, Editora, 2010, p. 70.

[26] Polízio, Vladimir. *A psicografia no Tribunal*. São Paulo: Butterfly, 2009, p. 10.

[27] A esse respeito, reportamos o leitor, por exemplo, a alguns relatos relativos a médiuns de efeitos físicos, apontados por Vladimir Polízio, em sua obra: *"São fatos e contra fatos, somente outros fatos podem alterá-los."* (Polízio, Vladimir. *A psicografia no Tribunal*. São Paulo: Butterfly, 2009, p. 33 e seguintes).

No Brasil, o fenômeno da psicografia ganhou especial destaque em razão do diferenciado dom do médium Francisco Cândido Xavier[28] reconhecido internacionalmente pela quantidade de seus trabalhos mediúnicos e pela sua idoneidade moral.

"Embora somente a Doutrina Espírita tenha sua explicação para o fenômeno, o jurista não pode recusar o exame da hipótese ou dos fatos concretos que lhe forem apresentados, dentro de um critério sem preconceitos e sob o crivo de um exame detido da matéria"[29], defende Freitas Nobre .

Na linha do que defende Freitas Nobre, consideramos que, no aspecto objetivo, a carta psicografada deve ser admitida como prova, sem preconceitos e independentemente de religião das partes ou dos julgadores, embora reconheçamos a dificuldade prática e a existência de alguns empecilhos legislativos para a sua admissão. No aspecto subjetivo, também advertimos a necessidade de valoração da prova ser racional e considerar outros aspectos do processo e das provas trazidas a ele, conforme detalharemos mais adiante.

4. *Em qual categoria de prova poderia ser enquadrada a carta psicografada e dificuldades práticas para sua admissão*

Como vimos, o fenômeno da psicografia existe e não há nada de ilícito ou imoral nele[30]. A questão pendente é explicar como acontece, suas causas e a existência ou não de espíritos no fenômeno.

Todavia, ainda que avance a ciência a ponto de comprovar os principais dogmas da doutrina espírita, como a vida após a morte e a existência da mediunidade como habilidade física, ou seja, a possibilidade de comunicação entre o mundo espiritual (forma de vida sem o corpo, após a morte) e o mundo material em que nos situamos, ainda haveria a dificuldade prática de se comprovar, no caso concreto e caso a caso, a inexistência de fraude.

[28] Como aponta Nemer da Silva Ahmad: "Na psicografia, o Brasil teve importantes médiuns que auxiliaram na compreensão e divulgação dos fenômenos mediúnicos. Um deles foi Francisco Cândido Xavier, que psicografou mais de 10 mil cartas e 412 livros, alguns destes traduzidos em 15 idiomas, com vendagem superior a 25 milhões de exemplares, tendo morrido tão pobre quanto nasceu. Chico Xavier foi ele próprio um verdadeiro fenômeno incompreendido pelos homens." (Ahmad, Nemer da Silva. *Psicografia:* o novo olhar da justiça. São Paulo: Aliança, 2008, p. 23 e p. 65).

[29] Nobre, Freitas. *O crime, a psicografia e os transplantes*. Matão-SP: O Clarim Matão, 1971, p. 50.

[30] Isso se alinha à Decisão pela Admissibilidade, que assim concluiu: "É evidente que a verdade da origem e do conteúdo de uma carta psicografada será apreciada de acordo com a convicção religiosa ou mesmo científica de cada um. Mas jamais tal documento, com a vênia dos que pensam diferente, poderá ser tachado de ilegal ou de ilegítimo."

Não apenas fraude, mas a possibilidade interferência do médium (de forma consciente ou não) na psicografia[31]. É verdade que o problema de fraudes também pode existir com relação ao conteúdo das provas típicas.

Todavia, apenas se atingirmos um estágio em que os fenômenos mediúnicos não sejam mais sujeitos a dúvida científica de como funcionam e existir um método seguro de atestar, por perícia ou outro método científico, a autenticidade de uma carta psicografada, é que seu conteúdo poderá ser eventualmente admitido como meio de prova típica, isto é, como documento ou depoimento. Por enquanto, é de ser admitida, portanto, apenas como prova atípica.

Para que um documento seja admitido como prova típica, exige-se a assinatura do declarante[32]. No Código Civil Português existe uma previsão expressa, em seu artigo 366, que *"A força probatória do documento escrito a que falte algum dos requisitos exigidos na lei é apreciada livremente pelo tribunal."*

Se por um lado, a perícia grafológica é um elemento importante de convencimento aos céticos, do fenômeno natural da psicografia, por outro, como já apontamos antes, nem sempre a psicografia é mecânica e, portanto, sujeita a tal modalidade de validação.

De todo modo, vale lembrar que, ainda que a autenticidade da letra do desencarnado possa ser provada pelo exame grafotécnico, quando há assinatura ou traços da escrita da pessoa falecida, não é o espírito quem declara em juízo, mas o médium, porque nosso sistema jurídico não reconhece os atos praticados após a morte, encerrando-se a personalidade civil com o falecimento da pessoa[33].

[31] Como afirma Guilherme Nucci: "Poder-se-ia até mesmo dizer que a psicografia seria um documento anônimo e, como tal, seria juntado aos autos, servindo apenas para auxiliar o magistrado na formação do seu convencimento. Porém, assim não é. Cuida-se de autêntica carta emitida pela vítima e endereçada ao réu ou ao juiz, por meio do médium, para relatar um fato processualmente relevante. Sabe-se, inclusive dentro dos parâmetros da religião espírita, que existem falsos médiuns, como também é de conhecimento público e notório que há, para quem acredite, médiuns conscientes (enquanto a mensagem é transmitida, podem acompanhar o seu teor) e os inconscientes (não tem conhecimento do que está sendo passado). Ora, o consciente pode influenciar na redação da mensagem e alterá-la, para absolver o réu – ou prejudicá-lo." Nucci, Guilherme. *A ilegitimidade da utilização da psicografia como prova no processo penal.* Disponível em: http://www.guilhermenucci.com.br/artigo/ilegitimidade-da-utilizacao-da-psicografia-como-prova-processo-penal, acesso em 17/07/2017.

[32] Nesse sentido, vide: Diniz, Maria Helena. *Curso de Direito Civil Brasileiro.* Vol 1. Teoria Geral do Direito Civil. 30. ed. São Paulo: Saraiva, 2013, p. 562.

[33] O fim da existência prevista na legislação civil é ficção juridical e apenas no intuito de proteger direitos e obrigações da pessoa, independentemente da continuidade da existência em outro plano, for a da matéria.

Seria necessário atualização legislativa para que os desencarnados pudessem testemunhar ou declarar fatos em juízo.[34]

Não se trata, portanto, de prova ilícita (pois não é moral ou legalmente vedada), apenas prova atípica.

A carta psicografa, assim, não tem qualquer presunção legal de veracidade, por ser prova atípica (e não tem valor de documento, testemunho ou depoimento).

Consoante a Decisão pela Admissibilidade, consideramos que *"a elaboração de uma carta psicografada supostamente ditada por um espírito e grafada por um médium não fere qualquer preceito legal. Pelo contrário, encontra plena guarida na própria Carta Magna, não se podendo inclui-la entre as provas obtidas por meios ilícitos de que trata o art. 5.°, LVI, da mesma Lei maior."*

O conteúdo de qualquer obra psicografada pertence ao médium, que é considerado seu autor para fins de direitos autorais, isso significa que também não pode ser usada contra a sua vontade, especialmente se contiver conteúdo negativo e que pode resultar em alguma responsabilidade ao médium.

Embora não seja documento, mas prova atípica, também a carta psicografada será valorada com liberdade pelo julgador, pois seu valor probatório não se encontra definido em lei.

De todo modo, ainda se poderá questionar a veracidade dos fatos declarados na carta psicografada, o que não exclui a impossibilidade de contraditório levantada como argumento por alguns juristas para inadmitirem a carta psicografada como meio de prova.

Ademais, assim como quanto à prova documental, os juízos pessoais constantes da carta psicografada não tem presunção de veracidade, mas são elementos que devem ser livremente apreciados pelo julgador.[35]

Por esta razão, a carta psicografada não deve ser considerada de antemão prova inútil[36], pois não terá força probatória de uma prova típica como um

[34] Nesse sentido também a opinião de Roberto Serra da Silva Maia: "Ainda que um dia se prove, cientificamente, a sobrevivência post mortem (depois da morte), terá o legislador que decidir se o ato praticado pelo "espírito" tem ou não repercussão no mundo jurídico." (Maia, Roberto Serra da Silva. *A psicografia como meio de prova no processo penal.* Revista Jus Navigandi, ISSN 1518-4862, Teresina, ano 12, n. 1289, 11 jan. 2007. Disponível em: <https://jus.com.br/artigos/9381>. Acesso em: 16 jul. 2017).

[35] Conforme estabelece o artigo 371, 1, do Código Civil Português, em relação aos documentos: "os meros juízos pessoais do documentador só valem como elementos sujeitos à livre apreciação do julgador."

[36] "não se deve admitir a produção de prova sobre fatos impertinentes, inconcludentes, imprecisos, notórios ou presumidos absolutamente, afastando-se assim, a chamada prova inútil." (Tepedino, Gustavo. Barboza, Heloisa Helena. Moraes, Maria Celina. *Código Civil interpretado conforme a*

documento ou testemunho, com presunção relativa de veracidade, mas de uma prova atípica, uma prova com força de presunção comum, isto é, aquela que é *"deixada ao critério e prudência do magistrado" (...) Todavia, o juiz não deve aceita-la senão quando se trate de fatos graves, precisos e concordantes."(...) Em regra, apenas deverão ser admitidas quando não for contrariada pelas demais provas produzidas nos autos processuais."*[37]-[38]

Assim, embora reconhecida a possibilidade de ser admitida, em teoria, a carta psicografada como meio de prova, o seu conteúdo deve ser verificado, podendo-se concluir pela sua inadmissibilidade, no caso concreto, se o julgador considerar determinado meio de prova desnecessário ou impertinente.

Além disso, ainda que seja admitida, *"a prova psicografada, por si só, não demonstra a verdade dos fatos, pois não possui caráter absoluto, afinal, nenhuma prova é absoluta; há de se respeitar a relativização das provas para que uma prova isolada seja analisada no âmbito geral do campo probatório"*[39], como bem aponta Leandro Medeiros Galvão.

Ou, ainda como afirma Marcus Alexandre Marinho Assaiante:

> "Embora ainda exista bastante aversão por parte da comunidade jurídica com relação ao uso da escrita mediúnica nos processos judiciais, não há que se negar que a psicografia pode ser identificada como prova atípica, já que é fonte de prova que não está prevista na lei processualista, e que pode sim ser prudentemente admitida no processo criminal ou civil. O uso da psicografia como meio probatório deve se limitar apenas àquelas que contenham informações bastante úteis, ricas e específicas em relação aos acontecimentos a serem provados, pois a existência dessas características, sem qualquer dúvida, robustecem a convicção do magistrado e/ou jurados a respeito da sua autenticidade."[40]

Em outras palavras, a carta psicografada pode vir a ser rejeitada pelo seu conteúdo meramente subjetivo ou persuasivo pelo lado emotivo, sem ter a

Constituição da República. vol. I. *Parte geral e obrigações (arts. 1° a 420)*. 2. ed. Rio de Janeiro: Renovar, 2007, p. 435).

[37] Diniz, Maria Helena. *Curso de Direito Civil Brasileiro*. Vol 1. *Teoria Geral do Direito Civil*. 30. ed. São Paulo: Saraiva, 2013, p. 569.

[38] No mesmo sentido, vide: Venosa, Silvio de Salvo. *Direito Civil*. Vol 1. *Parte Geral*. 13. ed. São Paulo: Atlas, 2013, p. 625.

[39] Galvão, Leandro Medeiros. *A prova psicografada e o Tribunal do Júri*. São Paulo: Baraúna, 2011, p. 75.

[40] Assaiante, Marcus Alexandre Marinho. *A admissibilidade das cartas psicografadas como meio de prova no processo penal*. Disponível em: https://jus.com.br/artigos/46575/a-admissibilidade-das-cartas-psicografadas-como-meio-de-prova-no-processo-penal, acesso em 17/07/2017.

finalidade de provar fatos. É a mesma lógica aplicada ao se ouvir uma testemunha[41] ou um depoimento[42].

Embora já se tenha concluído pela admissibilidade da carta psicografada como prova atípica, deve-se verificar a forma pela qual é valorada, já que não possui presunção de veracidade, tais como as provas típicas.

Antes de adentrarmos às considerações atinentes à valoração da prova, passaremos pela questão da admissibilidade de prova pautada em crença. Embora não consideremos que a carta psicografada seja fenômeno religioso, mas natural, é sabido que a psicografia é mais comumente estudada e praticada em ambiente religioso.

5. *Prova baseada em crença e liberdade religiosa*

Embora já tenhamos demonstrado que a psicografia é fenômeno natural e não religioso, é importante reforçar que consideramos, também, que não pode ser negada a apresentação de prova fundamentada em crença, sob pena de se restringir a liberdade religiosa, embora sempre possa a parte contrária refutar a prova atípica questionando sua autenticidade ou arguindo a sua falsidade ou a falsidade dos fatos nela alegados.

Como afirma Eduardo Cambi, "*a simples justificativa de negar a prova porque o Estado é laico é insuficiente, pois, se não há uma religião oficial, todas são admitidas.*"[43]

Ou, nas palavras de Leandro Medeiros Galvão:

> "o simples indeferimento da prova psicografada, sem motivo algum que o fundamente, como por exemplo, caso seja obtido por meio ilícito, por si só, fere a garantia fundamental do homem de não ter um direito seu privado – o direito de produzir provas em sua defesa – em virtude de crença religiosa ou convicção filosófica, devendo ser salientado que, neste caso, a ofensa é em virtude de convicção filosófica, pois, como abordado, a doutrina espírita não é uma religião."[44]

[41] "Quando se ouve uma testemunha em juízo, deve-se perguntar sobre as questões de fato objeto da atividade probatória (art. 459 do NCPC), não sobre as apreciações ou impressões pessoais que a pessoa ouvida tem desses acontecimentos, salvo quando estritamente inseparáveis da narrativa do fato (art. 213, NCPC)." (Cambi, Eduardo. *Neoconstitucionalismo e neoprocessualismo.* São Paulo: Almedina, 2016, p. 423-424).

[42] "O depoimento pessoal deve limitar-se aos fatos controvertidos no processo." (Theodoro Júnior, Humberto. *Curso de Direito Processual Civil.* Teoria geral do direito processual civil e processo de conhecimento. Vol. I. Rio de Janeiro: Forense, 2014, p.483).

[43] Cambi, Eduardo. *Neoconstitucionalismo e neoprocessualismo.* São Paulo: Almedina, 2016, p. 436.

[44] Galvão, Leandro Medeiros. *A prova psicografada e o Tribunal do Júri.* São Paulo: Baraúna, 2011, p. 108-109.

Assim é que a carta psicografada não pode ser rejeitada ou aceita pelo juiz por preconceito ou adesão a qualquer religião. O Estado é laico e o juiz deve ser imparcial, isto é, não usar de suas próprias convicções religiosas ou filosóficas para admitir ou não a prova atípica apresentada no processo.

Como afirma Leonard Ziesemer Schmitz:

> "Cada prova que pode influenciar (mesmo que negativamente) na maneira como a decisão é tomada precisa constar da fundamentação. A rejeição de uma determinada prova precisa ser expressa e contrastada com o acolhimento das demais."[45]

Neste aspecto, vale lembrar que, mesmo sendo a parte adepta à religião espírita, não fica obrigada a aceitar, no caso concreto, o conteúdo da carta psicografada, uma vez que é diferente acreditar que o processo de mediunidade exista, de acreditar na autenticidade da carta psicografada, apresentada no processo, seja pela reputação da pessoa do médium, ou pela simples impossibilidade científica, até o momento, de se provar ou não a existência de fraude, no caso concreto.

Tal como acontece na prova testemunhal, o conteúdo da prova psicografada deve ser analisado, considerando a possibilidade de seu mau uso:

> "Deplorada por muitos, dada a notória falibilidade humana, e pelo mau uso que não poucos inescrupulosos fazem do testemunho, a verdade é que o processo não pode prescindir do concurso das testemunhas para solucionar a grande maioria dos litígios que são deduzidos em juízo. (...) A verossimilhança e a improbabilidade do relato, a honorabilidade ou má fama da testemunha, a coerência entre os vários depoimentos são, sem dúvida, elementos valiosos a serem computados pelo juiz na aferição do valor do convencimento da prova testemunhal. São, outrossim, quase inevitáveis os abusos nessa prova"[46], alerta Humberto Theodoro Junior.

Caso a parte não conteste a legitimidade da carta psicografada ou veracidade de seu conteúdo, seja porque compartilha da crença de quem apresentou

[45] SCHMITZ, Leonard Ziesemer. *Entre produzir provas e confirmar hipóteses: o risco do argumento da "busca da verdade real" na instrução e fundamentação das decisões*. Revista de Processo, vol. 250, 2015, p. 91-117, dez/2015, disponível em www.revistadostribunais.com.br, acesso em 15/07/2017, p. 12.

[46] THEODORO JÚNIOR, Humberto. *Curso de Direito Processual Civil. Teoria geral do direito processual civil e processo de conhecimento*. Vol. I. Rio de Janeiro: Forense, 2014, p. 515.

a prova, ou por outro motivo, deverão ser considerados incontroversos os fatos alegados nela[47].

Nessa linha, a carta psicografada acaba tendo função apenas de alegar fatos (tal como ocorre na prova testemunhal), mas não prová-los em sentido estrito, mas podendo reforçar as convicções e presunções do magistrado acerca da verdade trazida aos autos.

Assim como na prova testemunhal[48], não deve ser admitida a carta psicografada para provar fatos, já provados por documento ou confissão da parte ou quando só puderem ser provados por documento ou exame pericial.

Em resumo, não pode ser inadmitida de antemão a carta psicografada, ou seja, sem verificar o seu conteúdo, porque se trataria de preconceito, atentando contra o direito da parte à produção de prova, independentemente crença ou religião das partes ou do julgador.

No caso da Decisão de Admissibilidade, tem-se notícia de que *"os documentos foram aceitos porque foram apresentados em tempo legal e a acusação não pediu a impugnação deles."*[49]

6. *Decisão baseada em crença e liberdade religiosa*

Consoante apontado na Decisão pela Admissibilidade:

> "A fé espírita, que se baseia, além de outros princípios e dogmas, na comunicação entre o mundo terreno e o mundo dos espíritos desencarnados, na linguagem daqueles que a professam, é tão respeitável quanto qualquer outra e se enquadra, como todas as demais crenças, na liberdade religiosa contemplada naquele dispositivo constitucional."

Todavia, não se pode admitir decisão baseada em crença, justamente por preferir uma em detrimento das demais.

Segundo Jónatas Machado, a laicização do Estado, que remove Deus do Direito e da política, tem por objetivo fundamental *"eliminar as possibilidades*

[47] Conforme artigo 374 do CPCB, "Não dependem de prova os fatos: I – notórios; II – afirmados por uma parte e confessados pela parte contrária; III – admitidos no processo como incontroversos; IV – em cujo favor milita presunção legal de existência ou de veracidade."

[48] "Art. 443. O juiz indeferirá a inquirição de testemunhas sobre fatos: I – já provados por documento ou confissão da parte; II – que só por documento ou por exame pericial puderem ser provados."

[49] Tartuce, Flávio. *Breves considerações quanto à utilização da prova psicografada no juízo cível.* Disponível em: http://www.flaviotartuce.adv.br/artigos/5. Acesso em 16/07/2017, p. 01.

de coerção e discriminação em matéria religiosa, deixando os indivíduos livres para, se o entenderem, abrirem seus corações e as suas mentes a Deus."[50]

Conforme artigo 371 do CPC, "*O juiz apreciará a prova constante dos autos, independentemente do sujeito que a tiver promovido, e indicará na decisão as razões da formação de seu convencimento.*"

No mesmo sentido, o artigo 155 do CPP afirma:

> "O juiz formará sua convicção pela livre apreciação da prova produzida em contraditório judicial, não podendo fundamentar sua decisão exclusivamente nos elementos informativos colhidos na investigação, ressalvadas as provas cautelares, não repetíveis e antecipadas."

É direito da parte a motivação das decisões[51], o qual está previsto também no artigo 83, IX, da Constituição Federal:

> "todos os julgamentos dos órgãos do Poder Judiciário serão públicos, e fundamentadas todas as decisões, sob pena de nulidade (...)".

Não pode o juiz aprovar ou reprovar nenhuma crença ou valorar doutrinas religiosas, em sua decisão.

A decisão fundamentada em crença é decisão não fundamentada e, portanto, não é admitida no sistema jurídico brasileiro, seja porque as decisões judiciais devem ter justificação racional (e não baseada em fé), seja em razão da laicidade do Estado.

[50] Machado, Jónatas. *Direito à liberdade religiosa. Pressupostos histórico-filosóficos*. Disponível em http://ler.letras.up.pt/uploads/ficheiros/1464.pdf. Acesso em 15/07/2017, p. 345.

[51] "A garantia de motivação das decisões judiciais tem a finalidade de assegurar uma justificação política para as decisões proferidas. Isso faz com que a decisão fundamentada possa ser submetida a determinada espécie de controle, seja o conhecido controle advindo das partes, seja da sociedade ou até do próprio Poder Judiciário. Se a decisão não for fundamentada, por certo que o controle restará prejudicado, pois a raiz da decisão será desconhecida e, nessa hipótese, a impugnação não versará sobre o mérito da decisão em si, mas sim sobre o fato de a decisão não ter sido fundamentada. A decisão mal fundamentada equipara-se à não fundamentada, sendo ambas maculadas com a mesma nulidade prevista no texto Constitucional. Não é difícil concluir o motivo, pois tanto a decisão não fundamentada quanto a mal fundamentada impossibilitam o exercício do contraditório pela parte lesada e o controle dos atos do magistrado e, por terem a mesma consequência, deverão ter o mesmo efeito. Nesse contexto é que o art. 11 do CPC/2015 (LGL\2015\1656) estipula que todas as decisões dos órgãos do Poder Judiciário deverão ser fundamentadas, sob pena de nulidade" (Tesheiner, José Maria Rosa; Thamay, Rennan Faria Kruger. *Teoria Geral do Processo: em conformidade com o Novo CPC*. 2. ed. rev., atual. e ampl. Rio de Janeiro: Forense, 2016, p. 111 e ss).

Com base nisso, alguns juristas entendem que a admissão da carta psicografada como meio de prova fere a liberdade de crença e a laicidade do Estado[52].

Não consideramos que a laicidade do Estado deva excluir argumentos lógico-racionais, ainda que constantes de carta psicografada. Por isso, o conteúdo das mesmas não deve ser rejeitado de antemão, apenas por motivos religiosos.

Aliás, Marcelo Itagiba, apreciando o Projeto de Lei n° 1. 705, de 2007 que tem por intenção vedar o uso de documentos psicografados como meio de prova no âmbito do processo penal, votou na Comissão de Constituição, Justiça e Cidadania pela inconstitucionalidade, injuridicidade, e, no mérito, pela rejeição do Projeto de Lei.[53]

[52] Nesse sentido, por exemplo, a opinião de Maria Amélia Giovannini Calado: "com base em princípios basilares, como o da isonomia, imparcialidade, do estado laico, não se pode permitir que a sociedade fique à mercê da convicção religiosa do jurado. Isso sim representaria uma afronta do princípio da laicidade estatal e da liberdade religiosa dos cidadãos." (Calado, Maria Amélia Giovannini. *O caráter laico do Estado brasileiro e as cartas psicografadas no tribunal do júri*. Revista Jus Navigandi, ISSN 1518-4862, Teresina, ano 17, n. 3309, 23 jul. 2012. Disponível em: <https://jus.com.br/artigos/22273>. Acesso em: 17 jul. 2017.) No mesmo sentido, vide também a opinião de Paulo Roberto Iotti Vecchiatti: "Tem ganho certa notoriedade a questão do uso de cartas psicografadas como provas, em especial no processo penal, com base no art. 232 do CPP, segundo o qual "quaisquer escritos" são considerados como documentos. A chamada Associação Jurídico-Espírita do Estado de São Paulo (AJE-SP) é uma de suas principais defensoras. Contudo, o uso de ditas psicografias afronta o princípio da laicidade estatal. Com efeito, para que se dê alguma validade a um documento psicografado, é preciso, evidentemente, aceitar que um espírito encarnou em uma pessoa e que, portanto, foi este espírito que redigiu o referido documento. Considerando a absoluta ausência de provas científicas de que se trata de um espírito o redator do documento, somente a pura fé religiosa pode atribuir validade ao documento psicografado. Disso fica evidente que resta afrontada a laicidade estatal pela aceitação de documento psicografado como meio de prova, na medida em que isto implica em inequívoca relação de aliança do Estado com a fé espírita e/ou toda outra que aceite eventualmente aceite dito documento." (Vecchiatti, Paulo Roberto Iotti. *Laicidade Estatal tomada a sério*. Revista Jus Navigandi, ISSN 1518-4862, Teresina, ano 13, n. 1830, 5 jul. 2008. Disponível em: <https://jus.com.br/artigos/11463>. Acesso em: 17 jul. 2017.)

[53] Pela relevância, transcrevemos o teor do referido voto: "Parece-nos, contudo, que, materialmente, ao contrário do que afirmam o autor e o Relator, a proposta é que, isso sim, fere preceitos constitucionais.

Quando o autor da proposta argumenta que "o jus puniendi deve, necessariamente, ser motivado por dados da vida real e não permitir que o livre convencimento do juiz seja, essencialmente, fundado meramente na fé religiosa", parece desprezar a circunstância de que, senão por erro (o que, aliás, o projeto não corrigiria), o juiz deve considerar o conjunto probatório, e não submeter-se, incontinente, a uma só prova, apenas porque psicografada.

A proposta, apenas por isso será injurídica, na medida em que tolhe o exercício do magistrado no seu direito à livre apreciação das provas que lhe são trazidas ao conhecimento para sua persuasão racional acerca da matéria que lhe foi posta, além de inconstitucional, por ofensa à liberdade de pensamento e de credo (p.ex. do acusado, do advogado, do juiz, do júri), liberdade entendida como direito à escolha, à opção, o livre arbítrio, o poder de coordenação consciente dos meios necessários à realização pessoal. O direito à liberdade de pensamento (art. 5o, IV, VI, VIII, CF), no sentido que se pretende asseverar, é o direito de exprimir por qualquer forma, o que se pense em ciência, religião, arte ou o que for. Trata-se de liberdade de conteúdo intelectual e supõe o contato do indivíduo com seus semelhantes, pela qual o homem tende a participar a outros suas crenças, seus conhecimentos, sua concepção do mundo, suas opiniões políticas ou religiosas e seus trabalhos.

Mas não só por isso a medida ferirá nossa Lei Fundamental, caso aprovada. É que os direitos públicos subjetivos constituem um complexo de faculdades jurídicas e de poderes que assistem às pessoas. Importa-nos, neste diapasão, no sentido de direito subjetivo de cada um exigível em face do Estado brasileiro, a igualdade sem distinção de credo religioso, ínsita no art. 5o, incisos VI e VIII, verbis:

"VI – é inviolável a liberdade de consciência e de crença, sendo assegurado o livre exercício dos cultos religiosos e garantida, na forma da lei, a proteção aos locais de culto e a suas liturgias;

VIII – ninguém será privado de direitos por motivo de crença religiosa ou de convicção filosófica ou política, salvo se as invocar para eximir-se de obrigação legal a todos imposta e recusar-se a cumprir prestação alternativa, fixada em lei;"

Ademais disso, os princípios decorrentes do devido processo legal, o do contraditório e da ampla defesa, previstos no inc. LV do art. 5o da Carta Maior, os quais podem ser exprimidos sob a fórmula da "informação necessária + reação possível", parecem igualmente arranhados.

Isto porque deles se extraem o exercício dos meios e recursos inerentes à ampla defesa: ter conhecimento claro da imputação, poder apresentar alegações contra a acusação; poder acompanhar a prova produzida e fazer contraprova; e poder recorrer da decisão desfavorável.

Dizer-se, pois, que "o Estado brasileiro é laico" e disso extrair-se a não possibilidade de "qualquer ato do Poder Judiciário que se paute em documento cuja origem seja atribuída a algo sobrenatural", e ainda, de que essa prova processual não tem autoria humana e que por isso afrontaria a norma insculpida no inciso IV, do Art.5o da Constituição Federal, que veda o anonimato, é subverter a ordem constitucional posta com base nas liberdades apontadas: a de pensamento; a de crença religiosa; e a de produção de provas na realização do devido processo legal.

A prova psicografada, se levada aos autos, será apenas uma dentre todos os elementos de prova de um conjunto probatório que, de acordo com o livre convencimento do juiz, por persuasão racional, irá decidir a questão que lhe foi posta. Daí enganarem-se, tanto o autor como o relator do projeto ora em debate quando afirmam que "recentemente ocorreu um caso em que um material psicografado foi levado à discussão e apreciação no plenário do Júri, no Estado do Rio Grande do Sul" e que isso teria sido a razão do veredicto final, já que:

"o denominado documento psicografado não comporta contraditório, é um dogma, é uma prova pressuposta arbitrariamente e, por conseguinte, não se coaduna com o princípio do devido processo legal".

Ora, se o Juiz baseou-se em prova psicografada que não se coaduna com o conjunto probatório, o veredicto estará equivocado, não em razão da prova psicografada, mas em razão de um erro lógico-formal levado a efeito pelo magistrado. Vale anotar, a propósito, excerto de decisum (TRT – RO – N.o 148/2000 – AC. TP N.o 559/2000; Rel. Juiz Bruno Weiler; in http://www.trt23.gov.br/acordaos/2000/pb00014/RO000148.htm) que bem esclarece o que queremos chamar atenção neste ponto, no que concerne ao valor probante de tudo o que o regime jurídico brasileiro aceita como prova:

Alguns juristas entendem que a carta psicografada fere o direito ao contraditório[54].

"Em nosso sistema processual, não existe hierarquia de prova. O princípio reitor da prova, escolhido pelo Código de Buzaid, é o princípio da "persuasão racional" ou "do livre convencimento motivado", o qual permite ao magistrado, apreciar o conjunto probatório livremente, convencendo-se mais por um, do que por outro meio de prova, sempre fundamentando suas razões, como estatui o artigo 131, do Código de Processo Civil."
Atinentemente ao anonimato vedado pelo Constituinte, não cremos seja o caso. Psicografia (do grego, escrita da mente ou da alma), segundo o vocabulário espírita, é a capacidade atribuída a certos médiuns de escrever mensagens ditadas por Espíritos. Não há anonimato, pois, nem do representante, nem do representado. Existem pesquisadores e estudiosos que afirmam ser a psicografia um caso de ilusão ou fraude, no entanto, ninguém até o momento conseguiu comprovar que as obras psicografadas por médiuns que fazem parte do movimento espírita sejam fraudes.
Ao contrário, "Carlos Augusto Perandréa (professor adjunto do Departamento de Patologia, Legislação e Deontologia da Universidade Estadual de Londrina, Estado do Paraná, e criminólogo e perito credenciado pelo Poder Judiciário) estudou as assinaturas dos textos psicografados por Chico Xavier utilizando as mesmas técnicas com que avalia assinatura para bancos, polícias e o Poder Judiciário, a grafoscopia". O resultado do seu estudo comprovou que as assinaturas dos desencarnados nos textos psicografados eram idênticas às assinaturas destes quando vivos.
Sob o ponto de vista aludido nas justificativas da pretensão legislativa de que o Estado brasileiro é laico, e que, por decorrência disso, "os Poderes da República devem ser exercidos separadamente dos dogmas e conceitos religiosos", a proposta também não se sustenta, já que a palavra "laico" é um adjetivo que significa uma atitude crítica e separadora da interferência da religião organizada na vida pública das sociedades contemporâneas.
O resultado da aprovação da proposta será, pois, tirar o regime jurídico posto da condição laica em que está, para, com ela, colocar o Estado brasileiro em oposição expressa a uma crença religiosa. A atitude laica, vale dizer, pelo contrário da via que visa a proposta, "impele os individuos a seguirem os ditames da sua consciência (quer no caso em que se acredite que seja divinamente inspirada, quer pela razão, intuição, estética ou qualquer outro processo pessoal), em vez de seguir cegamente as regras, hierarquias e autoridades morais ou eclesiásticas de uma dada religião organizada:
"O laicismo é uma doutrina filosófica que defende e promove a separação do Estado das igrejas e comunidades religiosas, assim como a neutralidade do Estado em matéria religiosa. Não deve ser confundida com o ateísmo de Estado.
Os valores primaciais do laicismo são a liberdade de consciência, a igualdade entre cidadãos em matéria religiosa, e a origem humana e democraticamente estabelecida das leis do Estado".
Portanto, parece-nos um equívoco a aprovação da medida, tal qual proposto, razão deste voto em separado, com base nos fundamentos acima colocados." Disponível em: http://www.camara.gov.br/proposicoesWeb/prop_mostrarintegra;jsessionid=BF2A022CB8859159F1B52B04302141E0.proposicoesWebExterno2?codteor=557105&filename=Tramitacao-PL+1705/2007, acesso em 04/08/2017.
[54] Em sentido contrário, Renato Marcão admite a licitude da carta psicografada, preservando-se o direito ao contraditório, embora de valor probatório questionável, em razão do conteúdo não trazer uma certeza quanto à veracidade: "Se não está submetido ao contraditório quando de sua produção, entenda-se, quando da psicografia, a ele estará exposto a partir da apresentação em Juízo. Como prova documental, a credibilidade de seu conteúdo, em razão da fonte, não pode ser infirmada com absoluta certeza, tanto quanto não poderá ser fielmente confirmada, não obstante a existência de relatos a

Contudo, não se está negando às partes o direito de se manifestarem acerca do conteúdo da carta psicografa ou até mesmo de refutá-la, em razão de sua origem ou por outro motivo. Aliás, a manifestação da parte sobre a carta psicografada pode levar o juiz a um maior convencimento dos fatos refutados por ela.

Assim, a carta psicografada, admitida como prova atípica, deve ser valorada pelo juiz de forma racional (e não por convicção religiosa), em razão do sistema da persuasão racional, devendo ser desconsiderados elementos contraditórios, ilógicos ou incoerentes com o contexto dos demais fatos trazidos aos autos, conforme se detalhará adiante.

Não obstante, como bem aponta Eduardo Valério, que pertence à Associação Jurídico-Espírita do Estado de São Paulo, a valoração da carta psicografada deve ser feita com a devida cautela pelo juiz:

> "é de ver a utilização da psicografia nos tribunais com enorme cautela, já que o fenômeno mediúnico (acerca do qual não tenho qualquer dúvida) é de difícil controle quanto à sua autenticidade. Exceto quando produzido por médiuns de inquestionável educação mediúnica (como Francisco Cândido Xavier), tal fenômeno estará sempre sujeito a graves interferências, mesmo quando o médium esteja trabalhando honestamente e com boa vontade. Portanto, penso que as cartas psicografadas devam ser aceitas como mais um elemento de prova, a serem sopesadas pelo juiz (ou jurados, se no tribunal do júri), à luz do princípio da livre convicção; jamais como elemento absoluto e inquestionável que possa levar, por si só, a uma condenação ou a uma absolvição."[55]-[56]

7. *Apreciação e valoração da carta psicografada como prova atípica*

Como explica Humberto Theodoro Júnior:

respeito de confirmações de autoria atestadas por grafologistas." (Marcão, Renato. *Psicografia e prova penal.* Revista Jus Navigandi, ISSN 1518-4862, Teresina, ano 12, n. 1289, 11 jan. 2007. Disponível em: <https://jus.com.br/artigos/9380>. Acesso em: 17 jul. 2017).

[55] Apud Polízio, Vladimir. *A psicografia no Tribunal.* São Paulo: Butterfly, 2009, p. 147.

[56] Na mesma linha, vide a opinião de Leandro Tavares Ferreira: "A psicografia não deve ser tachada em nosso sistema como uma prova ilegal (...). Ela deve ser analisada casuisticamente, seja em juízo comum, no qual o magistrado se utilizará da sua persuasão racional para a aceitação, seja nos tribunais do júri, pela íntima convicção do Conselho de Sentença, que não precisa de motivação para tanto." (Ferreira, Leandro Tavares. *Psicografia no processo penal: a admissibilidade de carta psicografada como prova judicial lícita no direito processual penal brasileiro.* Revista Jus Navigandi, ISSN 1518-4862, Teresina, ano 17, n. 3412, 3 nov. 2012. Disponível em: <https://jus.com.br/artigos/22918>. Acesso em: 17 jul. 2017.)

> "No sistema processual brasileiro não há propriamente hierarquia de provas, de modo que o juiz examina livremente o conjunto dos elementos instrutórios do processo, formando seu convencimento com ampla liberdade."[57] Todavia, deve fundamentar a sua decisão. "No sistema da persuasão racional, o julgamento deve ser fruto de uma operação lógica armada com base nos elementos de convicção existentes no processo."[58]

Conforme artigo 371 do CPC:

> "O juiz apreciará a prova constante dos autos, independentemente do sujeito que a tiver promovido, e indicará na decisão as razões da formação de seu convencimento."

No Brasil, no Direito Civil, assim como no Direito Penal[59], vigora o sistema da persuasão racional[60], exceção feita ao Tribunal do Júri, em que vigora o sistema da livre convicção, isto é, aquela cuja decisão não precisa ser motivada.

[57] THEODORO JÚNIOR, Humberto. *Curso de Direito Processual Civil. Teoria geral do direito processual civil e processo de conhecimento.* Vol. I. Rio de Janeiro: Forense, 2014, p. 497.

[58] THEODORO JÚNIOR, Humberto. *Curso de Direito Processual Civil.* Teoria geral do direito processual civil e processo de conhecimento. Vol. I. Rio de Janeiro: Forense, 2014, p. 466.

[59] "Julgamos efetivamente não ser possível afirmar, a priori, a supremacia de uma prova em relação a outra, para a demonstração de qualquer crime. (...) Nossa jurisprudência é farta em reconhecer a inexistência de hierarquia de provas no processo penal, sustentando, em regra, sem maior profundidade, que qualquer meio de prova poderá provar a verdade dos fatos. Ora, sabemos que isso não ocorre, pelo menos em duas situações, tal como expressamente previstas no Código de Processo Penal. É o caso, como vimos, do art. 155, parágrafo único, CPP, em relação à prova de fato relacionado ao estado das pessoas (ou os tribunais aceitariam a prova de casamento pelo depoimento de testemunhas?), bem como o exame de corpo de delito, quando a infração deixar vestígio e esse não tiver desaparecido. Não acreditamos, com efeito, que juiz ou tribunal algum profira sentença condenatória pela prática de falsidade material com base unicamente em prova testemunhal, quando houver prova pericial (técnica) concluindo não terem partido do punho do réu os escritos falsificados. O problema aqui não seria com a idoneidade da testemunha (no caso concreto) para aferir do falso e da sua autoria, mas com o método (abstrato) testemunhal da prova para a aceitação da verdade. De resto, também há previsão de ressalva quanto à prova de natureza técnica na legislação processual civil, consoante se vê da parte final do disposto no art. 335 do CPC [de 1973, equivalente ao art. 375 do CPC vigente, que assim dispõe: "O juiz aplicará as regras de experiência comum subministradas pela observação do que ordinariamente acontece e, ainda, as regras de experiência técnica, ressalvado, quanto a estas, o exame pericial."] (OLIVEIRA, Eugênio Pacelli de. *Curso de processo penal.* 18. ed. São Paulo: Atlas, 2014, p. 343).

[60] Assim já decidiu o STF: "Vige em nosso sistema o princípio do livre convencimento motivado ou da persuasão racional, segundo o qual compete ao juiz da causa valorar com ampla liberdade os elementos de prova constantes dos autos, desde que o faça motivadamente, com o que se permite a aferição dos parâmetros de legalidade e de razoabilidade adotados nessa operação intelectual. Não

A persuasão racional, como explica Guilherme de Souza Nucci "*é o método misto, parcialmente vinculado, também chamado de convencimento racional, livre convencimento motivado, apreciação fundamentada ou prova fundamentada (...) significando a permissão dada ao juiz para decidir a causa de acordo com seu livre convencimento, devendo, no entanto, cuidar de fundamentá-lo, nos autos, buscando persuadir as partes e a comunidade em abstrato.*"[61]

Desse modo, a carta psicografada, ainda mais por ser prova atípica, deve ser sempre valorada no contexto dos fatos alegados e das demais provas e indícios trazidos aos autos.

Conclusão

A psicografia é fenômeno natural, ainda que o fenômeno mediúnico não seja compreendido ou explicado pela ciência, em sua totalidade.

A carta psicografada não é prova ilícita nem deve ser tida como prova imoral.

Ela pode ser utilizada como meio de prova, a princípio, devendo ser seu conteúdo verificado, caso a caso, para eventualmente ser rejeitada, em razão do conteúdo desnecessário ou inútil.

A sua admissão não fere a liberdade de crença de quem a produz ou da contraparte, pois não se está preferindo uma religião em detrimento das demais[62], apenas sendo admitida a prova de forma isenta, sem preconceitos em razão de crença ou religião.

A carta psicografada pode ser refutada, também, quanto ao seu conteúdo e autenticidade (do processo mediúnico). Não fere, portanto, o contraditório.

A carta psicografada, contudo, deve ser valorada de forma racional, em relação ao seu conteúdo.

Seu uso não fere a laicidade do Estado, pois o juiz decidirá conforme a lógica e não com base em suas crenças pessoais, ponderando o valor probatório da carta psicografada, a depender de seu conteúdo e em conjunto com as outras trazidas ao processo.

vigora mais entre nós o sistema das provas tarifadas, segundo o qual o legislador estabelecia previamente o valor, a força probante de cada meio de prova." (STF, 1ª Turma, RH 91691/SP, relator Ministro Menezes Direito, julgamento em 19/02/2008).

[61] Nucci, Guilherme de Souza. *Provas no Processo Penal*. Rio de Janeiro: Forense, 2015, p. 23.

[62] Não fere a igualdade, pois não prefere uma religião em detrimento das demais, nem segrega ou desrespeita as demais.

O conteúdo da carta psicografada deve ser analisado e valorado com cautela, considerando sempre a possibilidade de fraude e até mesmo de imperfeições no procedimento mediúnico.

Assim, como conteúdo intuído pelo médium, deve ser valorado em conjunto com outras provas, presunções e indícios trazidos ao processo e nunca de forma absoluta.

Vale reforçar que, se concluímos pela admissão da carta psicografada como meio de prova no sistema da persuasão racional, com maior flexibilidade ainda pode ser adotada no sistema da livre convicção, que vigora no Direito Penal, no Tribunal do Júri.

Todavia, como já apontado, a carta psicografada pode vir a ser rejeitada pelo seu conteúdo meramente subjetivo ou persuasivo pelo lado emotivo, sem ter a finalidade de provar fatos. É a mesma lógica aplicada ao se ouvir uma testemunha[63-64].

[63] "Quando se ouve uma testemunha em juízo, deve-se perguntar sobre as questões de fato objeto da atividade probatória (art. 459 do NCPC), não sobre as apreciações ou impressões pessoais que a pessoa ouvida tem desses acontecimentos, salvo quando estritamente inseparáveis da narrativa do fato (art. 213, NCPC)." (Cambi, Eduardo. *Neoconstitucionalismo e neoprocessualismo*. São Paulo: Almedina, 2016, p. 423-424).

[64] Conforme artigo 213 do CPP: "O juiz não permitirá que a testemunha manifeste suas apreciações pessoais, salvo quando inseparáveis da narrativa do fato."

O que é uma Norma Jurídica?

DR. RÚBEN RAMIÃO

A mente humana constitui o início e o fim de toda a investigação última de qualquer objeto que se pretenda conhecer. É ela a fonte de todas as coisas que o Homem procura apreender.

A norma jurídica não é exceção a este princípio fundamental. É um produto da nossa mente, uma representação sua. Distintas formas de representação equivalem a objetos diferentes. A forma pela qual se representa uma norma jurídica não é a mesma forma que nos permite representar a descrição de uma qualquer coisa.

Quando pensamos numa norma jurídica, concebemos um significado, isto é, a própria compreensão interna da nossa representação, com um sentido muito específico: o sentido de um dever, de uma obrigação que temos para com alguém de nos comportarmos de certo modo ou de nos abstermos da fazer qualquer coisa.

O significado de uma norma jurídica é, pois, o significado de um «dever ser». O «dever ser» constitui a forma pela qual se representa uma norma jurídica, qualquer que ela seja. Isso quer dizer que a norma jurídica não transporta um sentido que não seja o sentido de que algo deva acontecer. Que algo deva acontecer não significa que aconteça de facto. O que deve ser não corresponde ao que é, e *vice-versa.*

O facto de o «ser» não se confundir com o «dever ser» não significa que entre as duas formas de representação mental não haja uma conexão. Essa conexão explica-se pelo facto de o «dever ser» condicionar o significado do «ser» que o descreve. Quer isto dizer que o conteúdo de uma descrição de uma dada norma jurídica terá de ser idêntico ao da norma descrita. Por exemplo: não é possível descrever-se a norma *"os contratos devem ser pontualmente cumpridos"* sem se fazer referência ao facto de os contratos deverem ser pontualmente cumpridos.

O Direito 150.° (2018), I, 109-118

Que as descrições das normas jurídicas sejam possíveis resulta do facto de a mente humana ser capaz de se conhecer a si mesma, formando representações sobre as suas próprias representações, num círculo que, à medida que vai sendo aprofundado, permite a edificação do conhecimento científico e epistemológico. A mente coloca o Homem no centro do conhecimento, e não o objeto.

Mas a conexão entre descrição da norma e norma jurídica é a única que pode estabelecer-se. Em tudo o resto, «dever ser» e «ser» encontram-se separados em dois mundos diferentes. «Ser» e «dever ser» são duas formas intelectuais dissemelhantes, mas não se opõem. O que deve ser não equivale ao que é, mas não impede o que é, nem é contrário do que é. Que os contratos devam ser pontualmente cumpridos não significa que o sejam de facto, mas seria absurdo dizer que o facto de os contratos deverem ser pontualmente cumpridos impede ou é o contrário do cumprimento pontual dos contratos.

Toda a norma jurídica obedece à forma do «dever ser». Porém, essa mesma forma, a única através da qual a norma jurídica adquire sentido ou significado normativo, não se identifica com a expressão da norma. A norma jurídica como significado não se confunde com o seu significante, ou seja, com a representação, também ela mental, da expressão simbólica da norma jurídica. Quando pensamos numa dada norma jurídica, por exemplo, *"é proibida a entrada de veículos no parque"*, a norma somente pode ser pensada através da representação simbólica dessa mesma norma, isto é, dos símbolos que a mente usa para aceder compreensivamente aos seus próprios pensamentos. A norma jurídica é o significado por detrás do seu significante, que é o seu enunciado.

O enunciado de uma norma jurídica pode ser de diferentes formas: linguística, gestual, ou sonora. As palavras de um texto, os movimentos de um polícia sinaleiro, ou um alerta de recolher obrigatório comunicado via rádio, são enunciados de diferentes normas jurídicas.

Por vezes, o enunciado das normas jurídicas é expresso com um sentido linguístico de «ser», mas trata-se de mera técnica ou estilo legislativo. O enunciado *"o negócio simulado é nulo"* tem um sentido normativo em que o «ser» nulo significa «deve ser» considerado nulo. Mas o mesmo enunciado pode ser utilizado para descrever a norma, por exemplo, quando um professor diz, numa aula de Teoria Geral de Direito Civil, que, no ordenamento jurídico português, existe uma norma no Código Civil que determina a nulidade dos negócios simulados. É a diferença entre afirmar uma norma ou simplesmente fazer referência a uma norma.

A norma jurídica constitui, assim, o conceito fundamental do objeto da ciência jurídica, que procura conhecer e descrever a natureza das normas jurídicas. Por vezes, fala-se em sistema jurídico como conceito que representa a união ou a ligação entre várias normas jurídicas, podendo ir desde o sistema mais *lato* ou abrangente – o sistema jurídico de um Estado –, ou sendo mais restrito, por exemplo – o sistema de normas penais do ordenamento jurídico português. Porém, o conceito de sistema é aqui uma ficção que nos ajuda a identificar seletivamente variados tipos de normas jurídicas e a distinguir as suas fontes. Cada significado normativo, ou seja, cada norma jurídica, tem um sentido independente e isolado. Por essa razão, a ciência jurídica deverá partir do conceito de norma jurídica e não do conceito de sistema jurídico.

* * *

A representação da norma jurídica é um processo que ocorre no interior da nossa mente, constituindo, em rigor, aquilo a que muitos chamam validade. Validade e representação mental são duas faces da mesma moeda.

Porém, a representação de uma norma jurídica, isto é, o processo constitutivo de uma norma jurídica, tem dois momentos distintos: *(i)* o momento da atribuição de um sentido subjetivo e *(ii)* o momento da atribuição de um sentido objetivo.

O sentido subjetivo de uma norma jurídica consiste na identificação de um ato como ato de comando. Quando alguém diz *"deves ler o texto"*, este ato exprime a vontade, por parte de quem proferiu estas palavras, de que o destinatário das mesmas se comporte de determinada maneira, no caso, que este leia determinado texto. O ato de comando, o exprimir uma ordem, constitui o objeto da atribuição de um certo sentido, precisamente o sentido de ato de comando. Este sentido de ato de comando pressupõe a representação de um facto, precisamente aquele facto que é interpretado como ato de comando. Se o João ouviu o seu professor ordenando-lhe que lesse o texto, a sua representação deste facto como ato de comando é idêntica à que resultaria no caso de João ter pensado que ouvira o seu professor ordenar-lhe que lesse o texto, sem que este, de facto, tivesse ordenado tal coisa. O facto que origina a atribuição de um sentido subjetivo constitui somente uma hipótese necessária para a atribuição desse mesmo sentido. Assim sendo, a norma jurídica não resulta de uma fonte empírica, pois esta pode ser meramente pressuposta. A atribuição de um sentido subjetivo a um determinado ato decorre da interpretação que se faz desse mesmo ato.

Uma vez atribuído o sentido subjetivo, o destinatário do comando apenas representa a existência de que algo deve fazer ou que algo deve acontecer. Não basta para a representação de uma norma jurídica. Para que esse ato de comando seja interpretado como uma norma jurídica, deve ser-lhe atribuído um sentido objetivo, ou seja, o sentido de que é devida obediência àquele comando. O que leva a que se atribua ou não um sentido objetivo a um determinado ato de comando resulta da experiência social de cada indivíduo. Como a generalidade dos indivíduos partilha a mesma experiência social, porque vivem normalmente em aglomerados comunitários, essa mesma experiência induz a procurar um fundamento para o sentido objetivo da norma jurídica. Nos casos em que uma comunidade é governada por um Rei, o fundamento de validade das normas jurídicas decorre do reconhecimento desse mesmo Rei como autoridade máxima, enquanto nos casos em que uma comunidade é governada por um Parlamento eleito democraticamente, é esse mesmo Parlamento que é reconhecido como sendo a autoridade máxima. Mas isto é meramente contingente. Que exista um líder ou uma cadeia de comando tem conduzido muitos a achar que o fundamento de validade das normas jurídicas se encontra numa qualquer teoria escalonada da ordem jurídica, em que as normas superiores fundamentam as normas inferiores. Só que esta mesma teoria resulta da própria experiência social de quem a defende, experiência essa que leva a que se confunda o reconhecimento de que devemos considerar Direito certos conteúdos materiais com o concreto ato de reconhecimento jurídico desses mesmos atos. A validade do Direito está nos passos que a nossa mente dá para formar as normas jurídicas que representamos, e não na experiência social que nos conduz a representar como Direito válido certos comandos. Há que distinguir entre a fonte interna do Direito, que é a nossa mente, a verdadeira fonte do Direito, e a fonte externa do Direito, que é a prática social que determina os concretos conteúdos materiais que são representados como Direito válido.

As normas jurídicas podem ser gerais ou particulares, abstratas ou concretas, consoante se dirijam a grupos de indivíduos, indivíduos específicos, a situações genéricas, ou a casos singulares.

* * *

Todas as normas jurídicas têm uma estrutura formal que as carateriza e que as define. Essa estrutura contém três elementos: *(i)* a previsão, *(ii)* a estatuição, e *(iii)* o operador deôntico. A norma jurídica pretende ser um recorte da realidade, ela refere-se a uma parcela do Mundo. A previsão constitui a hipótese a que a norma se aplica. Essa hipótese é constituída por todos os factos que podem verificar-se e que se denominam pressupostos. Sem previsão, não há hipótese, não há recorte da realidade, logo não há nem pode haver norma jurídica. A previsão é a condição da qual depende a produção dos efeitos da norma. Uma vez verificada a condicionalidade da norma, esta determina a produção de certos efeitos. Estes efeitos estão contidos na estatuição da norma. Estes dois elementos, previsão e estatuição, estão ligados pelo operador deôntico, isto é, o elemento de conexão normativa entre previsão e estatuição, que mais não é do que a forma da norma jurídica – o «dever ser». Assim, podemos identificar a estrutura formal de uma qualquer norma jurídica como: «Se X, então deve ser Y».

A norma pode ser enunciada como uma permissão *«se X, então é permitido Y»*, como proibição *«se X, é proibido Y»*, ou como obrigação *«se X, então é obrigatório Y»*. Aqui o sentido «é permitido», «é proibido», «é obrigatório», assume o mesmo significado, ou seja, o significado daquilo que é devido. Todas as normas são, por isso mesmo, normas impositivas. Ser proibido fumar significa que é devido não fumar, ser permitido fumar significa que é devida a liberdade de fumar.

* * *

Quando pensamos numa determinada norma jurídica, pensamos nela como algo que tem uma certa força vinculante, que nos obriga a algo. Aqui o obriga não é simplesmente o sentido da norma, como um «dever ser», mas a forma específica como nos sentimos quando representamos determinada norma jurídica. A força das normas jurídicas está na forma como as sentimos, ou seja, naquele sentimento muito particular que nos surge quando concebemos as normas. Nisto reside a força do Direito. Esta força, ao contrário do que alguns chegaram a pensar, não decorre do facto de existirem normas sancionatórias que impõem desvantagens aos indivíduos que incumpram certas normas, dado que isso é meramente uma contingência do Direito, isto é, o facto de ter normas sancionatórias. Se a força do Direito decorresse das normas sancionatórias, então somente as normas que fossem assistidas de normas sancionatórias, ou seja, somente aquelas normas cujo incumprimento fosse sancionado, seriam verdadeiras normas jurídicas.

* * *

Os enunciados que transportam as normas precisam ser descodificados, esse processo denomina-se interpretação jurídica. É através da interpretação jurídica que a norma é conhecida. Não há norma que não precise ser interpretada. Porém, podemos e devemos identificar dois tipos diversos de interpretação jurídica. A interpretação jurídica científica ocorre quando, perante um determinado enunciado, o intérprete atribui um específico significado para esse mesmo enunciado. Neste processo interpretativo importa sobretudo uma análise, em muitos casos intuitiva, da linguagem utilizada, seja esta verbal ou não. A linguagem tem um uso específico e regulado socialmente, e é esse mesmo uso que importa no processo interpretativo científico.

Porém, quando se fala comumente em interpretação jurídica, está-se a fazer referência a uma falsa interpretação, que é a essência da dogmática jurídica. Nesta interpretação, a interpretação dogmática, o que se procura não é estabelecer ou atribuir um significado para um determinado enunciado. O que se procura é antes manipular o enunciado por forma a escolher um de entre vários significados possíveis desse enunciado, nos casos de incerteza semântica, ou tentar extrair um certo significado que as regras que regem o uso da linguagem não permitem. Este processo interpretativo é todavia útil, na medida em que o Direito tem uma função operativa, que consiste na resolução de problemas sociais. Por vezes, a interpretação científica conduz-nos a certos resultados manifestamente injustos ou simplesmente desadequados tendo em conta o caso concreto. Aí os juristas não atuam como cientistas do Direito, mas como verdadeiros criadores do Direito.

Normalmente são utilizados três elementos para a interpretação dogmática: *(i)* o elemento histórico, *(ii)* o elemento teleológico, e por fim, *(iii)* o elemento sistemático. Através do elemento histórico, os juristas procuram compreender as circunstâncias históricas que levaram ou que estiveram na base da produção de certa norma. Através do elemento teleológico, os juristas procuram saber quais os fundamentos da norma, ou seja, qual foi o objetivo do legislador quando criou a norma, aquilo que ele procurava atingir, a finalidade da norma. Por fim, através do elemento sistemático, os juristas tentam compreender como os efeitos de certa norma se coadunam com os efeitos de outras normas do sistema. Uma norma aplicada isoladamente pode conduzir a efeitos muito diversos da aplicação da mesma norma cumulativamente com outras.

Assim se compreende que a dogmática jurídica, o grosso da formação da maior parte dos juristas, é, na verdade, uma falsa ciência, ou uma pseudociência que, sendo útil, não pode interferir na verdadeira atividade científica do Direito, que consiste no estudo das suas propriedades naturais.

* * *

Porque não existe apenas uma única norma jurídica, mas inúmeras, é natural que elas conflituam entre si. O conflito de normas é, na verdade uma ficção, as normas são objetos intelectuais, não podem colidir. O conflito decorre da noção que temos, que muitas vezes, o cumprimento de uma norma impede o cumprimento de outra norma. Normalmente, os modernos sistemas jurídicos contêm normas que resolvem estes conflitos: *(i)* norma de precedência temporal, que determina que entre duas normas conflituantes, prevalece aquela que é mais recente, fenómeno usualmente designado por revogação; *(ii)* norma hierárquica, que determina que num conflito entre norma inferior e norma superior, prevalece a norma superior, originando o fundamento da ilegalidade e da inconstitucionalidade; *(iii)* e a norma de especialidade, que determina a prevalência das normas especiais ou excecionais quando colidam com normas gerais. Quando não há norma que resolva o conflito, os juristas ponderam qual das normas em disputa se irá aplicar.

* * *

À pergunta – haverá normatividade para além da normatividade jurídica? – só poderá responder-se negativamente. A norma jurídica distingue-se da norma moral e da norma de etiqueta. As normas morais não são, em rigor, normas, são uma construção fictícia. A normatividade das normas encontra-se no seu sentido objetivo, ou seja, na sua qualidade de obrigações ou sentidos de «dever ser» a que devemos obediência. Este sentido objetivo está para além da nossa própria vontade subjetiva. Por conseguinte, podemos representar normas das quais não gostamos ou que consideramos injustas. Por exemplo, alguém poderá afirmar: *"a regra que impõe a punição com a amostragem de cartão amarelo a um jogador de futebol que dispa a sua camisola aquando do festejo de um golo é injusta e profundamente absurda, mas existe, é a lei, e o árbitro tem de a aplicar"*. O mesmo não pode ser dito quando nos referimos a uma norma da moral. Não é possível, em termos lógicos e racionais, afirmar: *"existe uma regra moral que nos obriga a viver honestamente, porém essa mesma regra é injusta"*. A identificação de uma regra da moral coincide sempre e necessariamente com uma certa expressão de justiça, e a conceção de justiça que temos não é mais do que uma ficção da nossa própria expressão de vontade. A moral consiste numa expressão de vontade de que os outros se comportem de determinada maneira, faltando-lhe o significado pleno de dever jurídico, isto porque o reconhecimento de um dever jurídico transcende a nossa própria vontade de reconhecer esse mesmo dever como dever jurídico. É indiferente que gostemos ou não que os comandos do nosso Parlamente valham como lei, ou que não gostemos do seu conteúdo, que o achemos injusto. Na moral não. Como às normas da moral falta o sentido objetivo, elas equivalem somente a sentidos subjetivos de vontade, e não faz qualquer sentido exprimir duas vontades em sentido oposto. Afirmar que é conforme à norma moral X agir de forma Y, mas essa mesma norma é injusta, é no fundo, afirmar que queremos que se faça Y mas não queremos que se faça Y. Um absurdo!

A norma moral é sempre conforme com a ideia de justiça e a ideia de justiça é sempre uma expressão da nossa vontade. A ficção da norma moral e da ordem moral serve um propósito social, pois através dessa ficção, achamos que poderemos convencer melhor os outros a agir segundo as nossas próprias convicções, ao passo que uma expressão direta da nossa vontade seria interpretada como comando autoritário, o que conduziria a uma certa resistência por parte dos seus destinatários. Quer dizer, faz parte integrante da natureza humana a procura pela máxima liberdade. Ninguém gosta de ser comandado. O Direito serve apenas o propósito de garantir a plena convivência pacífica dos indivíduos na sociedade. Se alguém nos ordena que façamos qualquer coisa (fora do que já é imposto pelo próprio Direito), sentimos que a nossa liberdade é posta em causa. Normalmente reagimos adversamente. Mas se esse alguém nos tentar convencer de que aquilo que devemos fazer não é apenas a expressão da sua própria vontade, mas sim, a expressão de uma ordem normativa que nos transcende e a que todos devemos obediência, já não sentimos tanta adversidade, pois já não compreendemos o cumprimento daquela ordem como uma sujeição a um outro indivíduo, algo que ninguém gosta de sentir em face da propensão que todos temos para a nossa liberdade. É este o papel fundamental desempenhado pela ficção da ordem moral: o de ficcionar como objetivo aquilo que é meramente subjetivo.

Dado que muitas vezes, o conteúdo da ordem moral é relevante para a vida em sociedade, o Direito segue essa mesma ordem, e é por essa razão que as normas jurídicas não devem ser imorais ou injustas. Esta conformidade é meramente contingente, pois as normas jurídicas não precisam ser justas ou moralmente aceitáveis para existirem. A discussão sobre a justiça ou sobre a moralidade das normas jurídicas está para além da discussão acerca da existência das mesmas. De contrário, qualquer discussão sobre a justiça das normas morais é sempre uma discussão sobre a sua existência, ou seja, sobre a sua validade.

* * *

Também deveremos distinguir as normas jurídicas das normas de etiqueta. Tal como as normas morais, as normas de etiqueta são uma ficção, não são normas dotadas de um sentido objetivo. As normas de etiqueta, em regra, não constituem expressões de vontade, mas sim, gostos ou preferências no relacionamento social. Quando nos sentamos à mesa, sabemos que devemos comer de faca e garfo, e não com as mãos. Até podemos não gostar desta regra, algo que não ocorre quando pensamos em normas morais, que são sempre conformes com a nossa vontade. A razão de isto ser diferente com as regras de etiqueta, é que estas são, na verdade, uma representação das práticas sociais que nos permitem ser melhor aceites no grupo. Se decidirmos comer com as próprias mãos, sabemos que, provavelmente, as pessoas com quem partilhámos a hora da refeição nunca mais o farão, isto porque comer com as próprias mãos provoca um certo sentimento de repulsa e é visto socialmente como algo de grotesco. O mesmo pode acontecer se formos convidados para um determinado evento social muito relevante, e decidirmos aparecer desrespeitando o código de vestimenta utilizado.

Enquanto as regras jurídicas e morais dizem respeito à convivência pacífica entre os indivíduos numa determinada comunidade, as regras de etiqueta reportam-se à forma como somos mais ou menos aceites nos vários grupos sociais, quer dizer, dizem respeito à forma como os outros gostam mais ou menos de interagir connosco.

As normas de etiqueta também podem ser incorporadas pelo Direito, embora tal não seja muito comum, isto porque, ao contrário das regras morais, que nós queremos forçosamente que os outros sigam, entendemos que as regras de etiqueta devem ser seguidas voluntariamente, dado que são somente expressão de bom gosto.

Porém, e ao contrário das normas morais, quando uma regra de etiqueta é incorporada pelo Direito, perde a sua natureza de regra de etiqueta. Podemos afirmar simultaneamente que estar de boa-fé nas negociações de um contrato é uma exigência do Direito e da moral, mas a partir do momento em que uma regra de etiqueta passa a regra jurídica, deixamos de olhar para a mesma conduta como devida simultaneamente pela etiqueta e pelo Direito, passa a ser entendida como algo que é somente exigido pelo Direito. Normalmente isto acontece porque, ao contrário do fundamento das regras jurídicas e das regras morais que assenta numa determinada ideia de justiça ou de necessidade social, quando a conduta exigida pela etiqueta passa a ser exigida pelo Direito, passa a existir um fundamento para a exigência dessa mesma conduta (necessidade social) que não existia enquanto a regra se fundava nas meras práticas socias de etiqueta. Por exemplo, a obrigação de todos os presentes numa sala de audiências se levantarem quando entra o juiz não é apenas uma cortesia social, resulta de uma ideia de dever de respeito perante o símbolo da justiça personificado no juiz. Porém, se nos levantarmos quando entra um professor na sala, isso é meramente um ato de cortesia, que pode ter origem no respeito ou na consideração que temos por aquele professor, por exemplo, por ser uma grande autoridade intelectual. Aqui o fundamento da regra de etiqueta que obriga a esta conduta é bem diverso do fundamento da regra jurídica que nos obriga a levantar perante um juiz.

* * *

As regras jurídicas podem ser expressas em textos legais ou ser costumeiras. Quando resultam do costume, o enunciado das normas jurídicas, ou seja, a sua expressão ou verbalização, equivale ou confunde-se com o seu próprio cumprimento. Sabemos que existe uma regra consuetudinária quando analisamos uma determinada prática social que se carateriza pelo facto de os sujeitos que se comportam reiteradamente de determinada maneira entenderem que lhes é devido que assim atuem e pretendem continuar a comportar-se daquela forma.

* * *

As normas jurídicas desempenham uma função essencial na sociedade humana. Elas permitem a coexistência pacífica entre os seres humanos. Se não existisse esta forma de regulação social, os vários indivíduos competiriam entre si, e a lei do mais forte imperaria. Porém, como nenhum homem tem caraterísticas que o tornem superior a todos os outros, a lei do mais forte conduziria à autodestruição da sociedade humana. A função social da norma jurídica, do Direito, é permitir a própria vida social.

Liberdade de expressão ou "liberdade de ofender"? – o conflito entre a liberdade de expressão e de informação e o direito à honra e ao bom nome

DR. JOÃO TORNADA*

Introdução

Um estudo sobre o confronto entre a liberdade de expressão e de informação com o direito à honra e ao bom nome justifica-se pelas 21 condenações do Estado Português pelo TEDH[1] por decisões nacionais que insistem em coartar a liberdade de expressão dos seus cidadãos[2]. Em janeiro de 2017, o Tribunal da Relação de Lisboa confundiu o TEDH como sendo uma instância

* O Autor agradece ao Sr. Professor Doutor Jorge Miranda a oportunidade de publicar este estudo, bem como todo o seu inestimável apoio, e ao Sr. Professor Pedro Lomba todos os seus comentários e indicações bibliográficas.

[1] Tribunal Europeu dos Direitos do Homem.

[2] Desde janeiro de 2005 até junho de 2017, Portugal foi condenado por 21 ocasiões em matéria de liberdade de expressão e de informação. No período compreendido entre 2005-2015, o número de condenações do estado português por violação da liberdade expressão equivalia sensivelmente a uma média três vezes superior à média de condenações dos 28 Estados da União Europeia. Assim, v.

comunitária e reputou a interpretação da CEDH[3] dada pela jurisprudência do TEDH como sendo *inconstitucional,* por violação do artigo 8.°, n.° 4 da CRP[4], concluindo por isso que esta não vincula os tribunais portugueses.

Destapando um pouco o véu, vivemos numa era em que os *media* são pressionados pela vertiginosa sucessão de acontecimentos numa "aldeia global", tendo de noticiar todos os factos "ao minuto", sob pena de uma informação perder a atualidade com que o público tem direito a recebê-la. Com a internet hoje todos os cidadãos podem trocar informações entre si sem qualquer mediação jornalística, ampliando o risco da divulgação de falsidades e de afirmações injuriosas. Contudo, a liberdade de expressão como "oxigénio" da democracia, necessita de um amplo espaço para escrutinar os titulares do poder, seja politico, económico ou meramente social. Este quadro de maior liberdade tem por base a capacidade do *leitor médio* em entrar no debate público e de adotar um espírito crítico de modo a perceber que, parafraseando Teixeira da Mota[5], uma informação é, em muitos casos, apenas uma opinião (ou uma versão dos factos) e não uma verdade absoluta.

Contudo, os tribunais portugueses, principalmente nas instâncias inferiores, insistem em adotar uma postura mais paternalista, dando primazia ao direito à honra e ao bom nome dos titulares do poder, fruto de uma cultura (portuguesa e continental) forte do respeito e da civilidade.

Perante este panorama, urge sintetizar os critérios gerais de resolução deste cotejo de direitos fundamentais, e, a final, perceber em que medida a jurisprudência sedimentada do Tribunal de Estrasburgo vincula (ou não) os tribunais nacionais.

1. A liberdade de expressão e de informação

1.1. *Âmbito objetivo e subjetivo*

Para que se possa identificar corretamente o problema da colisão dos direitos fundamentais aqui em estudo é necessário identificar qual o grau de prote-

Relatório: Criminalização da Difamação em Portugal de junho de 2015 do Instituto Internacional da Imprensa, disponível em http://legaldb.freemedia.at/.

[3] Convenção para a Proteção dos Direitos do Homem e das Liberdades Fundamentais, vulgo, "Convenção Europeia dos Direitos do Homem".

[4] Constituição da República Portuguesa.

[5] V. Francisco Teixeira da Mota, *A Liberdade de Expressão em Tribunal*, Fundação Francisco Manuel dos Santos, Lisboa, 2013, pg. 15.

ção desses direitos quando isoladamente considerados e quais os bens jurídicos por eles tutelados. Retomaremos a importância desta tarefa quando nos detivermos sobre os limites imanentes destes direitos fundamentais.

Posto isto, a liberdade de expressão e de informação, enquanto direito fundamental, encontra-se consagrada no artigo 37.°, n.° 1 da CRP[6], bem como no artigo 19.° da DUDH[7][8]. Com efeito, o artigo 37.° da CRP encerra dois feixes de direitos distintos[9]: a liberdade de expressão e a liberdade de informação, munindo os seus titulares de uma *situação jurídica complexa*. Procuraremos, sumariamente distingui-los.

A *liberdade de expressão* comporta (i) o *direito negativo* a não ser impedido de exprimir e divulgar o pensamento, ideias, opiniões, factos, conhecimentos, mensagens publicitárias, criações artísticas, de todo o tipo[10] e por qualquer meio[11], (ii) na sua *dimensão positiva*, uma pretensão de acesso aos meios de expressão e ainda (iii) uma pretensão de acesso, nos termos da lei, às estruturas de serviço público de rádio e de televisão[12].

Já a *liberdade de informação* encerra (i) o "direito de informar", (ii) o "direito de se informar" e (iii) o "direito de ser informado"[13]. O primeiro desdobra-

[6] Constituição da República Portuguesa.

[7] Declaração Universal dos Direitos do Homem.

[8] Atente-se também no artigo 10.° da CEDH e no artigo 19.° do Pacto Internacional dos Direitos Civis e Políticos e no artigo 11.° da Carta de Direitos Fundamentais da União Europeia. Na lei ordinária, destaque-se, na vertente da liberdade de imprensa, o artigo 22.°, alínea *a*) da Lei da Imprensa (Lei n.° 2/99, de 13 de janeiro) e o Estatuto do Jornalista (Lei n.° 1/99, de 13 de janeiro).

[9] V. José de Melo Alexandrino *in Jorge Miranda/Rui Medeiros*, *Constituição Portuguesa Anotada,* Tomo I, 2.ª edição, 2010, Coimbra Editora, pg. 852.

[10] Proíbe-se, portanto, o *delito de opinião*, ou seja, permite-se a veiculação de ideias anticonstitucionais.

[11] Além das tradicionais comunicações escritas ou verbais inclui-se ainda os demais tipos de "atividades simbólicas" (v. Ac. do TEDH, *Women on waves c. Portugal,* de 03.02.2009). Sobre o tema, v. Jónatas Machado, *Liberdade de Expressão. Dimensões Constitucionais da Esfera Pública no Sistema Social,* BFDUC, Coimbra Editora, 2002, pg. 430 (em nota) e ss. Na doutrina inglesa, sustenta-se que são abrangidas todas as exteriorizações de factos, ideias, opiniões independentemente de estas visarem serem transmitidas a terceiros, englobando as exteriorizações escritas/orais em *diários* (v. Eric Barendt, *Freedom of Speech, Oxford University Press,* 2nd ed., 2007, pg. 25). Como veremos, os bens jurídicos tutelados pela liberdade de expressão, nomeadamente o desenvolvimento da personalidade, efetivam-se também pelas exteriorizações do pensamento dirigidas à própria pessoa que os profere. Ademais, qualquer diário tem sempre a potencialidade de (pelo menos) vir a ser postumamente conhecido por terceiros. Admitimos, por isso, que poderá ter sido esta a opção tomada pelo legislador constituinte quando no artigo 37.° da CRP previu que o direito à liberdade de expressão comporta a possibilidade de "exprimir" (*i.e., exteriorizar*) e de "divulgar" (*i.e., comunicar a terceiros*) o seu pensamento.

[12] V. José de Melo Alexandrino in *Jorge Miranda/Rui Medeiros*, *ob. cit.*, Tomo I, pg. 849.

[13] V. J.J. Gomes Canotilho/Vital Moreira, *Constituição da República Portuguesa Anotada*, Volume I, 4.ª edição revista, Coimbra Editora, 2007, pg. 573.

-se num direito análogo ao *direito negativo* da liberdade de expressão, com a diferença de que este tem por objeto "informações". Por sua vez, o "direito de se informar" verte-se num direito de busca de fontes de informação e de recolha de informação, ao passo que o "direito de ser informado" consiste no direito positivo de ser adequadamente informado pelos *media* e pelos poderes públicos[14].

Estes direitos distinguem-se também pelo facto de a liberdade de expressão, ao contrário da liberdade de informação, exigir sempre uma comunicação ou outro meio de exteriorização por parte de um sujeito/entidade que detém um certo facto, opinião ou outro tipo de informação[15]. Mais adiante veremos que a distinção entre estes dois direitos não passa pela diferença entre ideias e factos/ informações, como alguma doutrina identifica[16].

Em ambos os casos, é reconhecido o "direito ao silêncio", enquanto *direito negativo, i.e.*, o direito a não comunicar pensamentos ou informações e o direito a não ser informado, como corolário da liberdade negativa de pensamento[17]. Por força do artigo 37.°, n.° 3 da CRP, proíbe-se a censura o que consubstancia não só um *direito negativo*, mas exige também do Estado uma atuação *positiva* perante investidas de entidades privadas que, por força do artigo 18.°, n.° 1 da CRP, estão vinculadas a respeitar este direito fundamental[18].

O *direito de resposta e de retificação*, consagrado no artigo 37.°, n.° 4 da CRP e concretizado no artigo 2.°, n.° 2, alíneas *c)* e *f)* da Lei de Imprensa, mune os sujeitos visados por um certo facto ou opinião que entendam ser inexato ou ofensivo de um *direito potestativo*[19] para aduzirem contraditório. Fundamentalmente, este direito tem duas funções típicas[20]: (i) permite *a defesa* dos direitos de personalidade de quem se sinta afetado por uma determinada comunicação e

[14] V. J.J. Gomes Canotilho/Vital Moreira, *ob. cit.*, pg. 573.

[15] Repescando o exemplo avançado por Barendt, se um cidadão quiser intimar o Estado (ou até um particular) a revelar uma informação contra a sua vontade, esta pretensão mais facilmente cairá sob a égide do direito à informação do que da liberdade de expressão. Assim, v. Eric Barendt, *Freedom of Speech*, cit., pg. 26.

[16] V. ponto 1.3. do presente estudo.

[17] V. Costa Andrade, *Liberdade de Imprensa e Inviolabilidade Pessoal – Uma perspectiva jurídico-criminal, Coimbra Editora, 1996*, p. 45; Jónatas Machado, *Liberdade...*, cit., pg. 428.

[18] Circunstância que é, aliás, recorrentemente lembrada nos arestos do TEDH, nomeadamente, no *Özgür Gündem c. Turquia*, queixa n.° 23144/93 de 16.03.2000 e Appleby & outros c. Reino Unido, queixa n.° 44306/98, de 06.05.2003.

[19] V. Vital Moreira, *O direito de resposta na comunicação social*, 1994, Coimbra Editora, pg. 16.

[20] Sobre estas e outras funções do direito resposta, v. Vital Moreira, *ob. cit.*, pg. 24-32 e 77 e ss.

(ii) funciona como garante do pluralismo de ideias e da descoberta da verdade, *"facultando ao público o acesso a pontos de vista contraditórios"*[21].

No tocante à sua titularidade (ou âmbito subjetivo), tanto as pessoas singulares como as pessoas coletivas podem produzir e exteriorizar ideias ou pensamentos[22] e difundir informações, por força do artigo 12.°, n.° da CRP. Enquanto direito universal este não é apenas reconhecido aos cidadãos portugueses, mas também a estrangeiros e apátridas. Tão pouco se exige a maioridade, mas apenas um mínimo de capacidade natural[23].

De entre os vários direitos especiais ou qualificações que a liberdade de expressão e de informação assume[24], atente-se na *liberdade de imprensa*[25]. Do artigo 38.° da CRP resulta que o acervo de direitos dos jornalistas é superior aos de um cidadão comum[26]. Contudo, o direito a informar dos jornalistas tem como contrapartida um *dever de informar com verdade e objetividade*[27], como consequência da "missão de serviço público"[28] que lhes compete, conforme explanaremos em seguida.

1.2. *Os bens jurídicos tutelados pela liberdade de expressão e de informação*

A liberdade de expressão e de informação assume um papel instrumental e matricial ao exercício de outros direitos fundamentais ou bens jurídicos constitucionalmente protegidos[29]. Ainda que tenhamos concluído que a liberdade de

[21] V. Ac. Tribunal Central Administrativo Norte de 10.11.2005, proc. 00070/04.

[22] V. Jónatas Machado, *Liberdade*..., cit., pg. 398-404; Gomes Canotilho/Vital Moreira, *ob. cit.*, pg. 576. Em sentido contrário, v. José de Melo Alexandrino in Jorge Miranda/Rui Medeiros, *ob. cit.*, Tomo I, pg. 849.

[23] V. José de Melo Alexandrino in *Jorge Miranda/Rui Medeiros*, *ob. cit.*, Tomo I, pg. 849.

[24] Sobre outros direitos especiais da liberdade de expressão, v. José de Melo Alexandrino in *Jorge Miranda/Rui Medeiros*, *ob. cit.*, Tomo I, pg. 849-850.

[25] V. Nuno e Sousa, "A liberdade de imprensa" *in Sep. do vol. 26 do Supl. do BFDUC*, 1984, pg. 41 e ss e 132 e ss.

[26] Mais desenvolvidamente, v. Jónatas Machado, *Liberdade...*, *cit.*, pg. 517 e ss (em especial 541 e ss) e 581 e ss.

[27] V. Jónatas Machado, *Liberdade...*, *cit.*, pg. 589.

[28] V. Jónatas Machado, *Liberdade...*, *cit.*, pg. 510-517.

[29] Sustentando que a liberdade de expressão efetiva a *dignidade da pessoa humana* (artigo 1.°), o princípio Democrático (artigo 2.°), o *acesso aos tribunais* (artigo 20.°), o *livre desenvolvimento da personalidade* (artigo 26.°), a *liberdade de consciência* (artigo 41.°), a *liberdade de criação cultural* (artigo 42.°), a *liberdade de aprender e ensinar* (artigo 43.°), o *direito de manifestação* (artigo 45.°/2), a *liberdade de profissão* (artigo 47.°) e os *direitos de petição e ação popular* (artigo 52.°), v. Jorge Miranda, *Manual de Direito Constitucional*,

expressão e de informação são (feixes de) direitos distintos, os bens jurídicos por eles tutelados são coincidentes, o que justifica o seu estudo conjunto.

Com efeito, os bens jurídicos tutelados são (i) a *liberdade de pensamento livre*, (ii) o *desenvolvimento da personalidade dos cidadãos*[30], permitindo a adoção de escolhas informadas, (iii) a "*busca da verdade*"[31] e do "*bem*", (iv) a *proteção do pluralismo e da tolerância* e (v) a "*formação da opinião pública e da vontade política democrática*"[32] de modo a permitir uma *participação democrática efetiva*[33].

Em primeiro lugar, só a liberdade de expressão e de informação confere à *liberdade de pensamento livre* um significado útil. De pouco (ou nada) valeria essa liberdade, entendida como *liberdade de consciência de pensamento*, se esta não viesse acompanhada da *liberdade de exteriorização desse pensamento*[34]. Do mesmo modo, a liberdade de pensamento livre necessita da liberdade de informação, mormente do direito de acesso a factos, opiniões, e outras informações, para que se possa desenvolver. Grosso modo, uma opinião desinformada não será livre, mas sim condicionada.

Por outro lado, a liberdade de expressão e de informação não tutela apenas o direito de quem expressa o seu pensamento: abrange também o direito dos demais cidadãos ao acesso a um maior número de informações. Dito isto, o direito ao *livre desenvolvimento da personalidade*, consagrado no artigo 26.° da CRP, exige que o Estado respeite e proteja a *livre circulação de ideias e de informações*. Numa conjuntura social em que *"o saber é poder"*[35], só tendo acesso a todo o tipo de informações – factos[36], ideias, obras artísticas, entre outros –

Tomo IV, 3.ª edição, pg. 453; José de Melo Alexandrino in *Jorge Miranda/Rui Medeiros*, *ob. cit.*, Tomo I, pg. 848.

[30] V. Eric Barendt, *ob. cit.*, pg. 13-18.

[31] V. Jónatas Machado, *Liberdade...*, *cit.*, pg. 237-246.

[32] V. Jónatas Machado, *Liberdade...*, *cit.*, pg. 150.

[33] V. Jónatas Machado, *Liberdade...*, *cit.*, pg. 255-266 (em especial 260-261).

[34] Parafraseando, Lebreton (v. Gilles Lebreton, *Libertés Publiques et Droits de l'Homme*, 7.ª éd, Paris, 2005, pg. 394) a liberdade de pensamento livre e a liberdade de expressão são "direitos siameses" pois cada um deles necessita do outro para se efetivar. Também assim, v. Manuel António Lopes Rocha, "A liberdade de expressão como direito do homem (princípios e limites)", in *Revista Sub-judice – justiça e sociedade (1999)*, 15/16 junho/dezembro, pg. 7.

[35] V. Francisco Teixeira da Mota, *A Liberdade de Expressão em Tribunal*, Fundação Francisco Manuel dos Santos, Lisboa, 2013, pg. 11-12

[36] Barendt sustenta, porém, que a troca de informações/ notícias só muito rebuscadamente contribuiria para o *livre desenvolvimento da personalidade e da dignidade da pessoa humana*, apenas concedendo que tal acontecesse "talvez nos casos em que o comunicador é responsável pela mesma [notícia ou informação]". Assim, v. Eric Barendt, *Freedom of Speech*, pg. 15. Não vemos, contudo, razão para tal distinção. Em primeiro lugar, parece-nos que a divulgação/acesso a factos/informações históricas, politicas, cientificas, culturais ou recreativas são uma parte crucial do processo de formação da perso-

poderá cada cidadão formar a sua personalidade e tomar *escolhas informadas* que melhor sirvam os seus interesses. Caiem, portanto, sob a égide da liberdade de expressão e de informação não só os assuntos de interesse geral, mas também todas as manifestações das dimensões espirituais, morais, emocionais, passionais, físicas e sexuais do ser humano[37], contribuindo assim para a *autodeterminação ou autorrealização pessoal* do ser humano. Simplificando: a liberdade de expressão e de informação não abrange apenas as informações revestidas de *interesse público*, abrange também as atinentes a um qualquer *"interesse individual"*[38] desde que juridicamente protegido.

Doutra banda, dos ensinamentos de JOHN MILTON aprendemos que o processo de *busca da verdade* passa pelo confronto de *todas* as opiniões num debate livre, critico e racional que seja aberto a todos os cidadãos[39]. O erro é entendido como um mal necessário *"ao serviço da prossecução da verdade"*[40]. STUART MILL defendia que as respostas a todas as questões empíricas ou morais podem sempre ser revistas porquanto jamais poderá o ser humano, como ser imperfeito, chegar a todas as respostas corretas. A verdade seria um bem inatingível, só podendo o ser humano almejar ficar mais próximo desta. Ora, só permitindo que as ideias/informações mais melindrosas, chocantes ou mesmo erradas sejam confrontadas criticamente com a razão[41], poderá cada Homem formular a sua opinião sobre as questões do seu foro individual e de interesse geral. Doutro modo, as ideias (e os factos) que consabidamente são tidas como sendo as mais corretas ou verdadeiras, ao serem protegidos de ideias ou factos contrários, escudando-se de qualquer contraditório, converter-se-iam em *"dogmas mortos"* ao invés de serem elevados a *"verdades vivas"*[42].

Independentemente de saber se o Homem consegue ou não alcançar a verdade, pode-se afirmar que o debate livre e racional permite afastar, pelo menos, as proposições erradas[43]. Como vimos uma das razões subjacentes ao direito de resposta e de retificação é precisamente permitir que exista um equilíbrio de

nalidade. Em segundo, jamais se poderá ignorar que grande parte das opiniões, ideias e juízos de facto que formulamos são acompanhados de factos que os sustentam e lhes dão forma. Como veremos, o conceito de informações abarca tanto factos/notícias como opiniões.

[37] Em termos muito próximos, v. JÓNATAS MACHADO, *Liberdade..., cit.*, pg. 154.

[38] V. JÓNATAS MACHADO, *Liberdade..., cit.*, pg. 264 e 785.

[39] V. JÓNATAS MACHADO, Liberdade..., *cit.*, pg. 238-239.

[40] V. JOHN MILTON, *Areopagitica: Edited with introduction and notes by John W. Hales, M.A*, Oxford University Press, 1932, pg. 16, disponível em https://archive.org/ .

[41] V. COSTA ANDRADE, *ob. cit.*, pg. 52.

[42] V. JOHN STUART MILL, *Da Liberdade de Expressão e de Pensamento*, tradução Maria Helena Garcia, BIS, 2010, pg. 45.

[43] V. JÓNATAS MACHADO, *Liberdade..., cit.*, pg. 241.

opiniões/factos com contraditório no debate público. Sendo a busca da verdade um dos bens jurídicos tutelados pela liberdade de expressão, "*não faz muito sentido exigir que os participantes numa discussão sejam já possuidores da mesma*"[44], mas sim criar meios para que todos os pontos de vista possam ser apresentados e discutidos, protegendo assim um *"mercado livre das ideias"* [45].

Note-se que por "verdade" deve entender-se como a *"correspondência entre o conteúdo de uma proposição e a realidade dos factos"*[46]. Contudo, parece-nos que quando nos movemos fora do domínio dos factos, *i.e.*, quando se tratam de *opiniões e juízos de valor*, a prossecução da verdade deverá ser substituída pela busca do *bem*[47], da *justiça*[48] e da *coerência* dessas opiniões. Saber, por exemplo, se um político é uma pessoa íntegra, ou se o Estado necessita de um serviço público de rádio e televisão são proposições cuja veracidade objetiva não pode ser averiguada. Mas já poderá ser discutida e demonstrada a (in)coerência dessas opiniões[49], procurando robustecê-las ou enfraquecê-las através do livre confronto de ideias. No fim do dia, é este o ensinamento mais precioso de Mill: a verdade ou a sensatez de uma informação/opinião deverá sempre impor-se pela razão e pelo convencimento do povo, nunca pelo silenciamento de vozes contrárias.

Posto isto, a liberdade de expressão não protege apenas a veiculação de factos verídicos e de opiniões sensatas. Os valores democráticos do *pluralismo* e da *tolerância* em relação à diversidade de personalidades dos cidadãos e, em alguns casos, à espontaneidade associada às suas ações, exigem que o Direito proteja tanto os *estilos de comunicação* mais racionais ou ponderados como os mais metafóricos e exacerbados. Ao Direito não compete moralizar ou educar os cidadãos que, ou por excesso de emotividade, ou por falta de elevação e respeito pelo próximo, profiram palavras desonrosas ou ofensivas, sem que com isso contendam com o núcleo juridicamente protegido da honra e do bom nome de ter-

[44] V. Jónatas Machado, *Liberdade..., cit.*, pg. 419 (em nota).

[45] Expressão cunhada pelo juiz norte-americano Oliver Wendell Holmes Jr., no seu voto de vencido ao caso Abrams v. United States (1919), disponível em http://caselaw.findlaw.com/us-supreme-court/250/616.html; V. Jónatas Machado, *Liberdade..., cit.*, pg. 246-255; V. Eric Barendt, *Freedom of Speech*, cit., pg. 11-13 e 48-55.

[46] V. Jónatas Machado, *Liberdade..., cit.*, pg. 243.

[47] Entendendo o "*bem*" como *"um esquema determinado de fins e objetivos últimos, e de desejos", o que inclui "a nossa relação com o mundo – religioso, filosófico ou moral"*, John Rawls, *Political Liberalism*, Columbia University Press, 2005, pg. 302.

[48] Enquanto os factos são verdadeiros ou falsos, *"os juízos de valor são justos ou injustos"*, v. Vital Moreira, *ob. cit.*, pg. 89.

[49] V. Kent Greenawalt, *Fighting Words, Individuals, Communities and Liberties of Speed*, Princeton, N.J., 1995, pg. 4.

ceiros[50]. A liberdade de expressão confere, portanto, uma ampla margem para ofender e chocar. Em certa medida, é uma verdadeira "liberdade de ofender".

Por fim, surge a *formação da opinião pública e da vontade política democrática*[51], enquanto garantia constitucional[52] (ou institucional[53]) e alicerce do princípio do Estado Democrático.

Com efeito, num primeiro nível, a liberdade de expressão concorre para a *formação de uma vontade política democrática* que se quer robusta e sem a qual o exercício do direito de sufrágio não seria verdadeiramente livre[54], mas sim condicionado. Por outro lado, pela "*participação nos procedimentos dialógicos e deliberativos da formação da opinião pública*" os cidadãos são tidos como "coautores" das normas jurídicas aprovadas pelos órgãos legislativos[55]. Permite-se, assim, um controlo da constitucionalidade e da legalidade dos atos dos poderes públicos, os quais são, recorde-se, exercidos sempre em nome do povo. Nas palavras de HÄBERMAS, "*a legitimidade do Estado mede-se objetivamente no reconhecimento fático por parte dos que estão submetidos à sua autoridade*"[56], pelo que é crucial que os cidadãos possam manifestar o seu apoio ou desagrado, exercendo a sua *soberania popular* numa democracia que se quer participativa.

A liberdade de expressão e de informação permite, principalmente no exercício da liberdade de imprensa, o *escrutínio das palavras e dos atos dos titulares do poder*[57], sendo essa a sua "missão de serviço público"[58]. Note-se que por

[50] V. IOLANDA DE BRITO, *Liberdade de Expressão e Honra das Figuras Públicas*, Coimbra Editora, 2011, pg. 168.

[51] V. JÓNATAS MACHADO, *Liberdade…*, *cit.*, pg. 154-156 e 171 e ss.

[52] Ainda que quanto à liberdade de imprensa, V. GOMES CANOTILHO/VITAL MOREIRA, *ob. cit.*, pg. 581

[53] V. ARTUR RODRIGUES DA COSTA, *A liberdade de imprensa e as limitações decorrentes da sua função, in: "Revista do Ministério Público"*, Ano 10, n.° 37, pg. 10 e Solobal Echevarria, *Aspectos constitucionales de la libertad de expresión y el derecho a la información*, Revista Española de Derecho Constitucional, ano 8, 23 (mayo-agosto), 1988, pg. 145. Na nossa jurisprudência constitucional, falando de uma "dimensão institucional", v. Ac do Tribunal Constitucional n.° 636/95, proc. n.° 404/88 e Parecer n. 14/79, *in* Pareceres da Comissão Constitucional, vol. n.° 8.

[54] V. KONRAD HESSE, *Grundzüge des Verfassungsrechts der Bundesrepublik Deutschland*, 16.ª edição, Heidelberga, 1988, pg. 80 *apud* JUAN JOSE SOLOZABAL ECHAVARRIA, "Aspectos Constitucionales de la libertad de expresión y el derecho a la información", in *Revista Española de Derecho Constitucional*, n.° 23, mayo-agosto, 1988, pg. 146.

[55] V. JÓNATAS MACHADO, *Liberdade...*, *cit.*, pg. 150-151 e RONALD DWORKIN, "A Democracia e os direitos do homem", *in* Robert Darton, Olivier Duhamel (Orgs.), *Democracia*, Trad. Clóvis Marques, Rio de Janeiro, Record, 2001. pg. 16.

[56] V. JÜRGEN HÄBERMAS, *Direito e democracia: entre facticidade e validade*, volume II, trad: Flávio Siebeneichler, Rio de Janeiro, Tempo Brasileiro, 1997, pg. 12

[57] V. MANUEL ANTÓNIO LOPES ROCHA, *ob. cit.*, p. 13.

[58] V. JÓNATAS MACHADO, *Liberdade...*, *cit.*, pg. 510-517.

poder não referimos apenas o poder político, mas também o económico ou meramente social[59]. Definimos, por isso, como "figuras públicas" [60] todas as pessoas singulares ou coletivas[61] titulares de um poder político, económico ou meramente social, que, pelo seu poder ou notoriedade, influenciam o modo de pensar ou de agir da sociedade onde se movem[62].

1.3. *O conceito constitucional de "informação" e a distinção entre factos e opiniões*

Segundo alguma doutrina, a liberdade de informação visaria a transmissão e recolha de *informações*, ao passo que a liberdade de expressão incidira sobre a exteriorização de *pensamentos, ideias e opiniões*[63]. Consequentemente, a liberdade de informação abrangeria, como "direito afim"[64], o "direito de crónica" o qual se pautaria pela "*verdade e a objetividade, o que pressupõe a fidelidade aos acontecimentos relatados*"[65]. Já o "direito de opinião" que consistiria na "*formulação de um juízo, na enunciação de uma convicção pessoal (ou de um grupo de pessoas) sobre determinada pessoa ou coisa*"[66] e o "direito de crítica" entendido como a "*emissão de juízos de valor*"[67], seriam, segundo essa divisão, afins da liberdade de expressão. Todavia, uma divisão nestes termos não é inteiramente correta.

Distinguir a liberdade de expressão da liberdade de informação, reconduzindo a primeira à difusão de *ideias/pensamentos*, e a segunda à difusão de *informações*, é pernicioso pois pressupõe que a função de informar apenas se

[59] Englobando o poder político, administrativo, judicial, económico, religioso, artístico, desportivo e outros poderes sociais ou culturais afins, v. Jónatas Machado, *Liberdade...*, *cit.*, pg. 803 e Francisco Teixeira da Mota, *ob. cit.*, pg. 60.

[60] V. Costa Andrade, *ob. cit.*, pg. 307-308; v. Iolanda de Brito, *ob. cit.*, pg. 256-259 e 315. Na jurisprudência, v. Acs. do Supremo Tribunal de Justiça de 30.06.2011, proc. n.° 1272/04.7TBBCL.G1.S1 e de 08.05.13, proc. n.° 1755/08.0TVLSB.L1.S1.

[61] V. Acs. do Tribunal Constitucional n.° 249/00, de 12.04.2000, II Série do DR, e n.° 292/2008 de 29.05.2008.

[62] Como refere Costa Andrade, uma tutela *desmensurada* ou *ilimitada* da liberdade de expressão, sem qualquer respeito pela honra e o bom nome dos cidadãos, poderá ser contrária à *participação democrática*, pois dissuadirá os cidadãos que mais valor pessoal atribuem à sua honra de entrar na vida política: o que não invalida o papel basilar da liberdade de expressão e de informação no processo discursivo democrático. Assim, v. Costa Andrade, *ob. cit.*, pg. 284-285.

[63] Entre outros, V. Gomes Canotilho/Vital Moreira, *ob. cit.*, pg. 572.

[64] V. Ac. da Relação do Porto, de 21.03.2007, proc. n.° 0616761.

[65] V. Artur Rodrigues da Costa, *A liberdade de imprensa...*, *cit.*, pg. 15.

[66] *Ibidem*.

[67] V. Artur Rodrigues da Costa, *A liberdade de imprensa...*, *cit.*, pg. 16.

efetiva ao abrigo da liberdade de informação: o que já sabermos ser falso. Como vimos, a liberdade de expressão não visa somente tutelar o direito do sujeito que comunica determinado tipo de factos, conhecimentos, ideias, pensamentos, mensagens publicitárias ou criações artísticas. Visa também contribuir para a criação de uma esfera de discurso público, tutelando o direito dos demais cidadãos em ter acesso a essas informações, sendo por isso uma garantia constitucional ou institucional.

Por *informação* entendemos o conjunto de dados e conhecimentos que contribuem para o esclarecimento e formação do ser humano, quer o consideremos como um ser individual, abrangendo os seus interesses individuais, quer o tomemos na sua dimensão social, abarcando interesses públicos ou da coletividade. Ou seja, quanto a nós, o *conceito normativo-constitucional de informação* deve ser entendido em sentido lato abarcando todo o tipo de dados e conhecimentos que satisfaçam os bens jurídicos tutelados pela liberdade de expressão e de informação[68]. Posto isto, não se pode distinguir a liberdade de expressão da liberdade de informação pela divisão entre informações e ideias/opiniões, pois a difusão/acesso tanto de umas como as outras encontram guarida em ambos os direitos fundamentais.

Como se fez antever, a única divisão que nos parece ser possível de delinear é a da contraposição entre *factos* e *ideias/opiniões*[69]. Para tal, diríamos que um facto é uma proposição dirigida à existência exterior de um certo dado, sendo por isso comprovável pela experiência real. Já uma ideia/opinião é uma proposição que encerra juízos de valor ou de apreciação relativamente a factos ou a outras ideias/opiniões, pelo que a sua veracidade não pode ser, por natureza, verificada.

Contudo, mesmo a distinção entre factos e opiniões está longe de ser pacífica[70]. Desde logo, verificamos que a maioria das noticias veiculadas pela comunicação social mais não são do que *opiniões* quanto à verificação de factos que tantas vezes são abaladas ou refutadas por outras *versões sobre a factualidade*: e nem poderia ser de outro modo, registe-se. Existem, portanto, várias "zonas cinzentas" como as interrogações, as "perguntas de retórica", as citações[71] e as

[68] Entendendo antes que este *"exige a presença de algum tipo de discurso, tendo este de envolver os requisitos da inteligibilidade, da utilidade social, da veracidade e da continência formal" no que toca ao "direito de informar"*, v. José de Melo Alexandrino in Jorge Miranda/Rui Medeiros, *ob. cit.*, Tomo I, pg. 852.

[69] V. Jónatas Machado, *Liberdade..., cit.*, pg. 425-426.

[70] Sustentando que essa divisão é apenas "tendencial" e "heurística", v. Jónatas Machado, *Liberdade..., cit.*, pg. 425 e 474 (em nota).

[71] Concluindo ao lado do Tribunal Constitucional Alemão que se tratam de uma categoria autónoma, v. Costa Andrade, *ob. cit.*, pg. 276-277.

insinuações[72]. Por um lado, estes tipos de discurso partilham com as opiniões da característica de não poderem ser classificadas como verdadeiras ou falsas. Por outro, afastam-se dos juízos de valor dado que pressupõem e/ou afirmam factos. Para qualificar estas zonas intermédias, nomeadamente para efeitos de exigência da prova da sua verdade, a doutrina invoca o *critério do elemento preponderante da imputação*, procurando atender (i) ao contexto em que o discurso foi proferido, (ii) à interpretação que o homem médio dele faça e (iii) à efetiva possibilidade de prova da veracidade desses factos[73].

Como veremos, a distinção entre factos e opiniões reveste de particular importância no confronto da liberdade de expressão e de informação com outros direitos fundamentais como o direito à honra e ao bom nome, nomeadamente no que toca ao ónus da prova quanto à veracidade de factos.

Enfim, no planto ético, a distinção entre factos e opiniões é crucial para o cumprimento do dever deontológico dos meios de comunicação social em separar, na informação que fornecem, os factos/notícias das opiniões/comentários/crónicas[74].

1.4. *Os limites da liberdade de expressão e de informação*

Apesar de a Constituição proibir quaisquer obstáculos à liberdade de expressão sob a forma de censura ou de delito de opinião, tal não significa que não existam *limites ao seu conteúdo*[75]. Deste modo, podemos distinguir três tipos de limites[76]:

[72] Ou opiniões sobre a (não) verificação de factos. Qualificando-os como *"juízos de valor factuais"*, v. Iolanda de Brito, *ob. cit.*, pg. 130 e 159.

[73] V. Jónatas Machado, *Liberdade..., cit.*, pg. 786-788.

[74] V. Maria da Glória Carvalho Rebelo, *A Responsabilidade Civil pela Informação Transmitida pela Televisão*, Lisboa, 1998, pg. 36 e ss e Artur Rodrigues da Costa, *A liberdade de imprensa...*, *cit.*, pg. 15 e ss.

[75] Encontramos no âmbito dos *limites ao conteúdo* e não ao *exercício*. Sobre o tema, v. Jorge Miranda, *Manual de Direito Constitucional*, Tomo IV, 5.ª edição, 2012, Coimbra Editora, pg. 189-195 e 409 e Jónatas Machado, *Liberdade..., cit.*, pg. 711-714.

[76] V. Vieira de Andrade, *Os Direitos Fundamentais na Constituição Portuguesa de 1976*, 5.ª edição, 2016, Almedina, pg. 271 e ss.

i) Limites imediatos ou imanentes[77]

Nas palavras de Vieira de Andrade, os limites em epígrafe são "*as fronteiras definidas pela própria Constituição*"[78]. À semelhança dos demais direitos fundamentais, o conteúdo protegido da liberdade de expressão encontra-se balizado, desde logo, pela configuração normativa que o legislador constituinte lhe conferiu, quando isoladamente considerado.

Posto isto, em primeiro lugar, é preciso extrair das normas constitucionais que consagram este direito fundamental o seu alcance apriorístico. Complementando o que aqui escrevemos no ponto 1.1, podemos identificar *dois limites imediatos* (ou imanentes expressos) ao conteúdo da liberdade de expressão. O primeiro limite decorre da exigência de as exteriorizações ou comunicações não incidirem sobre pensamentos juridicamente pertences a terceiros, *i.e.*, que configurem plágio, constante do artigo 37.°, n.° 1 da CRP. O segundo, na vertente da liberdade de expressão publicitária, impõe a exclusão da publicidade oculta, indireta ou dolosa conforme resulta do artigo 60.°, n.° 2 da CRP[79]. Seguindo alguma doutrina, será ainda possível identificar uma terceira restrição imediata decorrente do artigo 270.° da CRP quanto aos militares e agentes dos serviços e das forças de segurança[80], sendo, contudo, controverso que esta norma constitucional não configure antes uma mera permissão expressa para que o legislador ordinário possa restrinja esse direito[81].

Uma conceção lata dos limites imanentes, à maneira de Vieira de Andrade, englobaria ainda os "limites imanentes implícitos"[82] decorrentes da inserção e integração dos direitos fundamentais no ordenamento jurídico constitucional e comunitário[83]. Nessa senda, constituiriam limites imanentes implícitos o conteúdo essencial dos demais direitos fundamentais[84], os "valores comuni-

[77] V. Vieira de Andrade, *ob. cit.*, pg. 271 e ss; J.J. Gomes Canotilho, *Direito Constitucional e teoria da Constituição*, 7.ª edição, Coimbra, pg. 1276.

[78] V. Vieira de Andrade, *Os Direitos Fundamentais...*, pg. 271.

[79] V. José de Melo Alexandrino *in* Jorge Miranda/Rui Medeiros, *ob. cit.*, Tomo I, pg. 850.

[80] V. Jorge Miranda/Rui Medeiros, *Constituição Portuguesa Anotada.*, Tomo III, 2007, Coimbra Editora, pg. 627-631 e Jorge Miranda, *"Os juízes têm direito à greve", in Homenagem ao Prof. Doutor André Gonçalves Pereira,* obra coletiva, Coimbra Editora, 2006, pg. 287 e ss.

[81] Neste sentido, v. José de Melo Alexandrino *in* Jorge Miranda/Rui Medeiros, *ob. cit.*, Tomo I, pg. 850.

[82] Note-se que o termo "limites imanentes" é utilizado frequentemente na doutrina para referenciar apenas os *limites imanentes implícitos.*

[83] V. Vieira de Andrade, *Os Direitos Fundamentais...*, pg. 263 e 273.

[84] Assim, v. Nuno e Sousa, "A liberdade de imprensa", *cit.*, pg. 268.

tários básicos" e "os princípios fundamentais da ordem constitucional"[85], de onde pontifica o princípio da dignidade da pessoa humana[86]. Por isso, segundo Vieira de Andrade, o legislador constituinte não admitiu no âmbito normativo do direito à liberdade de expressão a possibilidade de injuriar através de afirmações falsas[87]. Em rigor, este tipo de conclusões apenas se pode retirar em sede de colisão destes direitos e não na fase da definição dos seus limites imanentes. Ainda assim, também a nossa jurisprudência (incluindo o Tribunal Constitucional) tem sustentado que o direito à honra e ao bom nome configuram um limite imanente ao conteúdo da liberdade de expressão[88].

Em despeito disto, a teoria dos *limites imanente implícitos* encontra vários entraves na doutrina constitucional[89]. Subscrevendo essas preocupações e perfilhando a teoria externa das restrições aos direitos fundamentais[90], a liberdade de expressão apresenta-se antes como um direito *prima facie* sem restrições ao qual, todavia, acrescem limitações externas decorrentes da necessidade da sua harmonização com os demais direitos fundamentais e interesses constitucionalmente protegidos.

Assim, quando isoladamente considerado, atendendo apenas aos limites imediatos, *o alcance da liberdade de expressão e de informação é tão amplo quanto a criatividade e imaginação dos seus titulares, abarcando todo o tipo de informações, tanto factos como opiniões, mesmo as mais ininteligíveis, falsas ou contundentes*. Apenas não serão tuteladas as informações e os pensamentos juridicamente pertences a terceiros ou que configurem plágio.

[85] V. Vieira de Andrade, *Os Direitos Fundamentais...*, pg. 276.

[86] V. Jónatas Machado, *Liberdade...*, *cit.*, pg. 361-362. Sobre a dignidade da pessoa humana como fundamento de restrições aos direitos fundamentais em geral, v. Jorge Miranda, *ob. cit.*, pg. 215 e ss; Jorge Reis Novais, *A Dignidade da Pessoa Humana*, vol. I, Almedina, 2016, pg. 100 e ss.

[87] V. Vieira de Andrade, *ob. cit.*, pg. 274.

[88] V. Acs. do Supremo Tribunal de Justiça de 26.10.2000, CJ, Ano VIII, Tomo 3, pg. 42 e de 08.03.2007, proc. n.º 07B566; Acórdão n.º 81/84 do Tribunal Constitucional, publicado na 2.ª Série do Diário da República de 31 de janeiro de 1985 e no volume 4.º dos Acórdãos do TC, 225 e segs e Capelo de Sousa, *O Direito Geral de Personalidade*, Coimbra, 1995, pg. 84 e 615 e ss.

[89] Sumariamente, censura-se que a maleabilidade da definição de limites imanentes sirva para ocultar o conflito de direitos fundamentais, encobrindo uma restrição cuja constitucionalidade importa fiscalizar. No limite, os direitos fundamentais poderiam ficar, de novo, (após a experiência do Estado Novo), "à mercê" do legislador ordinário. Assim, v. Jorge Pereira da Silva/Jorge Miranda *in* Jorge Miranda/Rui Medeiros, *ob. cit.*, pg. 367-368; J.J. Gomes Canotilho, *ob. cit.*, pg. 1277 e 1280-1283; Jorge Reis Novais, *Direitos Fundamentais e Justiça Constitucional em Estado de Direito Democrático*, Coimbra Editora, 2012, pg. 82 e Jónatas Machado, *Liberdade...*, *cit.*, pg. 710.

[90] V. Jorge Miranda, *ob. cit.*, pg 416 e J.J Gomes Canotilho, *Direito Constitucional...*, pg. 1280-1283.

ii) Limites por meio de restrições legislativas

Uma vez delimitado o seu conteúdo imanente, pode o legislador ordinário restringir por lei o conteúdo da liberdade de expressão e de informação em prol da tutela dos demais direitos fundamentais ou interesses constitucionalmente garantidos, nos termos do artigo 18.°, n.° 2 e 3 da CRP[91]. É, portanto, essencial que a restrição da liberdade de expressão prossiga sempre um interesse constitucionalmente protegido e se cinja ao estritamente necessário, não faltando por isso quem conteste a constitucionalidade das incriminações de ofensa a organismo, serviço ou pessoa coletiva pública (artigo 187.° da CRP), de ultraje a símbolos estrangeiros (artigo 323.° do CP[92]) ou do ultraje a símbolos nacionais e regionais (artigo 332.° do CP)[93].

Importa reter que a permissão conferida pela Constituição não se esgota nas *restrições expressamente autorizadas*, mas abrange também as *restrições implicitamente autorizadas,* quer estas derivem de uma "reserva geral imanente de ponderação"[94] ou simplesmente da necessidade de revelar e salvaguardar a compatibilização dos direitos fundamentais e interesses constitucionalmente protegidos inseridos em harmonia no ordenamento jurídico-constitucional[95].

A título de exemplo, configuram leis restritivas as normas incriminadoras constantes do Código Penal referentes aos crimes de injúria, difamação, incitamento à violência e violação do segredo de Estado[96].

iii) Limites oriundos de uma colisão de direitos

Além dos limites imanentes e das restrições legislativas, surgem ainda os limites decorrentes da colisão de direitos fundamentais que, no caso concreto,

[91] Entre outros, v. Vieira de Andrade, *ob. cit.*, pg. 277 e ss e Jónatas Machado, *Liberdade..., cit.*, pg. 726 e ss.

[92] Código Penal.

[93] V. João Raposo, "O crime de «ultraje aos símbolos nacionais» nos direitos português e norte-americano. Uma análise comparatística sobre as questões do bem jurídico", in *Estudos em Homenagem ao Conselheiro José Manuel Cardoso da Costa*, Coimbra, 2003, págs. 795-834.

[94] V. Jorge Reis Novais, *As Restrições aos Direitos Fundamentais não Expressamente Autorizadas pela Constituição*, 2.ª ed., 2010, Coimbra Editora, pg. 569 ss, 602 ss e 626 ss.

[95] Como conclui Jorge Miranda (cfr. Jorge Miranda, *ob. cit.*, pg. 413-417) ao Estado apenas cabe uma função *declarativa,* e não *constitutiva* destes limites implícitos. Advogando a natureza *constitutiva* quanto aos limites imanentes, v. Jónatas Machado, *Liberdade..., cit.*, pg. 711. Doutra banda, rejeitando de todo as *restrições implícitas*, v. Vieira de Andrade, *ob. cit.*, pg. 279-281.

[96] V. Nuno e Sousa, "A liberdade de imprensa", *cit.* pg. 268-269 (em nota).

choquem entre si. Ora, quando um determinado ato se reporta ao exercício de um direito fundamental e contenda com outro direito (ou interesse jurídico) constitucionalmente garantido, sem extravasar os limites imanentes do primeiro e sem violar o conteúdo essencial do segundo[97], na ausência de qualquer lei restritiva que evite o conflito (ou permita dirimi-lo, no caso das *leis harmonizadoras*[98]), é necessário recorrer à *teoria da colisão de direitos*[99].

Não existindo qualquer hierarquia entre os vários direitos fundamentais, o apuramento destes limites por via interpretativa[100] deve obedecer a juízos de *ponderação de bens*, de *otimização* e de *proporcionalidade*, de modo a garantir uma relação de coexistência equilibrada e harmónica entre os direitos em conflito[101]. Para tanto, defende-se que, numa lógica de harmonização se deve atender aos bens jurídicos que, em concreto, sejam tutelados por ambos os direitos fundamentais. A título de exemplo a proteção da liberdade de expressão será tanto maior quanto maior seja a sua incidência nos princípios da dignidade da pessoa humana e do Estado de Direito Democrático[102], nomeadamente quanto exista um interesse público forte, estando em causa a dimensão institucional ou constitucional da liberdade expressão.

Por sua vez, o princípio da *concordância prática* dita que se procure obter o máximo de proteção para cada um dos direitos, comprimindo-os mutuamente de forma proporcional. Porém, nem sempre será possível ou desejável maximizar o âmbito de proteção dos direitos em confronto. Casos haverá em que é antes necessário que se encontre o direito "*prevalecente*" ou "*preponderante*"[103], sem que isso acarrete a adoção da medida menos lesiva para o direito restringido[104]. Concretizando, quando o direito prevalecente for a liberdade de expressão, a resolução do conflito nem sempre se coadunará com a medida "menos gravosa" para a honra e para o bom nome do visado. Pense-se, a título de exemplo, que um jornalista **A** insinua que **B** (figura pública) terá praticado um crime de peculato, referindo-se a este em termos ofensivos da sua honra. Atendendo às circunstâncias concretas do caso, poderá o interesse público da

[97] V. Vieira de Andrade, *ob. cit.*, pg. 270 (em nota).

[98] Sobre esta figura, v. Vieira de Andrade, *ob. cit.*, pg. 298, 305-306 e Jorge Reis Novais, *As Restrições...*, cit., pg. 363 e ss.

[99] V. Jónatas Machado, *Liberdade...*, *cit.*, pg. 726 e ss e Vieira de Andrade, *ob. cit.*, pg. 298 e ss.

[100] V. Vieira de Andrade, *ob. cit.*, pg. 304.

[101] V. Vieira de Andrade, *ob. cit.*, pg. 298 e ss e Jónatas Machado, *Liberdade...*, *cit.*, pg. 377 e ss.

[102] Assim, v. Nuno e Sousa, "A liberdade de imprensa", *cit.*, pg. 293.

[103] V. Vieira de Andrade, *ob. cit.*, pg. 303-304.

[104] Não se deve confundir a ponderação entre bens jurídicos/direitos fundamentais com a ponderação, feita num segundo momento, entre as *medidas restritivas* desses direitos fundamentais. Assim, v. Jorge Reis Novais, *Direitos Fundamentais...*, *cit.*, pg. 126-133.

notícia ditar que esta subsista como tal, ao invés de se procurar um *ponto de equilíbrio* no sentido de, por exemplo, serem omitidas as palavras desonrosas ou a identidade de **B**. Num oximoro, *"pode ser desproporcional exigir-se um absoluto respeito pelo princípio da proporcionalidade"*[105]. No fundo, não se pode exigir que os cidadãos, antes de intervirem no debate público, tenham "*primeiro que pesar as suas palavras numa balança de ourives"*[106], atenta a função da liberdade de expressão como meio de instituir uma esfera de debate público com respeito pelas diferentes personalidades e idiossincrasias.

2. **O direito à honra e ao bom nome**

2.1. ***Os limites imanentes do direito à honra e ao bom nome***

Como vimos, para existir uma colisão de direitos tem de existir um exercício *prima facie* dos direitos em conflito, ou seja, é necessário que o exercício se ampare no conteúdo normativo apriorístico de ambos os direitos. Já conhecemos dos limites imanentes explícitos da liberdade de expressão e de informação, pelo que cumpre agora fazer o mesmo percurso quanto ao direito à honra e ao bom nome.

O direito fundamental ao bom nome e à reputação encontra-se consagrado no artigo 26.°, n.° 1 da CRP e ainda no artigo 12.° da DUDH, parte integrante da Lei Fundamental. Na lei ordinária, é tutelado ainda enquanto direito de personalidade no artigo 70.° do CC[107]. Com efeito, o conceito de honra, entre nós, é reconduzido a uma "dupla conceção fáctico-normativa"[108] abarcando tanto a *honra objetiva/externa* como a *honra subjetiva/interior*[109] e decorre diretamente da dignidade da pessoa humana[110].

Assim, o *bom nome* (ou reputação ou honra objetiva/externa) reporta-se ao prestígio e à consideração social que um determinado sujeito goza no meio onde se move[111]. Por seu turno, a *honra subjetiva/interna* abarca o conjunto

[105] V. Jónatas Machado, *Liberdade...*, *cit.*, pg. 739.

[106] V. Uhlitz, NJW, 1967, pg. 132 *apud* Costa Andrade, *ob. cit.*, pg. 236.

[107] Código Civil.

[108] V. Paulo Pinto de Albuquerque, *Comentário do Código Penal à luz da Constituição da República e da Convenção Europeia dos Direitos do Homem*, 3.ª edição, 2015, Universidade Católica Portuguesa, pg. 723.

[109] V. Costa Andrade, *ob. cit.*, pg. 79; Faria da Costa *in* Jorge de Figueiredo Dias, *Comentário Conimbricense do Código Penal,* parte especial, Tomo I, Coimbra Editora, Coimbra, 1999, p. 603 e ss.

[110] V. Capelo de Sousa, *O Direito Geral da Personalidade*, Coimbra, 1995, pg. 303-304 e Maria Paula Gouveia Andrade, *Da Ofensa do Crédito e do Bom Nome*, Tempus Editores, 1996, pg. 971.

[111] V. Costa Andrade, *ob. cit.*, pg. 79.

mínimo de valores éticos e morais, que são razoavelmente consideradas essenciais, para que um indivíduo possa nutrir estima e consideração por si próprio[112]. Este direito fundamental não se esgota na proteção pessoal e moral da honra e do bom nome, pois engloba também o *direito ao crédito pessoal*[113].

O direito à honra e ao bom nome não protege os seus titulares de toda e qualquer ofensa, pois "*o direito não pode intervir sempre que a linguagem utilizada incomoda ou fere suscetibilidades do visado*"[114]. O âmbito normativo do direito à honra e ao bom nome reporta-se ao núcleo essencial de qualidades éticas e morais "*que devem existir para que a pessoa tenha apreço por si própria e não se sinta desprezada pelos outros*"[115], tidas como essenciais à luz da conceção social dominante, *i.e.*, "*segundo a sã opinião da generalidade das pessoas de bem*"[116]. Está, assim, encontrado o limite imediato ou imanente deste direito fundamental.

Em despeito disto, o Tribunal Constitucional já sustentou por duas ocasiões que a tutela da honra e do bom nome das "figuras públicas" é *a priori* menor do que a de que gozam os cidadãos comuns, pois seria "*possível que, mesmo antes de um raciocínio que conduza à tentativa de harmonização dos direitos «em conflito» [...] se tenha de concluir que um desses direitos – in casu o denominado direito à honra – tenha uma esfera de proteção algo diminuída à partida*"[117]. Por outras palavras, antes da colisão de direitos, já decorreria, enquanto limite imanente implícito do direito à honra e ao bom nome, que estes sujeitos gozam de uma tutela menor face à necessidade de escrutínio dos seus atos. Tendo nós aqui rejeitado a teoria dos limites imanentes implícitos[118], entendemos que estas conclusões – por muito acertadas que sejam – só são possíveis no estágio da *colisão de direitos fundamentais*. Até esse momento, temos que o âmbito normativo do direito à honra e ao bom nome não varia consoante o poder ou a notoriedade do seu titular. É apenas do confronto com a liberdade de expressão e de informação que surge a necessidade de, no caso concreto, o direito à honra e ao bom nome ceder perante o interesse (público) na discussão de certos assuntos.

[112] V. Beleza dos Santos, "Algumas considerações jurídicas sobre crimes de difamação e injuria", in *Revista de Legislação e Jurisprudência*, ano 92, n.º 3152, pg. 167-168 *e* Costa Andrade, *ob. cit.*, pg. 79.

[113] V. Capelo de Sousa, *ob. cit.*, pg. 301-305 e 596 e ss e Jónatas Machado, *Liberdade...*, *cit.*, pg. 762-764.

[114] Entre outros, v. Ac. do Tribunal da Relação do Porto de 12.06.2002, proc. n.º 332/02, Ac. do Tribunal da Relação de Guimarães de 10.12.200, proc. n.º 2281/06-1 e Ac. do Tribunal da Relação de Coimbra de 14.09.2016, proc. n.º 243/15.2GASPS.C1.

[115] *Ibidem.*

[116] V. Beleza dos Santos, "Algumas considerações jurídicas sobre crimes de difamação e injuria", in *Revista de Legislação e Jurisprudência*, ano 92, n.º 3152, pg. 168.

[117] V. Acs. do Tribunal Constitucional n.º 113/97, de 5.02.1997 e n.º 292/2008 de 29.05.2008.

[118] V. ponto 1.4. do presente estudo.

2.2. *O conflito de direitos no direito penal e no direito civil*

No tocante à tutela penal, atente-se nas normas incriminadoras da injúria e da difamação constantes dos artigos 180.° e 181.° do CP. Do disposto nos artigos 31.°, n.° 2, alínea *b*), 180.°, n.° 2, e 181.°, n.° 2 do CP[119], tem-se que (i) quando a liberdade de expressão configure "o exercício de um direito" definitivo, *i.e.*, que realize "interesses legítimos" ou (ii) no caso de afirmação de factos, quando o agente *"tiver tido fundamento sério para, em boa-fé, a reputar verdadeira"*, verifica-se uma *causa de exclusão da ilicitude*[120]. Ora, a subsunção das situações fácticas nesses *conceitos indeterminados* invoca a resolução do conflito dos dois direitos fundamentais aqui em estudo, havendo por isso quem classifique essas normas como sendo *leis harmonizadoras*[121]. Em última análise, visa-se apurar se a liberdade de expressão e de informação, enquanto "*direito prima facie*", confere efetivamente ao seu titular um "*direito definitivo*"[122].

Já no direito civil, por força do artigo 484.° do CC[123], as violações deste direito de personalidade, por meio do instituto da responsabilidade civil, podem gerar a obrigação de indemnizar pelos danos causados na esfera de outrem, verificados os demais pressupostos do artigo 483.° do CC[124]. Neste âmbito, também é pacífico na doutrina que o exercício de um direito consubstancia uma causa de exclusão da ilicitude[125], pelo que é importante apurar se em concreto existiu, quanto à liberdade de expressão, um exercício de um *direito definitivo*.

Desenhado o quadro legal, importa esclarecer que, grosso modo, tudo o que adiante se dirá sobre a resolução deste conflito de direitos vale tanto para exclusão da ilicitude no direito penal como no direito civil. Não porque exista

[119] Ainda que os artigos 180.° n.° 1 e 181.°, n.° 2 do CP apenas se apliquem aos casos de "imputação de factos", não se pode deixar de entender que quando se tratem de *opiniões ou juízos de valor*, o exercício da liberdade de expressão e de informação pode constituir uma causa de exclusão da ilicitude por aplicação do artigo 31.°, n.° 2, alínea *b*) do CP. Neste sentido, v. Ac. do Tribunal Constitucional n.° 407/2007 e ainda Costa Andrade, *ob. cit.*, pg. 270-276.

[120] Defendendo, *de iure condendo*, a *exclusão da tipicidade* de algumas condutas, nomeadamente, do exercício da liberdade de imprensa para divulgar factos cuidadosamente investigados, ainda que desonrosos, mas revestidos de interesse público e que versem sobre figuras públicas, v. Iolanda de Brito, *ob. cit.*, pg. 325-335. V. também Costa Andrade, *ob. cit.*, pg. 222-223.

[121] V. Vieira de Andrade, *ob. cit.*, pg. 306.

[122] V. J.J Gomes Canotilho, *Direito Constitucional...*, pg. 1271 e 1273-1274.

[123] Sobre a necessidade da autonomização do artigo 484.° do CC, v. Filipe de Albuquerque Matos, *Responsabilidade Civil por ofensa ao crédito ou ao bom nome*, Almedina, 2011, pg. 135 e ss e 363-383.

[124] V. Iolanda de Brito, *ob. cit.*, pg. 110 e ss.

[125] Por todos, v. Antunes Varela, *Das Obrigações em Geral*, vol. I, 10.ª edição, pg. 552 e Almeida Costa, *Direito das Obrigações*, 7.ª edição, pg. 510 e ss.

uma unidade da ilicitude na ordem jurídica[126], mas porque entendemos que a resolução deste conflito de direitos fundamentais deve ser feito sempre à luz da Constituição e da CEDH, quer no direito civil, quer no direito penal. Ressalvando, naturalmente, que dada a especificidade da ilicitude penal, existirão condutas lesivas do direito à honra e ao bom nome que apenas gerem um dever de indemnizar, sem consubstanciarem a prática de um crime. De facto, na ausência de normas harmonizadoras semelhantes às do artigo 180.°, n.° 2 e 4 do CP no âmbito da responsabilidade civil, propugnamos pela aplicação da relevância da verdade e da boa-fé objetiva e subjetiva para efeitos da exclusão da ilicitude, mediante uma interpretação conforme à Constituição das normas da responsabilidade civil e por aplicação direta da CEDH.

2.3. *A CEDH e a jurisprudência do TEDH*

Centrada a questão, começaremos por analisar de que modo a CEDH contribui para a resolução da colisão dos direitos aqui em estudo, com um particular destaque ao percurso que o TEDH tem trilhado para a sedimentação da primazia da liberdade de expressão face à honra e ao bom nome.

A CEDH vigora na ordem jurídica portuguesa desde 1978 e goza (pelo menos) de força supralegal[127] prevalecendo sobre as leis ordinárias, por força do artigo 8.°, n.° 2 da CRP. Por esta razão, as instâncias nacionais dos Estados Contratantes são a primeira instância de aplicação da CEDH[128], como decorre do seu artigo 13.°. Consequentemente, preceitua o artigo 35.° da CEDH que só uma vez esgotadas todas as vias de recurso internas, poderá o Tribunal de Estrasburgo intervir.

[126] V. Iolanda de Brito, *ob. cit.*, pg. 87-88, 124-125, 141 e 193 e Menezes Cordeiro, *Tratado de Direito Civil Português I – Parte Geral*, tomo III (pessoas), Coimbra, Almedina, 2007, pg. 185. Sobre o princípio da unidade da (ilicitude na) ordem jurídica, v. Figueiredo Dias, *Direito Penal*, cit., pg. 15-17 e 387-390.

[127] V. Rui Moura Ramos, "A Convenção Europeia dos Direitos do Homem, sua posição face ao ordenamento jurídico português", in *BDDC* n. 5, 1981, pg. 93-195. Sustentado que a CEDH dentro da hierarquia das fontes goza de força constitucional, v. Jónatas Machado, *Direito Internacional do Paradigma Clássico ao Pós-11 de Setembro*, Coimbra, Coimbra Editora, 2006, pg. 170-179; Gomes Canotilho/Vital Moreira, *ob. cit.*, pg. 258-264 e Iolanda de Brito, *ob. cit.*, pg. 103-105. Reconhecendo-lhe força supraconstitucional, v. André Pereira/Fausto de Quadros, *Manual de Direito Internacional Público*, Coimbra, Almedina, 2009, pg. 119-124 e 608-609.

[128] Assim, v. Acs. do TEDH, Affaire Selmouni c. França, n.° *25803/94* de 28.07.1999; Kudła c. Polónia, n.° *30210/96*, 26 de outubro de 2000; Andrášik e outros c. Eslováquia, 22.10.2002 e Vučković e outros c. Sérvia, n.° 17153/11, de 25.03.2014.

Ainda que a Constituição não hierarquize os direitos fundamentais em confronto, não se poderá simplesmente ignorar que a CEDH confere uma clara primazia à liberdade de expressão, em detrimento do direito à honra e ao bom nome. De facto, este último direito fundamental não goza sequer de uma proteção autónoma na Convenção[129], sendo apenas considerado como uma das exceções ao conteúdo e ao exercício da liberdade de expressão.

Com efeito, decorre da CEDH que a liberdade de expressão será em regra tutelada, só podendo ser derrogada em casos excecionais, nomeadamente "para proteção da honra" uma vez verificados os pressupostos do seu artigo 10.°, n.° 2. Há, portanto, uma *escolha tendencial, a favor da liberdade de expressão em detrimento dos direitos de personalidade*[130], escolha essa que vincula os tribunais portugueses por força do artigo 8.°, n.° 2 da CRP. Do artigo 10.°, n.° 2 da CEDH resulta que a liberdade de expressão apenas poderá ser limitada se a restrição (i) estiver prevista na lei[131], (ii) prosseguir um fim legítimo, *i.e.*, do elenco taxativo desse preceito e (iii) for necessária numa sociedade democrática[132].

Partindo deste triplo teste, o TEDH sedimentou nas suas decisões os seguintes *critérios gerais de resolução do conflito* (ou linhas normativas de decisão generalizáveis):

1. A liberdade de expressão abarca tanto as *"informações ou ideias favoráveis, inofensivas ou indiferentes como aquelas que, chocam, inquietam ou ofendem"*[133] e que

[129] Esclarecendo que a reputação não entra na proteção conferida pelo art. 8.° da CEDH, v. Ac. Karako c. Húngria, n.° 39311/05, de 28.04.2009.

[130] V. Eric Barendt, *Freedom of Speech, cit.*, pg. 65 e 225.

[131] "Lei" entendida em sentido material, enquanto normas jurídicas gerais e abstratas vigentes no ordenamento jurídico do Estado Contratante, tanto escritas, como não escritas, englobando leis, regulamentos, tratados, convenções e costumes. Exige-se ainda que a "lei" seja suficientemente acessível e previsível para que os cidadãos possam com ela conformar as suas condutas. Assim, v. Fernández Segado, *La libertad de expresión en la doctrina del Tribunal Europeo de Derechos Humanos*, in Revista de Estudios Políticos, n.° 70, 1990, pg. 103-105, disponível em https://dialnet.unirioja.es/descarga/articulo/27083.pdf.

[132] Convoca-se aqui o triplo teste do princípio da proporcionalidade (v. Gomes Canotilho/ Vital Moreira, *ob. cit.*, pg. 392-393), ou seja, a medida tem de (i) ser *adequada* a prosseguir um dos fins legítimos constantes do artigo 10.°, n.° 2; (ii) ser *necessária* por inexistir outra medida igualmente idónea, mas menos lesiva ao direito sacrificado e (iii) os benefícios dessa medida deverão ser *estritamente proporcionais* à restrição provocada nesse direito. V. Acs. do TEDH, Lopes Gomes da Silva c. Portugal, queixa n.° 37698/97, de 28.09.2000 e Women on Waves e Outros c. Portugal, queixa n.° 31276/05, de 03.02.2009.

[133] Sustentado pela primeira vez no Ac. do TEDH, Handyside c. Reino Unido, queixa n.° 5493/72, acórdão do TEDH de 07.12.1976; Alves Silva c. Portugal, queixa n.° 41665/07, de 20.10.2009.

"contestam a ordem estabelecida", pois é justamente nesses casos que *"é mais preciosa"*[134].

2. Aos *media*, que são os *"cães-de-guarda da democracia"*, compete-lhes difundir ideias e informações sobre todos os assuntos de interesse geral[135].
3. *"A proteção das fontes jornalísticas é uma das pedras angulares da liberdade de imprensa"*[136].
4. As *"formalidades, condições, restrições, sanções"* à liberdade de expressão, à luz do 10.°, n.° 2 devem ser objeto de uma *"interpretação restritiva"*[137], só podendo ter lugar quando exista uma *"necessidade social imperiosa"*[138].
5. Essas restrições devem ser *"pertinentes"*, *"suficientes"* e *"proporcionais ao fim legítimo prosseguido"*[139], pois há "*pouco espaço para as restrições à liberdade de expressão nas questões políticas e de interesse geral"*[140].
6. A aplicação de penas de prisão por crime de difamação ou crime de injúria só é justificada *"em circunstâncias excecionais, designadamente se outros direitos fundamentais foram gravemente atingidos, como nos casos de discursos de ódio ou incitamento à violência"*[141], pois o ordenamento jurídico português já prevê um *"remédio específico para a proteção da honra e da reputação no artigo 70.° do Código Civil, pelo que a penalização por difamação se deve entender hoje como residual"*[142].
7. Numa sociedade democrática todas as instituições e personalidades que ocupem uma posição de poder i.e., sejam "*atores da vida pública"*[143] devem prestar contas à população, incluindo o poder judicial.

[134] V. Acs. do TEDH, Women on Waves e Outros c. Portugal, queixa n.° 31276/05, 03.02.2009 e Otegi c. Espanha, queixa n.° 2034/07, de 15 de março de 2011.

[135] V. Acs. do TEDH, Observer & Guardian c. Reino Unido, queixa n.° 13585/88, de 26.11.1991 e Worm c. Austria, queixa n.° 83/1996/702/894, de 29.08.1997.

[136] V. Acs. do TEDH Sanoma, Uitgevers B.V. c. Paises Baixos, queixa n.° 38224/03 de 14.09.2010, Goodwin c. Reino Unido, queixa n.° de 27.03.1996.

[137] V. Acs. do TEDH, Oberschlick c. Áustria (n.° 2), de 01.07.1997, queixa n.° 20834/92; Lopes Gomes da Silva c. Portugal, n.° 37698/97; Urbino Rodrigues c. Portugal, n.° 75088/01, de 29.11.2005.

[138] V. Acs. do TEDH, The Sunday Times c. Reino Unido, n.° 6538/74, de 26 de abril de 1979; Féret c. Bélgica, No. 15615/07, de 16 de julho de 2009; Pinto Coelho c. Portugal, n .°28439/08, de 28 de junho de 2011.

[139] V. Acs. do TEDH, Perna c. Itália, queixa n.° 48898/99, de 25.07.2001; Cumpănă e Mazăre c. Roménia, queixa n.° 33348/96, de 17.12.2004.

[140] V. Acs. do TEDH, Wingrove c. Reino Unido, n.° 19/1995/526/611, de 25 de novembro de 1996 e Morice c. França, n.° 29369/10, 23 de abril de 2015

[141] V. Acs. do TEDH, Mariapori c. Finlândia, n.° 37751/07, de 6 de julho de 2010 e Cumpănă e Mazăre c. Roménia, n.° 33348/96, de 10 de junho de 2003

[142] V. Ac. do TEDH, Amorim Giestas & Jesus Costa Bordalo c. Portugal, n.° 37840/10, de 3 de abril 2014.

[143] V. Ac. do TEDH, Urbino Rodrigues c. Portugal, queixa n.° 75088/01, de 20.11.2005.

8. *"Os limites da crítica admissível"* são mais amplos no caso de *"atores da vida pública"* do que em relação *"a um simples particular"*[144]. Sendo que dentro desse leque, os políticos são os que "*devem ser mais tolerantes às críticas violentas"*[145] ou *"insultuosas"*[146].
9. *"A invetiva política extravasa, por vezes, para o plano pessoal: são estes os riscos do jogo político e do debate livre das ideias, garantes de uma sociedade democrática"*. Todavia, as críticas devem ser minimamente corroboradas por factos e revestir uma intenção politica e objetiva, *i.e.*, não podem configurar um *"ataque pessoal gratuito"*[147].
10. A acutilância das críticas ao poder judicial, deve ser menor do que aquela que é permitida ao poder político, dado que "*os juízes que são criticados estão sujeitos a um dever de descrição que os preclude de responder"*[148].
11. Quando exista uma *imputação de factos*, apenas se exige aos jornalistas que atuem de boa-fé e se baseiem em fontes oficiais ou fidedignas[149] – ainda que não sejam públicas – ou utilizem a citação direta[150], não lhes sendo exigido que desenvolvam *"uma investigação autónoma"*[151].
12. A liberdade de imprensa permite que os jornalistas possam divulgar *"citações [de terceiros] que possam insultar ou provocar terceiros ou lesar a sua reputação"* como corolário do *"papel da imprensa em fornecer informação sobre eventos atuais, opiniões ou ideias"*[152]. Exige-se, contudo, um distanciamento, ou seja, que "*fique claro que as notícias representam apenas a reprodução das alegações"* de um dado terceiro[153].
13. Quando se tratem de *imputações de factos sobre crimes*, os *media* devem respeitar o princípio da *presunção de inocência*, consagrado no artigo 6.°, n.° 2 da CEDH, ou seja, coibir-se de *"afetar a justiça de um julgamento por influência da opinião pública e, consequentemente dos juízes"*[154], *"prejudicando assim, intencionalmente ou*

[144] V. Ac. do TEDH, Urbino Rodrigues c. Portugal, n.° 75088/01, de 29.11.2005.

[145] V. Ac. do TEDH, Lingens c. Áustria, queixa n.° 9815/82, de 08.07.1986.

[146] V. Ac. do TEDH, Özgür Gündem c. Turquia, queixa n.° 23144/93, de 16.03.2000.

[147] V. Ac. do TEDH, Lopes Gomes da Silva c. Portugal, queixa n.° 37698/97, de 28.09.2000.

[148] V. Acs. do TEDH, Prager & Oberschlick c. Áustria, queixa n.° 15974/90, de 26.04.1995; Haas And Gijsels c. Bélgica, queixa n.° 19983/92, de 24.02.1997 e Mustafa Erdoğan & outros c. Túrquia, queixa n.° 346/04 e 39779/04, de 27.05.2014. Criticamente, sobre este ponto, V. JÓNATAS MACHADO, *Liberdade..., cit.*, pg. 421.

[149] V. Ac. do TEDH, Público – Comunicação Social, S.A. e Outros c. Portugal, queixa n.° 39324/07, de 07.12.2010.

[150] V. Ac. do TEDH, Selistö c. Finlândia, queixa n.° 56767/00, de 16.11.2004.

[151] V. Acs. do TEDH, Colombani & outros c. França, queixa n.° 51279/99, de 22.06.2002 e Bladet Tromsø & Stensaas c. Noruega, queixa n.° 21980/93, de 20.05.1999.

[152] V. Ac. do TEDH, Thoma c. Luxemburgo, queixa n.° 38432/97, de 29.03.2001.

[153] V. Ac. do TEDH, Lavric c. Roménia, queixa n.° 22231/05, de 14.01.2014.

[154] V. Acs. do TEDH, Krylov c. Rússia, queixa n.° 36697/03, de 14.03.2013 e Craxi c. Itália (n.° 1), queixa n.° 34896/97, de 05.12.2002.

não, as chances de uma pessoa em receber um julgamento justo ou em minar a confiança do público quanto ao papel dos tribunais na administração da justiça criminal"[155].

14. Contudo, respeitar a presunção de inocência não significa negar o direito à difusão de *imputações de factos sobre crimes* aos particulares, pois apenas os *"órgãos representativos de um Estado estão proibidos de dizer que uma pessoa é culpada antes da sua culpa ter sido determinada por um tribunal"*[156].
15. Não se exige aos cidadãos ou aos *media* que corroborem factos injuriosas com o mesmo grau de certeza que o poder judicial, *i.e.*, "em pé de *igualdade com o do processo criminal"*[157], mas apenas que *"a base factual seja sólida"*[158]. Contudo, os *media,* sempre que *imputem factos desonrosos,* têm o dever deontológico de tentar adquirir a versão dos factos do sujeito visado[159].
16. Tratando-se de *juízos de valor ofensivos*, não poderá ser exigida a prova da sua veracidade por ser naturalisticamente impossível[160], sendo apenas exigido que se demonstre que estes assentam em *"alguma base de facto suficiente", pois "mesmo os juízos de valor sem qualquer base factual que o suportem poderão ser excessivos"*[161] ou consubstanciar um *"ataque pessoal gratuito"*[162].
17. "*A liberdade de imprensa também abrange o possível recurso a uma certa dose de exagero, ou mesmo de provocação"*[163].
18. Nos casos de *discurso humorístico* ou de *sátira*, em que o espectador-médio não perceciona uma piada como uma declaração séria, não há violação do direito à honra e ao bom nome[164].

[155] V. Acs. do TEDH, Worm c. Austria, queixa n.° 83/1996/702/894, de 29.08.1997; Campos Dâmaso c. Portugal, ac. do TEDH, queixa n.° 17107/05, de 24.04.2008.

[156] V. Acs. do TEDH, Konstas c. Grécia, n.° 53466/07, de 24.05.2011.

[157] V. Ac. do TEDH, Barril c. França, queixa n.° 32218/96, de 30.06.1997.

[158] V. Acs. do TEDH, Costa Moreira c. Portugal, queixa n.° 20156/08, de 22.09.2009. Sustentando que essa prova é excluída nos casos em que o arguido já tenha sido definitivamente absolvido por sentença transitada em julgado, v. Paulo Pinto de Albuquerque, *ob. cit.,* pg. 728.

[159] V. Acs. do TEDH, Costa Moreira c. Portugal, 20156/08, de 22.09.2009; Tuomela & outros c. Finlândia, queixa n.° 25711/04, de 06.04.2010.

[160] V. Acs. do TEDH, de Haes & Gijsels c. Bélgica, queixa n.° 19983/92, de 24.02.1997; Ukrainian Media Group c. Ucrânia, queixa n.° 72713/01, de 20.03.2005; Grinberg c. Rússia, queixa n.° 23472/03, de 21.07.2005.

[161] V. Acs. do TEDH, *Cumpănă e Mazăre c. Roménia,* queixa n.° 33348/96, de 17.12.2004; Sampaio e Paiva de Melo c. Portugal, queixa n.° 33287/10, de 23.10.2013; Lavric c. Roménia, n.° 22231/05, de 14.01.2014.

[162] V. Acs. do TEDH, Lopes Gomes da Silva c. Portugal, queixa n.° 37698/97, de 28.09.2000; Conceição Letria c. Portugal, queixa n.° 4049/08, de 12.04.2011.

[163] V. Acs. do TEDH, De Haes and Gijsels c. Bélgica, queixa n.° 19983/92, de 24.02.1997; Lopes Gomes da Silva c. Portugal, queixa n.° 37698/97, de 28.09.2000.

[164] V. Ac. do TEDH, Portugal, n.° 70434/12, de 22.03.2016.

19. Podem recorrer à *sátira* não só os artistas, mas toda e qualquer pessoa que, por meio da exacerbação e da deformação da realidade visem, como é próprio desse estilo discursivo, *provocar* e *agitar*[165].
20. Quando nos afastemos da discussão de questões de interesse público, o nível de tutela da honra e do bom nome já poderá divergir de cultura para cultura, deixando a CEDH "*alguma margem de apreciação*" aos Estados Contratantes[166].

Posto isto, a *prevalência tendencial da liberdade* de expressão em detrimento da honra e bom nome dos sujeitos que se encontram no poder (político, económico ou social), atento o interesse público na discussão e no escrutínio dos seus atos, se não decorria já dos limites imanentes destes direitos[167], resulta cabalmente da CEDH e da sedimentação da sua aplicação pelo TEDH.

2.4. *A doutrina e a jurisprudência nacional: a corrente conservadora e a corrente liberal*

Conforme identificavam Teixeira da Mota e Iolanda de Brito, a jurisprudência nacional ainda se divide em duas fações[168]: uma excessivamente protetora da honra, a dita *corrente conservadora ou paternalista,* e uma visão mais permissiva à livre circulação de ideias e factos, em linha com o TEDH, a *corrente liberal ou moderna.* A corrente liberal e europeísta tem vindo (ainda que paulatinamente) a ganhar proeminência junto dos tribunais superiores, principalmente do Supremo Tribunal de Justiça, contudo, ainda se registam vários arestos que conferem à honra uma tutela desmensurada e ignoram as diretrizes normativas da CEDH e do TEDH.

A explicação para um exagerado número de condenações do Estado português pelo TEDH não reside (apenas) na falta de formação dos magistrados portugueses: ainda que, em alguns casos seja, com o devido respeito, esta seja

[165] V. Ac. do TEDH, Vereinigung Bildender Künstler c. Áustria, n.º 68354/01, de 25.01.2007.

[166] V. Acs. do TEDH, Jersild c. Dinamarca, n.º 15890/89, de 23.09.1994 e Lopes Gomes da Silva c. Portugal, queixa n.º 37698/97, de 28.09.2000. V. também Francisco Pereira Coutinho, "O Tribunal Europeu dos Direitos do Homem e a Liberdade de Imprensa: Os Casos Portugueses", in Carlos Blanco de Morais, Maria Luísa Duarte e Raquel Alexandra Brízida Castro (coord.), *Media, Direito e Democracia*, Almedina, Coimbra, 2014, pg. 323 e ss.

[167] Como afirmado pelo Tribunal Constitucional no Ac. n.º 113/97 de 05.02.1997 e no Ac. n.º 292/2008 de 29.05.2008, mas por nós rejeitado no ponto 1.4. do presente estudo.

[168] V. Francisco Teixeira da Mota, *ob. cit.*, pg. 14-15 e 53 e ss e Iolanda de Brito, *ob. cit.*, pg. 84-94.

evidente[169]. A principal explicação reside antes numa mentalidade portuguesa do "respeito" fruto de uma herança civilizacional de um "igualitarismo aristocrático" transversal à Europa Ocidental[170]. Contudo, os valores cívicos fortes de urbanidade e civilidade fortemente enraizados na cultura portuguesa não devem ser preservados pelo Direito a todo o custo, porquanto residem principalmente no plano da ética e da moral. Como já se disse, a ausência de contestação do poder leva à manutenção do *status quo* dos seus titulares, criando um ambiente propenso ao abuso do poder e avesso ao progresso e à autodeterminação democrática dos povos, o que legitima as críticas acutilantes.

Consequentemente, na doutrina e na jurisprudência portuguesa, existe mesmo quem defenda a prevalência hierárquica do direito à honra e ao bom nome sobre a liberdade de expressão e de informação[171], negando assim, na prática, uma colisão de direitos. Esta conceção procura justificar-se (i) na qualificação do direito à honra e ao bom nome como direito de personalidade, tendo por isso uma ligação com a dignidade da pessoa humana superior à liberdade de expressão[172], (ii) no facto de a Constituição apenas prever a existência de limites/restrições à liberdade de expressão no artigo 37.°, n.° 3 e não já no artigo 26.° quanto ao direito à honra e ao bom nome[173] e (iii) na tendência de o homem-médio aceitar acriticamente tudo o que os *media* veiculam[174]. Como se vê, estes argumentos são bastante débeis. Em primeiro lugar, uma hierarquização *a priori* dos direitos fundamentais é uma tarefa impossível e contrária ao espírito da própria Constituição[175]. Em segundo lugar, jamais se poderia justifi-

[169] Dando nos conta que o aresto do Supremo Tribunal de Justiça de 13 de janeiro de 2005, proc. n.° 04B3924, foi primeira decisão que aludiu à jurisprudência do TEDH, v. Francisco Teixeira da Mota, *A Liberdade de Expressão ...*, pg. 80-81.

[170] V. James Q. Whitman, "Enforcing Civility and Respect: Three Societies", in *Faculty Schorlaship Series Paper 646*, 2000, pg. 1284 e ss, 1313 e ss, disponível em http://digitalcommons.law.yale.edu/ .

[171] V. Pedro Pais de Vasconcelos, *Direito de Personalidade*, Almedina, 2006, pg. 78.

[172] V. Acs. do Supremo Tribunal de Justiça de 26.02.2004, proc. n.° 03B3898, de 08.03.2007, proc. 07B566 e de 16.03.2017, proc. n.° 2178/10.6TVLSB.L1.S1. V. ainda Brito Correia, *Direito da Comunicação Social*, 2000, págs. 574-575 e 587 ss.

[173] V. Acs. do Supremo Tribunal de Justiça de 26.04.1994, n.° 084765, de 14.02.2002, proc. n.° 4384/01, de 04.03.2010, proc. n.° 677/09.1YFLSB e de 14.02.2012, n.° 5817/07.2TBOER.L1.S1.

[174] V. Pedro Pais de Vasconcelos, *ob. cit.*, pg. 78.

[175] V. Acs. do Supremo Tribunal de Justiça de 13.01.2005, n.° 104B3924; de 30.06.2011, n.° 1272/04.7TBBCL.G1.S1.; de 12.03.2009, n.° 08B2972; de 17/9/2009, n.° 832/06.6TVLSB.S1; de 27.01.2010, n.° 48/04.6TBVNG.S1; Ac. do Tribunal da Relação do Porto de 31.10.2007, n.° 0644685; Acs. do Tribunal da Relação do Lisboa, n.° 11.09.2012, 1361/09.1TJLSB.L1-1 e de 23.05.2013, n.° 5394/08.7TBOER.L1-2. V. ainda Vieira de Andrade, *ob. cit.*, pg. 300 e Moreira das Neves, "A tutela da honra frente à liberdade de expressão numa sociedade democrática", in *Data Venia: Revista Jurídica Digital*, ano 4, n.° 5, 2016, pg. 90 e ss.

car essa prevalência na ausência de limites expressos nas normas que consagram direitos fundamentais, uma vez que essa questão já foi amplamente estudada e resolvida pela tese das restrições implícitas[176]. Por fim, atendendo aos bens jurídicos que a liberdade de expressão e de informação tutela, é evidente que esta também se funda na dignidade da pessoa humana[177].

Ainda que cada vez mais se registem decisões consentâneas com a Constituição e com a CEDH, principalmente ao nível das instâncias superiores[178], nem por isso se poderia deixar de registar que mesmo ao nível do Supremo Tribunal de Justiça, nem sempre a aplicação da CEDH é feita com total rigor. Assim, num aresto de 5 de julho de 2012[179], foi sustentado que o TEDH vinha defendendo que no conflito entre a liberdade de expressão e o direito à *"protecção da privacidade, do bom nome, da reputação e da honra de «figuras públicas»"*, são admitidas *"amplas restrições àqueles direitos quando está em causa a liberdade de expressão e de imprensa, desde que: (i) justificadas numa necessidade social imperiosa e (ii) sejam proporcionais aos fins prosseguidos"*. Ora, decorre cabalmente do artigo 10.°, n.° 2 da CEDH que são as restrições à liberdade de expressão (e não ao direito à honra e ao bom nome) aquelas que só são possíveis uma vez preenchidos esses dois pressupostos. A diferença é abismal, pois de acordo com a formulação desaprimorada do Supremo Tribunal de Justiça, a tutela da liberdade de expressão e de informação passaria a ser a exceção, em vez da regra. Importa, no entanto, aqui deixar a concordância com o sentido dessa decisão.

Num registo bem mais polémico, atente-se na decisão de 26 de janeiro de 2017 do Tribunal da Relação de Lisboa que condenou a um ano de prisão um ex-deputado por ter apelidado outro ex-deputado (tendo ambos exercido cargos na direção de partidos políticos) de "espião da CIA"[180]. Lamentavelmente, nesse aresto confunde-se o Conselho de Europa e o TEDH como sendo instâncias comunitárias, sustentando que a jurisprudência deste último contende com os "princípios fundamentais do Estado de direito democrático" pelo que, por força do artigo 8.°, n.° 4 da CRP, não vincula os tribunais nacio-

[176] V. Jorge Reis Novais, *As Restrições...*, pg. 569 ss, 602 ss e 626 ss; em sentido parcialmente concordante, v. Jorge Miranda, *Manual de Direito Constitucional*, IV, 5.ª ed., pg. 413-417.

[177] V. Ac. do Supremo Tribunal de Justiça de 30.06.2011, proc. n.° 1272/04.7TBBCL.G1.S1.

[178] Entre outros, v. Ac. do Supremo Tribunal de Justiça de 31.01.2017, proc. n.° 1454/09.5TVLSB.L1.S1; Ac. do Tribunal da Relação de Lisboa de 23.05.2013, n.° 5394/08.7TBOER.L1-2; Acs. do Tribunal da Relação de Évora, de 13.12.2011, proc. 99/08.1TAGLG.E1, de 28-05-2013, proc. 552/09.0GCSTB.E1, de 01.07.2014, proc. n.° 53/11.6TAEZ.E2 e Ac. do Tribunal da Relação do Porto de 18.03.2015, proc. n.° 1469/12.6PEGDM.P1.

[179] V. Ac. do Supremo Tribunal de Justiça de 05.07.2012, proc. n.° 48/12.2YREVR.S1.

[180] V. Ac. do Tribunal da Relação de Lisboa de 26.01.2017, proc. n.° 2175/11.4TDLSB.L1-9.

nais. Adiante analisaremos este ponto[181]. Mais recentemente, em 8 de março de 2017, o Tribunal da Relação do Porto sustentou que preenchia o tipo-ilícito do crime de injúria o significante «estúpido» por este ter uma "potência natural ofensiva" e surgir ligado a uma característica existencial do sujeito visado[182], sendo dificílimo de equacionar como poderá tal adjetivo ferir o núcleo de qualidades éticas e morais segundo a conceção social dominante.

2.5. *Critérios gerais de ponderação e de resolução do conflito*

Sistematizando, mas ressalvando que a valoração dos bens em confronto deverá sempre ser casuística, da jurisprudência e da doutrina portuguesa podem-se retirar os seguintes critérios gerais de ponderação[183], os quais devem ser interpretados em consonância com os critérios gerais de ponderação decorrentes da jurisprudência europeia a que aludimos no ponto 2.3..

Segundo a doutrina nacional este conflito de direitos deverá ser dirimido em favor da liberdade de expressão e de informação se, cumulativamente: (i) a notícia/publicação prosseguir um interesse público; (ii) os factos veiculados forem verdadeiros ou tenham sido reputados, em boa-fé (subjetiva) como tal, cumpridos os deveres da boa-fé (objetiva)[184] na recolha dos factos e na aferição da sua credibilidade e (iii) tenha sido observado um meio adequado e razoável[185].

Quanto ao primeiro requisito, numa sociedade verdadeiramente democrática o conceito de *interesse público* deve ser entendido como abrangendo todos os temas que revistam de uma "utilidade social", isto é, que sejam "*relevantes para a vivência social*"[186], contribuindo para a formação de uma opinião pública robusta. Concorrem para o efeito, os conceitos de "missão de serviço público" e de "figuras públicas" atrás analisadas[187]. Só nos casos verdadeiramente flagrantes, em que não exista qualquer reduto de um interesse jurídico legítimo, se poderá falar num mero *sensacionalismo* (ou "voyeurismo") ou em *ataques pessoais gratuitos*. Usando um exemplo consensual, não existirá qualquer interesse legí-

[181] V. ponto 2.7. do presente estudo.

[182] V. Ac. do Tribunal da Relação do Porto de 08.03.2017, proc. n.º 292/15.0PAVCD.P1.

[183] Ainda que com várias diferenças, v. Iolanda de Brito, *ob. cit.*, pg. 158-160 e 314-319.

[184] V. Costa Andrade, *ob. cit.*, pg. 357-358.

[185] V. Figueiredo Dias, *Revista de Legislação e Jurisprudência.*, Ano 115.º, p. 170-171 e Ac. do Tribunal Constitucional n.º 292/2008, de 29.05.2008.

[186] V. Acs. do Supremo Tribunal de Justiça de 21.10.2014, proc. n.º 941/09.0TVLSB.L1.S1 e de 14.02.2012, proc. n.º 5817/07.2TBOER.L1.S1.

[187] V. ponto 1.2. do presente estudo.

timo que permita que um jornalista noticie que o seu vizinho (que não é figura pública) lhe deve dinheiro.

Da interpretação conjugada do artigo 180.°, n.° 2, alínea *b*) e do n.° 4 do CP resulta que a prova da *veracidade* dos factos, pode ser substituída pela prova de uma *boa-fé subjetiva e objetiva*. Por outras palavras, exige-se uma convicção de veracidade no interlocutor, não só *subjetivamente*, mas também *objetivamente*, ou seja, têm de existir fundamentos sérios para que o homem-médio, segundo as regras da experiência comum, também tivesse reputado um certo facto como sendo verdadeiro ou, pelo menos, como bastante plausível[188]. Destarte, os deveres de comprovação da verdade deverão ser avaliados à luz do caso concreto, sendo sobejamente menos intensos para o cidadão comum do que para os jornalistas. Nomeadamente, quando esteja em causa a liberdade de imprensa, devem ser consultadas fontes de informação fidedignas e diversificadas, tentando adquirir, sempre que possível, a versão dos factos junto do sujeito por eles visado.

Quanto à *imputação de factos sobre crimes*, o Supremo Tribunal de Justiça adere à concretização feita pelo TEDH, sustentado que os *media* não estão impedidos de discutir *"factos potencialmente delituosos"*[189]. O *princípio da presunção de inocência* aparece assim como um direito fundamental processual, enquanto regra de tratamento do arguido no processo penal. Nessa medida, uma decisão absolutória (ou até uma decisão de arquivamento[190]) não pode impedir os particulares de discutirem e criticarem o poder judicial[191], dado que o sentido dessa decisão nem sequer será vinculativo para o próprio poder judicial *"nos procedimentos civis subsequentes (mormente indemnizatórios) a um processo criminal"*[192].

No respeitante às *opiniões*, não podendo estas ser verdadeiras ou falsas, apenas se poder exigir que se alicerçam sobre uma "*base de facto razoável*"[193]. Posto isto, os tribunais apenas poderão conhecer se as ideias ou os juízos de valor se reportam a algum assunto de interesse legítimo, não lhes competindo ajuizar se uma opinião é "*justa*", "*ponderada*", *"razoável" ou "grosseira"*, pois esse juízo

[188] V. Jónatas Machado, *Liberdade...*, *cit.*, pg. 782.

[189] V. Ac. Supremo Tribunal de Justiça de 31.01.2017, proc. 1454/09.5TVLSB.L1.S1.

[190] No citado Ac. Supremo Tribunal de Justiça de 31.01.2017, proc. 1454/09.5TVLSB.L1.S1, sobre o caso que opunha o ex-funcionário da Polícia Judiciária, Gonçalo Amaral e o "casal McCann", concluiu-se que o *respeito pelo segredo de justiça* é uma *obrigação funcional* à eficácia da investigação criminal, pelo que este cessou com o encerramento do inquérito.

[191] V. Jónatas Machado, *Liberdade...*, cit., pg. 91.

[192] V. Ac. Supremo Tribunal de Justiça de 31.01.2017, proc. 1454/09.5TVLSB.L1.S1 e Acs. Do TEDH, Y c. Noruega, 56568/00, 11.02.2003 e Diacenco c. Roménia, 124/04, 07.02.2012.

[193] V. Iolanda de Brito, *ob. cit.*, pg. 315 e Costa Andrade, *ob. cit.*, pg. 274.

caberá a toda a coletividade[194]. Ao público cabe a tarefa de julgar *"não só o que se disse mas também – e quantas vezes des/favoravelmente – o como se disse"*[195].

Por fim, o requisito da adoção de um meio adequado e razoável não pode ser entendido como a obediência escrupulosa do "*princípio norteador da informação jornalística [...] de causar o menor mal possível...*"[196]. Como já o dissemos atrás[197], a prevalência da liberdade de expressão, no caso concreto, é incompatível com a exigência de que sejam empregues apenas os termos mais comedidos ou neutros possíveis. Um respeito cego pela máxima de otimização dos dois direitos fundamentais seria desproporcional, pois a espontaneidade e emotividade associada ao discurso e à troca de ideias impõe que se reconheça uma certa margem para as críticas lancinantes ou maledicentes.

Na verdade, apenas se exige que as exteriorizações não sejam *excessivamente ofensivas*[198], o que pode ocorrer (i) quando o conteúdo essencial do direito à honra e ao bom nome seja preterido[199] ou (ii) quando a acutilância das ideias/factos seja manifestamente desproporcional ao interesse tutelado[200]. Para aferir da excessividade, poderá ser nocivo encontrar, em abstrato, como parece fazer Paulo Pinto de Albuquerque e Faria Costa, expressões como sendo sempre típicas e ilícitas[201], como seria apodar um político de "*traidor*". Não se pode ignorar que, atento os circunstancialismos do caso concreto, nomeadamente, o meio social em que certas palavras são proferidas[202], investidas aparentemente

[194] V. Ac. do Tribunal da Relação do Porto de 24.03.2004, proc. n.º 0316291 e Ac. do Tribunal da Relação de Coimbra de 24.05.2017, proc. n.º 96/15.0T9SCD.C1. Ac. do Supremo Tribunal de Justiça de 30.06.2011, proc. 1272/04.7TBBCL.G1.S1.

[195] V. Ac. do Tribunal da Relação do Porto de 18.03.2015, proc. n.º 1469/12.6PEGDM.P1.

[196] Entre outros, v. Ac. do Supremo Tribunal de Justiça de 26.02.2004, proc. n.º 03B3898. V. ainda Figueiredo Dias, *ob. cit.*, pg. 137 e 173.

[197] V. ponto 1.4. do presente estudo.

[198] Definindo-as como sendo investidas manifestamente dirigidas a atingir o "sentimento de auto-estima" e de "dignidade pessoal" ou "consideração social" do visado, v. Costa Andrade, *ob. cit.*, pg. 293-294 e Iolanda de Brito, *ob. cit.*, pg. 317. No plano civilístico, v. Jónatas Machado, *Liberdade...*, *cit.*, pg. 770.

[199] Não ignoramos que, em qualquer caso, há sempre uma *"honra geral, pertencente a todo o ser humano, e que nenhum homem perde em absoluto, porque mesmo o ente envilecido, pode regenerar-se e dignificar-se"*. Assim, v. Ac. do Supremo Tribunal de Justiça de 16.03.2017, proc. n.º 2178/10.6TVLSB.L1.S1.

[200] V. Ac. Supremo Tribunal de Justiça de 31.01.2017, proc. n.º1454/09.5TVLSB.L1.S1; Jónatas Machado, *Liberdade...*, *cit.*, pg. 820.

[201] V. Paulo Pinto de Albuquerque, *ob. cit.*, pg. 726-727 e Faria Costa *in* Figueiredo Dias (dir.), *Comentário Conimbricense do Código Penal*, Tomo I, 1999, Coimbra Editora, pg. 630.

[202] Pense-se, por exemplo, no meio desportivo ou em outros fenómenos sociais em que *"o constante debate na imprensa escrita e falada, sobredimensiona a importância de questões que, numa sociedade onde os valores cívicos deveriam ser a preocupação maior dos cidadãos, são relegados para segundo plano pela constante evidência de acontecimentos distrativos, sejam os da imprensa desportiva, cor-de-rosa, ou quejanda"*, v. Ac. do

violentíssimas da honra de um indivíduo caiam sob a égide da liberdade de expressão, sendo na verdade lícitas.

Enfim, no confronto entre o direito à honra e ao bom nome e a liberdade de expressão e de informação, a Convenção tomou uma *"clara preferência"* pela última[203], o que diminui, desde logo, o objeto do crime de difamação[204]. Reconhece-se que os titulares do poder político devem estar sujeitos a um escrutínio amplo e intenso, fruto da *responsabilidade política* em que incorrem, prestando por isso contas ao eleitorado pelos seus atos[205]. Já os titulares dos demais tipos de *poder* (que em conjunto com os políticos integram o conceito de "figuras públicas") incorrem, diríamos nós, numa *responsabilidade social*, fruto da influência que exercem sobre a coletividade. O "reverso da medalha" do seu poder é a discussão viva – e por vezes acerada – em torno das suas palavras e dos seus atos, porquanto tantas vezes estes se servem da sua influência para construírem uma *"imagem e [...] um padrão ético ou social que a realidade muitas vezes desmente"*[206].

2.6. *A relevância da exceptio veritatis*

Aqui chegados, a questão da relevância da verdade para a resolução do conflito destes direitos fundamentais é mais fácil de compreender do que alguma doutrina faz parecer[207].

Ora, o legislador no artigo 180.° do CP foi perentório ao exigir cumulativamente que para além da liberdade de expressão configurar um interesse legítimo prevalecente no caso concreto, é ainda necessário que os factos sejam verídicos ou que tenham sido reputados, em boa-fé, como tal. Daqui retiram-

Supremo Tribunal de Justiça de 20.01.2010, proc. n.° 1839/06.9TVLSB.L1.S1. v. também Iolanda de Brito, *ob. cit.*, pg. 316-317 e 319-323 e Costa Andrade, *ob. cit.*, pg. 310-311.

[203] V. Ac. do Tribunal da Relação de Évora, de 01.07.2014, proc. n.° 53/11.6TAEZ.E2.

[204] V. Ac. do Tribunal da Relação do Porto de 18.03.2015, proc. n.° 1469/12.6PEGDM.P1.

[205] V. Acs. do Tribunal da Relação de Évora, de 13.12.2011, proc. 99/08.1TAGLG.E1, de 28-05-2013, proc. 552/09.0GCSTB.E1 e de 01.07.2014, proc. n.° 53/11.6TAEZ.E2.

[206] V. Ac. do Supremo Tribunal de Justiça de 20.01.2010, proc. n.° 1839/06.9TVLSB.L1.S1.

[207] Concluindo pela irrelevância da veracidade dos factos, V. Antunes Varela e Pires de Lima, *Código Civil Anotado*, Volume I, 4.ª edição, Coimbra, pg. 486. Sustentando a sua relevância apenas quando estejam em causa o exercício de interesses legítimos, v. Almeida Costa, *Direito das Obrigações*, 12.ª edição, 2011, Almedina, Coimbra, pg. 564-565; Paulo Mota Pinto, *O direito à reserva sobre a intimidade da vida privada*, BFDUC, n.° 76, 2000, pg. 532-533 e 543 e Iolanda de Brito, *ob. cit.*, pg.155-156. Cingindo essa relevância aos casos de exercício de um interesse público, v. Jónatas Machado, *Liberdade...*, *cit.*, pg. 768-771 e Menezes Cordeiro, *ob. cit.*, pg. 182-188. Advogando a exclusão da responsabilidade apenas mediante a prova da verdade, pelo menos quanto às ofensas ao crédito, v. Pessoa Jorge, "Ensaios sobre a responsabilidade civil", *in BDGCI*, 1969 (122), pg. 265-267.

-se duas conclusões. Em primeiro lugar, que a difusão de factos falsos nem sempre é ilícita e, em segundo, que a difusão de factos verdadeiros pode consubstanciar um ato ilícito[208].

Atento este quadro, a *exceptio veritatis* tem de ser apreciada a jusante da questão da existência de um interesse legítimo em discutir certos assuntos que contendam com a honra e o bom nome do visado. Se nesse primeiro teste se concluir que não existe qualquer interesse legítimo em difundir um certo facto, como seria o caso de ser noticiado a prática de um acto imoral por um cidadão que não seja uma "figura pública" sem qualquer interesse para o público, nem a prova da verdade desses factos afastaria a ilicitude[209]. Já num cenário inverso, em que o interesse público exista, a prova da verdade (ou da boa-fé objetiva e subjetiva) releva e afasta tanto a ilicitude penal como civil. Logo, é apenas neste segundo momento – em que já se estabeleceu a existência de um interesse legítimo – que a prova da verdade ou da boa-fé subjetiva e objetiva relevará para resolver o conflito de direitos.

Rejeitamos, portanto, as teses que sustentam que, no direito civil, a prova da boa-fé objetiva e subjetiva importa apenas para efeitos de exclusão da culpa, por entenderem que só a prova da verdade dos factos poderá excluir a ilicitude[210]. Tal entendimento pressupõe erradamente que o ordenamento jurídico-constitucional apenas considera como lícita a afirmação de factos verdadeiros, em obediência a um suposto *"princípio da verdade da informação"*[211]. Na verdade, perante a imputação de factos sobre assuntos de interesse público, a prova da sua verdade pode ser substituída, tanto no direito civil como no direito penal[212], pela prova de que existiam fundamentos sérios para os reputar, em boa-fé, como verdadeiros ou *plausíveis*, à luz das regras da experiência comum, cumpridos os deveres da boa-fé objetiva. Não porque a conduta do agente nessas circunstâncias fosse desculpável – caso em que entraríamos na apreciação da culpa – mas porque a difusão de informações *plausíveis* sobre assuntos que revistam de interesse público é lícita (e desejável) num Estado de Direito Democrático. Os cidadãos e os *media* devem poder especular sobre os assuntos de interesse geral, procurando retirar de factos indiciários conclusões rigorosas, mas não infalíveis. Existe, portanto, nesse âmbito, um *risco permitido*[213] para debater e especular.

[208] V. Artur Rodrigues da Costa, *A liberdade de imprensa…, cit.*, pg. 28-31.
[209] V. Nuno e Sousa, "A liberdade de imprensa", *cit.*, pg. 270-271 (em nota).
[210] Nesse sentido, v. Iolanda de Brito, *ob. cit.*, pg 192 e ss.
[211] V. Iolanda de Brito, *ob. cit.*, pg. 143.
[212] V. ponto 2.2. do presente estudo.
[213] V. Costa Andrade, *ob. cit.*, pg. 161-162.

2.7. *A vinculação dos tribunais portugueses à jurisprudência do TEDH*

O já referenciado acórdão do Tribunal da Relação de Lisboa de 26 de janeiro de 2017[214] levantou a questão de saber até que ponto a jurisprudência do Tribunal de Estrasburgo vincula os tribunais portugueses. A questão é pertinente e pode-se dividir em duas sub-questões: (i) saber se as interpretações das normas da CEDH feitas pelo TEDH são fonte de direito e (ii) saber se essas interpretações violam ou não a Lei Fundamental portuguesa.

Centrada a discussão, dispõe o artigo 203.º da CRP que os tribunais apenas estão sujeitos à lei, vigorando entre nós um sistema jurídico de matriz romano-germânica em oposição à regra do precedente obrigatório (ou "*stare decisis*"). Sob esse prisma, os precedentes instituídos pelo TEDH não vinculam diretamente as instâncias nacionais, excetuando os litígios em que o Estado Português seja parte, por força do artigo 46.º, n.º 1 da CEDH[215], o que se traduz na possibilidade de revisão de sentenças nacionais conforme dispõe o artigo 449.º, n.º 1, alínea *g*), do CPP[216][217]. Contudo, a jurisprudência sedimentada do TEDH vincula *indiretamente* os tribunais portugueses na aplicação das normas que afetem os direitos humanos consignados na Convenção. Apesar da jurisprudência do Tribunal de Estrasburgo não ser uma fonte de direito, é, pelo menos, um desenvolvimento jurisprudencial privilegiado do direito vivo consignado na Convenção.

Por outro lado, perante a jurisprudência consolidada do TEDH, convocamos a crescente relevância que o precedente tem vindo a adquirir nos ordenamentos jurídicos de matriz civilística (*civil law*), aproximando-os cada vez mais dos sistemas de *common law*[218].

Com efeito, sabe-se que perante uma *jurisprudência consolidada*, o precedente comporta um inegável *efeito persuasivo*[219] fortíssimo, produzindo efeitos

[214] V. Ac. do Tribunal da Relação de Lisboa de 26.01.2017, proc. n.º 2175/11.4TDLSB.L1-9.

[215] Em sentido contrário, sustentando que todos os Estados Contratantes estão vinculados à regra do precedente relativamente ao TEDH, o qual segue abertamente a matriz do *common law*, v. Mónica Macovei, *Freedom of Expression: A guide to the Implementation of the European Convention on Human Rights*, Council of Europe: Human Rights Handbooks, 2nd edition, n.º 2, 2004, pg. 5.

[216] Código de Processo Penal.

[217] Note-se que a força de caso julgado dessas decisões não é afetada pelas decisões do TEDH. O Tribunal de Estrasburgo não é uma instância de recurso internacional. Os tribunais nacionais não ficam obrigados a reformar o sentido das suas decisões, podendo, contudo, em alguns casos fazê-lo. Assim, V. Armindo Ribeiro Mendes, *Recursos em Processo Civil – Reforma de 2007*, Coimbra Editora, 2009, pg. 196.

[218] V. Ac. Supremo Tribunal de Justiça de 12.05.2016, proc. 982/10.4TBPTL.G1-A.S1.

[219] V. Miguel Teixeira de Sousa, *Introdução ao Direito,* Almedina, Coimbra, 2012, pg. 140.

intra-sistemáticos na hierarquia judiciária. Pense-se, por exemplo, na tendência (quase) invariável de acatamento pelos tribunais inferiores da jurisprudência dos tribunais superiores[220]. Grosso modo, a força ou o grau de convencimento de uma decisão mede-se (também) pelo número de decisões com ela coincidentes, sendo tanto maior quanto maior o grau hierárquico dos tribunais concordantes. Daqui decorre que os tribunais que profiram decisões que contrariem linhas jurisprudências consolidadas estão adstritos ao cumprimento de um *dever de fundamentação acrescido*[221]. Nas palavras do Supremo Tribunal de Justiça, o precedente só poderá ser afastado por "*razões muito ponderosas*"[222].

A relevância do precedente traduz-se ainda num *efeito impeditivo de recurso ou de alteração das decisões contrastantes* com a jurisprudência consolidada, conforme se retira dos artigos 629.°, n.° 2, d), 656.°, 671.°, n.° 2, b), 672.°, n.° 1, c) e 688.°, ns.° 1 e 3 do CPC[223]. A importância que o precedente assume no nosso ordenamento jurídico é justificada pelos princípios da igualdade dos cidadãos perante o poder judicial e pelo princípio da segurança jurídica. Face à expectativa legítima de que os juízes decidirão do mesmo modo perante causas idênticas, incumbe ao Estado proteger essa confiança conferindo uma *previsibilidade às decisões futuras*. A isto acresce ainda uma justificação de economia de meios: se os cidadãos puderem confiar na expectativa de que os tribunais decidirão segundo as suas interpretações consolidadas, optarão por não "entupir" o acesso à Justiça[224]. Este *efeito de modelação das condutas* dos cidadãos revela-se, nomeadamente, na solução quanto às custas judiciais constate do artigo 536.°, n.° 2, al. *b*) do CPC.

A isto acresce que o recurso às concretizações jurisprudências do TEDH que, partindo das especificidades do caso concreto, formulam *linhas normativas de decisão generalizáveis*, vai ao encontro das teses que defendem que as decisões de ponderação de direitos fundamentais devem assentar na *"construção de uma rede de juízos de precedência traduzidos em regras progressivamente densificadas e estabilizadas de decisão dos casos concretos"*[225].

[220] V. António Abrantes Geraldes, "Uniformização da Jurisprudência Cível" in *Estudos em Homenagem ao Prof. Doutor José Lebre de Freitas*, Vol. I, 2013, pg. 614 e 615.

[221] V. Jorge Miranda/Rui Medeiros, *ob. cit.*, pg. 72.

[222] V. Ac. Supremo Tribunal de Justiça de 12.05.2016, proc. 982/10.4TBPTL.G1-A.S1. V. ainda Karl Larenz, *Metodologia da Ciência do Direito*, trad. José Lamego, 3.ª ed., 2009, Fundação Calouste Gulbenkian, pg. 504-510.

[223] Código de Processo Civil.

[224] V. Michelle Taruffo, "A jurisprudência entre a casuística e a uniformidade", *in Julgar*, n.° 25, págs. 19 e 20.

[225] V. Jorge Reis Novais, *Direitos Fundamentais e Justiça Constitucional*... pg. 83 e Jorge Reis Novais, *As Restrições*..., pg. 892 e ss.

Questão diversa reside em saber se a jurisprudência do TEDH e a própria CEDH violam o artigo 18.° da CRP, como entendeu o referido aresto da Relação de Lisboa de 26 de janeiro de 2017 e que na doutrina parece encontrar voz em Iolanda de Brito[226], advogando que o TEDH coloca o direito à liberdade de expressão e de informação numa posição hierarquicamente superior ao direito à honra e ao bom nome das figuras políticas. A resposta é, da nossa parte, negativa. A jurisprudência europeia reconhece e respeita a igual dignidade constitucional de ambos os direitos fundamentais, contudo, na resolução do seu confronto, encontra nas questões que revistam de interesse público um elemento decisivo para resolver esse conflito. Não existe qualquer hierarquização. O conflito é resolvido casuisticamente com auxílio das linhas normativas de decisão generalizáveis[227].

Posto isto, o que se defende não é uma preferência abstrata pela liberdade de expressão, mas sim uma vinculação aos "*critérios europeus de resolução do conflito*"[228], interpretando a lei ordinária civil e penal em conformidade com a jurisprudência do TEDH[229] e com a Constituição. No fim do dia, nas palavras do Tribunal Constitucional, existe uma "*clara vontade histórica do legislador constituinte de acompanhar o passo da jurisprudência europeia no desenvolvimento dos direitos fundamentais igualmente previstos na Convenção e na Constituição*"[230].

3. **Conclusão**

A liberdade de expressão e de informação constitui um dos pilares essenciais do Estado de Direito Democrático e redunda na mais cabal exigência da dignidade da pessoa humana. Só através de uma *"esfera de discurso público desinibida, robusta e aberta"*[231] poderá cada cidadão desenvolver livremente a sua personalidade, adotar as escolhas (informadas) que melhor sirvam os seus interesses e participar nos processos político-democráticos.

Com efeito, o escrutínio e a contestação são os maiores inimigos do poder (seja este politico, social ou económico) e, como refere Nigel Warburton,

[226] V. Iolanda de Brito, *ob. cit.*, pg. 80-81 (em nota).

[227] V. ponto 2.3. do presente estudo.

[228] V. Ac. do Supremo Tribunal de Justiça de 31.01.2017, proc. n.° 1454/09.5TVLSB.L1.S1.

[229] V. Iolanda de Brito, *ob. cit.*, pg. 109 e Jónatas Machado, *Direito Internacional...*, *cit.*, pg. 386-388.

[230] V. Ac. do Tribunal Constitucional n.° 157/2001 de 10.05.2001 D.R., Série I.

[231] Expressão cunhada pelo Juiz Brennan no paradigmático caso, *New York Times Co. v. Sullivan*, 376 U.S. 254 (1964), disponível em https://supreme.justia.com/cases/federal/us/376/254/case.html.

é muito difícil resistir à tentação de usar a lei ou a força para silenciar adversários[232]. Sem uma liberdade de expressão e de informação efetiva (e não aparente), corremos o risco de uma condenação judicial dissuadir os *media* de noticiar factos que, à data, tinham por verdadeiros e relevantes para a discussão pública. É, pois, preciso impedir que a velha censura dê lugar à *autocensura*.

Os valores cívicos e morais do respeito e da boa educação, podem ditar que os cidadãos apenas façam da palavra um uso ponderado e cordial. Contudo, a *pluralidade de personalidades e de idiossincrasias* exigem que o Direito proteja também os discursos mais vivos, aberrantes e ofensivos. No limite, as ideias que chocam ou provocam a coletividade, incentivam os demais a ripostar e a entrar no debate público, contribuindo para um maior esclarecimento de todos. Quanto à veracidade dos factos discutidos publicamente, do mesmo modo que não se pede a um cientista que este obtenha resultados sem conduzir experiências, não se pode exigir aos cidadãos que estes cheguem à verdade sem trocarem informações falsas ou discutindo pontos de vista peregrinos.

Nessa medida, quando estejam em causa assuntos que interessam à coletividade, *a liberdade de expressão é "uma liberdade de ofender"* (e de chocar) que só termina perante ofensas gritantes à honra e ao bom nome.

Para se chegar a esta conclusão e harmonizar os direitos aqui em colisão é preciso compreender que a liberdade de expressão não tutela apenas o direito de um sujeito isolado em expressar o seu pensamento: satisfaz também o direito da coletividade em ter acesso a todo o tipo de informações. Por isso, ensaiámos aqui que o *conceito constitucional de "informação"* deve ser o mais amplo possível, de modo a abarcar todos os dados ou conhecimentos que satisfaçam os bens jurídicos tutelados pela liberdade de expressão e de informação.

Terminamos, mas sem tomar posição, com uma menção final à *tendência para descriminalização da difamação na Europa*, fruto das sucessivas recomendações do Comité dos Direitos do Homem das Nações Unidas[233], do Conselho de Europa[234] e das decisões do TEDH[235]. Atualmente, de entre os 28 estados da

[232] V. Nigel Warburton, *Liberdade de expressão – uma breve introdução*, Gradiva: Lisboa, 2015, pg. 10.

[233] V. Comentário Geral n.º 34, de 12/09/2011.

[234] V. Resolução 1003 (1993) sobre ética em jornalismo; Recomendação 1589 (2003) sobre liberdade de expressão nos media na Europa, Resolução 1535 (2007) sobre ameaças à liberdade de expressão de jornalistas e Resolução 1577 (2007) para a descriminalização da difamação.

[235] Entre outros, v. Ac. do TEDH, *Amorim Giestas & Jesus Costa Bordalo c. Portugal*, n.º 37840/10, de 3 de abril 2014, concluindo que para as ofensas à honra e à reputação a tutela constante do artigo 70.º do Código Civil é bastante, sendo a criminalização por difamação apenas para casos excecionais, como os discursos de ódio ou incitamento à violência.

União Europeia, 6 já aboliram a criminalização da difamação[236] e, dos restantes, 3 não preveem a pena de prisão para este crime[237]. Subscrevemos, porém, o apelo do IPI feito a Portugal em 2015 no sentido de se *suprimir a pena de prisão para o crime de difamação e o agravamento das penas* quando os ofendidos sejam titulares de cargos públicos, constante do artigo 184.° do CP[238]. Entendemos ser igualmente imperativo que o legislador acompanhe os *"critérios europeus de resolução do conflito"* que há muito vêm sendo traçados pelo TEDH e preveja a relevância da prova da verdade e da boa-fé no direito civil. A criação de normas jurídicas claras e densificadas contribuiria certamente para a harmonização de julgados e para uma melhor aplicação do Direito.

[236] Reino Unido, a Irlanda, Estónia, Roménia, Finlândia e Chipre. Também 2 dos 5 estados candidatos oficiais (Montenegro e Antiga República Jugoslava da Macedónia) descriminalizaram a difamação.

[237] França, Croácia e Bulgária, aos quais se poderá juntar no futuro a Sérvia, candidata oficial.

[238] V. Relatório: Criminalização da Difamação em Portugal de junho de 2015 do Instituto Internacional da Imprensa, disponível em http://legaldb.freemedia.at/.

A tutela delitual dos danos patrimoniais reflexos Parte I: o pressuposto da ilicitude delitual e a problemática da titularidade do direito de indemnização

DR. RUI VASCONCELOS PINTO*

SUMÁRIO: *1. Considerações introdutórias. 2. Responsabilidade civil – em especial, o pressuposto da ilicitude delitual: a* faute *napoleónica, as três grandes cláusulas gerais limitadas do BGB e a experiência portuguesa. 3. Titularidade do direito de indemnização: danos reflexos de natureza patrimonial. 3.1. Despesas com o tratamento e assistência do lesado; 3.2. Despesas de funeral; 3.3. Lucros cessantes de natureza alimentícia; 3.4. A impossibilidade de reparação dos lucros cessantes decorrentes da assistência ao lesado e decorrentes da perda do produto do trabalho do cônjuge falecido: a excecionalidade do artigo 495.º; 3.5. Prestações realizadas pela segurança social; 3.6. Prestações realizadas pela entidade patronal ou pela seguradora de acidentes de trabalho; 3.7. Sub-rogação legal do Estado.*

1. **Considerações introdutórias****

Um dos problemas que se colocam no âmbito da responsabilidade civil delitual[1] consiste em delimitar, de entre o círculo de pessoas lesadas por um

* Mestrado Científico (Ciências Jurídicas) – Faculdade de Direito da Universidade de Lisboa. Deixa-se aqui uma nota de agradecimento ao Professor Doutor Luís Menezes Leitão e ao Professor Doutor Rui Ataíde, pela imprescindível orientação recebida durante a elaboração desta exposição.

** Este estudo, dedicado à tutela delitual dos danos patrimoniais reflexos, encontra-se dividido em duas partes: a primeira, agora aqui publicada; e a segunda, que se irá centrar, essencialmente, na problemática dos danos puramente patrimoniais, a ser publicada no n.º II da revista *O Direito* do ano de 2018.

[1] Utiliza-se, não raras vezes, a locução "responsabilidade aquiliana" ou "responsabilidade extracontratual", em vez de responsabilidade civil delitual. De facto, todas estas locuções podem ser usadas por referência à mesma realidade, ainda que destacaquem diferentes aspetos: por exemplo, a expressão "responsabilidade aquiliana" remonta à *lex aquilia;* por seu turno, "responsabilidade delitual", expressão por nós aqui utilizada, remete para a ideia da existência de um delito, estando aqui em causa a viola-

mesmo facto, as que podem pedir indemnização. A necessidade do recurso a esta delimitação surge porque a solução de atribuir um direito a indemnização indiscriminadamente a todos os que provem ter sofrido um dano na sua esfera jurídica, conduz a uma inadmissível multiplicação de pretensões indemnizatórias. Impõe-se, pois, definir o universo dos sujeitos com direito a indemnização[2].

A verdade é que o Código Civil de 1966 não contém um preceito que, expressamente, consagre um princípio geral circunscritivo do círculo dos sujeitos a quem cabe o direito à indemnização dos danos resultantes de um facto lesivo, no domínio da responsabilidade civil delitual. No entanto, a doutrina tem elaborado um critério delimitador que se prende com a titularidade do direito ou interesse juridicamente protegido que a conduta ilícita violou[3]: em princípio, o direito à reparação caberia apenas à pessoa ou pessoas titulares desse direito ou interesse, designados por lesados imediatos[4].

Esta regra foi, aliás, enunciada por Vaz Serra, durante os trabalhos preparatórios[5] do atual Código Civil, ao referir que apenas são reparáveis "os danos causados ao titular dos bens imediatamente atingidos pelo facto danoso, e não já os de terceiro"[6]. Desta forma, não podem reclamar indemnização outros sujeitos que tenham, também, sofrido um dano na sua esfera jurídica, resultante do mesmo facto lesivo, mas que apenas detenham um mero interesse de facto,

ção de deveres genéricos de respeito, de normas gerais destinadas à proteção de outrem ou a prática de alguns tipos delituais específicos.

[2] A titularidade do direito à indemnização é, pois, a problemática subjacente a esta exposição: tratando-se de um tema clássico da responsabilidade civil, pretendemos contribuir para o aprofundamento científico do mesmo que, face a várias recentes decisões jurisprudenciais controversas e em sentidos opostos, está longe de ser pacífico.

[3] Neste sentido, *vide* Luís Menezes Leitão, *Direito das Obrigações*, vol. I, *Introdução. Da constituição das obrigações*, 12.ª edição, Almedina, Coimbra, 2015, p. 365; Mário Júlio de Almeida Costa, *Direito das Obrigações*, 12.ª edição revista e atualizada, Almedina, Coimbra, 2011, pp. 607-608; João de Matos Antunes Varela, *Das Obrigações em Geral*, vol. I, 10.ª edição, 9.ª reimpressão, Almedina, Coimbra, 2012, pp. 620-621; e Jorge Ribeiro de Faria, *Direito das Obrigações*, vol. I, Almedina, Coimbra, 2001, reimpressão, pp. 525-526.

[4] Esta regra é construída tendo por referência as duas modalidades de ilicitude do artigo 483.°, n.° 1: pode, em princípio, requer uma indemnização quem vir um direito absoluto seu violado (primeira modalidade de ilicitude) ou quem for lesado num interesse tutelado por uma norma de proteção (segunda modalidade de ilicitude).

[5] Os trabalhos preparatórios do Código Civil de 1966 foram, oficialmente, iniciados pelo Decreto-Lei n.° 33.908, de 4 de setembro de 1944, com vista a uma revisão geral do Código Civil de 1867.

[6] Vaz Serra, *O dever de indemnizar e o interesse de terceiros*, Boletim do Ministério da Justiça, n.° 86, 1959, p. 103.

não tutelado pelo direito, ou sejam titulares de um direito ou de um interesse juridicamente protegido inoponíveis ao lesante[7].

Estas vítimas, que sofrem na sua esfera jurídica um dano que não resulta da diminuição de um direito ou interesse juridicamente protegido *de que sejam titulares* ou *que possam opor ao lesante*, são, comummente, designadas por vítimas *mediatas*, *indireta* ou *reflexamente* atingidas ou mesmo por *terceiros*. Sofrem, pois, danos reflexos por não verem um direito seu ou um interesse juridicamente protegido violado pela conduta ilícita do lesante.

A transposição prática da temática dos danos reflexos e da regra geral delimitadora da titularidade da indemnização que enunciamos, comportam, contudo, especiais dificuldades no que aos limites da tutela delitual diz respeito. A doutrina tem, aliás, ilustrado o problema recorrendo a várias hipóteses: pensamos, aqui, no tradicional exemplo redigido por Antunes Varela[8], relativo ao dono de uma casa de espetáculos, que não teria o direito de exigir indemnização ao agressor de um ator famoso (lesado direto) que fica impossibilitado de dar o contributo previsto em determinada peça de teatro. O dono da casa de espetáculos sofre, contudo, danos patrimoniais reflexos.

Estará, da mesma forma, em causa a hipótese envolvendo uma sociedade anónima desportiva, que, em regra, também não poderia exigir indemnização ao condutor do automóvel que atropelou um dos seus jogadores, impossibilitando-o de continuar a praticar a modalidade – somente o jogador poderia reclamar tal direito[9].

Releva, enfim, para efeitos do presente estudo, o célebre caso analisado por Ferrer Correia e Lobo Xavier[10]: uma empresa A, que tinha por objeto a venda de gasolina e outros combustíveis líquidos e de óleos lubrificantes, possuía uma rede de revendedores que se obrigaram por contrato a vender ao público em determinados locais, sob regime de exclusividade, os produtos de A, fornecendo esta os materiais e instalações adequadas para o efeito: sucedeu

[7] Vaz Serra, *Algumas questões em matéria de responsabilidade civil*, BMJ, n.° 93, 1960, p. 11 refere que "só pode exigir indemnização aquele cujo direito absoluto ou cujo interesse protegido por uma norma jurídica de proteção foi lesado, salvo tratando-se de abuso do direito, caso em que pode reclamar indemnização aquele que o lesante quis prejudicar, mesmo que não seja o imediatamente prejudicado".

[8] Antunes Varela, *Das obrigações em geral*, vol. I, p. 607.

[9] O exemplo é da autoria de Menezes Leitão, *Direito das Obrigações*, vol. I, p. 365, fazendo lembrar o célebre caso italiano *Meroni*. O caso *Meroni*, datado de finais da década de sessenta, pode ser consultado na *Lex Aquilia Giurisprudenza*, de 2005, Allegato al. n.° 1, *L'ingiustizia del danno*, em http://www.jus.unitn.it/.

[10] A. Ferrer Correia/Vasco Lobo Xavier, *Efeito externo das obrigações; abuso do direito; concorrência desleal (a propósito de uma hipótese típica)*, *in* Revista de Direito e Economia, Separata do n.° 5 de Janeiro/Junho, 1979, pp. 3-19.

que a empresa B, que explora o mesmo ramo de negócios, abordou vários dos mencionados revendedores, instigando-os a romper as relações contratuais que os ligavam a A, a fim de passarem a vender nos referidos locais os seus próprios produtos, e oferecendo-se inclusivamente para suportar as indemnizações a que aqueles revendedores viessem a ficar sujeitos em virtude da violação contratual. Será um caso de interferência de um terceiro em crédito alheios, que adiante analisaremos. Poderíamos recorrer a muitas outras ilustrações para demonstrar a vasta existência de agentes jurídicos que sofrem, *indiretamente*, prejuízos, colocando, assim, vários desafios ao sistema de imputação de danos.

O objetivo deste estudo é, precisamente, averiguar a eventual tutela delitual destes danos patrimoniais reflexos e perceber quais deles – e a que título – poderão ser alvo de reparação[11]. A verdade é que a regra geral que mencionamos e que hoje continua a persistir no âmbito da responsabilidade civil aquiliana conhece, no nosso Código Civil, algumas exceções: o legislador ter-se-á, pontualmente, afastado desta regra geral – excecionando-a ou restringindo-a –, atribuindo direito a indemnização a terceiros só mediata ou reflexamente atingidos. Assim sucederá, em determinadas situações, quanto a danos patrimoniais[12], por força do artigo 495.°. Para além desta hipótese legal, importará convocar também o tema dos danos puramente patrimoniais[13] e estudar, em tese geral, o contributo que as normas de proteção e que o artigo 334.° poderão dar para a solução da problemática[14].

Antes de incidirmos sobre os temas acabados de referir, há, porém, que esclarecer que a maior ou menor tutela delitual dada a estes danos é resultado das características de cada sistema de responsabilidade civil. E, em primeira linha, a ressarcibilidade dos danos reflexos irá depender do tipo de previsões de ilicitude delitual que os diversos ordenamentos jurídicos conhecem. Justifica-se, por isso, uma breve abordagem geral à responsabilidade civil, com destaque

[11] Ficarão de fora do objeto deste estudo os danos não patrimoniais reflexos.

[12] Um dano patrimonial corresponderá à frustração de utilidades suscetíveis de avaliação pecuniária, como na hipótese da destruição de coisas pertencentes ao lesado. Assim, Menezes Leitão, *Direito das Obrigações*, vol. I, p. 300.

[13] A noção de dano puramente patrimonial é controversa, por depender de uma compreensão prévia sobre a interpretação das normas que integram o nosso sistema de responsabilidade civil. No entanto, nesta primeira aproximação, diremos que um dano puramente patrimonial se poderá definir como um tipo de dano em que há uma perda patrimonial sem que tenha existido uma prévia violação de um direito subjetivo protegido. Neste sentido, cfr. Sinde Monteiro, *Responsabilidade por conselhos, recomendações ou informações*, Almedina, Coimbra, 1989, p. 187.

[14] Conforme já destacamos, esta segunda parte do estudo, dedicada aos danos puramente patrimoniais, será publicada no n.° II, da revista *O Direito*, de 2018.

para uma análise do pressuposto da ilicitude delitual. Por aqui haverá, então, que começar.

2. Responsabilidade civil – em especial, o pressuposto da ilicitude delitual: a *faute* napoleónica, as três grandes cláusulas gerais limitadas do BGB e a experiência portuguesa

Para efeitos do presente estudo, não se justifica apresentar e desenvolver o instituto da responsabilidade civil num quadro geral de evolução histórica desde o direito romano. Esse caminho tem sido trilhado pela doutrina nacional[15], e não haverá aqui que o repetir.

Opta-se apenas por uma brevíssima referência a alguns elementos de evolução fundamentais do instituto, sobretudo àqueles que digam respeito à evolução dos pressupostos da culpa e da ilicitude na responsabilidade civil delitual – na verdade, o pressuposto da ilicitude encontra-se intimamente ligado ao tema que nos propormos aqui analisar: aquele que sofre danos reflexos preenche o pressuposto da ilicitude delitual proposto pelo artigo 483.° do Código Civil português? O mesmo é perguntar se a lesão para a qual se reclama indemnização se enquadra na violação de um direito absoluto (artigo 483.°, n.° 1, 1.ª parte) ou de uma norma destinada a proteger interesses alheios (artigo 483.°, n.° 1, 2.ª parte). Só em caso afirmativo se poderá, uma vez preenchidos os restantes pressupostos, almejar obter um direito de indemnização com recurso à responsabilidade civil.

Interessa-nos, portanto, recordar os vários sistemas de imputação de danos, nomeadamente o modelo francês assente na *faute* e o modelo alemão sob a égide de um sistema proposto por Jhering, e fundamentalmente perceber as opções e os caminhos trilhados pelo nosso legislador em Portugal. Na verdade, a modelação dos diversos sistemas de responsabilidade civil é fruto de uma origem histórica e filosófica bem marcada e, portanto, torna-se fundamental conhecer o ambiente que antecedeu e caracterizou o *Code Civil*, o *Bürgerliches Gesetzbuch* (BGB) e o Código Civil Português – três códigos que exprimem três modelos distintos de responsabilidade civil.

E, sem almejarmos iniciar uma profunda análise histórica e comparatística, cumpre destacar que, atualmente, no que ao requisito da ilicitude diz respeito,

[15] Para mais desenvolvimentos, *vide*, com mais referências, António Menezes Cordeiro, *Tratado de Direito Civil Português*, vol. II – *Direito das Obrigações*, tomo III – *Gestão de Negócios, Enriquecimento sem Causa, Responsabilidade Civil*, Coimbra, 2010, pp. 285 e seguintes (ss); e Adelaide Menezes Leitão, *Normas de proteção e danos puramente patrimoniais*, Coimbra, 2009, pp. 42 e ss.

esta nem sempre aparece tipificada a nível legislativo: em sede de direito continental comparado, pode fazer-se referência a uma contraposição entre os sistemas de grande cláusula geral – como o francês (artigo 1382.º do *Code Civil*) – e os sistemas de cláusulas gerais limitadas – como o alemão (§§ 823 I e II e 826 do BGB).

Adiantamos, já, que a grande diferença entre os dois sistemas é, fundamentalmente, baseada no facto de os primeiros não delimitarem a nível legislativo quais os bens jurídicos cuja lesão envolve responsabilidade (e, por isso, se fala numa grande cláusula geral), remetendo a questão para a apreciação do julgador, enquanto os segundos procedem por via legislativa à enunciação dos bens jurídicos tutelados (e, por isso, se denominam de sistemas de cláusulas gerais limitadas).

Como bem tem sido apontado[16], a distinção entre estes dois sistemas tem uma relevância prática particularmente incisiva sobre o tema que nesta exposição se irá tratar – são dois modelos distintos de responsabilidade civil no quadro do direito obrigacional europeu: um modelo germânico, onde *quase* que se chega à consagração de um sistema de tipicidade de ilícito, e um modelo de inspiração napoleónica, onde qualquer violação culposa de um direito pode dar origem, em abstrato, a uma pretensão indemnizatória. Como bem se vê, a resposta para o *case study* em análise será, naturalmente, diferente, dependendo do sistema em que se integra e da facilidade do preenchimento do requisito da ilicitude delitual.

A experiência francesa é claramente influenciada pelo jusnaturalismo de Hugo Grotius (1583-1645). Este acabaria por inspirar autores da pré-codificação francesa, como Jean Domat (1625-1696) ou Pothier (1699-1772), que influenciaram os redatores do *Code Civil* (1804). A comunidade humana seria, em Grotius, fundada na razão e não no instinto (*Ius naturale est dictatum rectae rationis*), chegando-se, desta forma, à mais elevada norma de direito natural: *pacta sunt servanda*, que determinava o dever de cumprir os contratos celebrados. Determinava, ainda, que cada um se abstivesse da propriedade alheia, que se reparassem os danos causados, que não se recorresse à força sobre os outros e que se sofresse retribuição através do castigo pelos crimes cometidos. Desta forma, Grotius enunciava o princípio básico (natural) da responsabilidade civil: se alguém inflige um dano porque culposamente faz o que não deve ou não faz

[16] Mafalda Miranda Barbosa, *Liberdade vs. Responsabilidade – A precaução como fundamento da imputação delitual?*, Almedina, Coimbra, 2006, p. 110. A autora sublinha que "a distância que separa a quase tipicidade do modelo germânico da consagração de uma cláusula geral baseada na *faute* francesa se justifica, historicamente, pelas influências que o pensamento jurídico metódica, metodológica e filosoficamente comprometido exerceu em cada um dos territórios e legislações."

o que deve, fica obrigado a repará-lo[17], estabelecendo um sistema de responsabilidade civil delitual verdadeiramente baseado na culpa, pressuposto absorvente e unificador dos restantes.

Na transposição do problema dos pressupostos da responsabilidade civil para o universo doutrinário francês, destaca-se Domat que, durante a pré-codificação francesa, introduziu a *faute* para exprimir a *culpa* envolvente. Domat encontrava na moral cristã a fonte dos deveres que se impunham aos Homens e atribuía à lei a missão de fazer respeitar estes deveres. E, assim, o fundamento da reparação de um mal feito a outrem (torto) assentaria na noção de *faute*[18].

É neste contexto que surge o artigo 1382.° do Código Civil francês de 1804 e que estabelece o sistema de grande cláusula geral: *Tout fait quelconque de l'homme, qui cause à autrui un dommage, oblige celui par la* ***faute*** *duquel il est arrivé, à le réparer.*

Assim, no direito francês, a responsabilização do agente apenas requer que este tenha causado um dano a outrem através de uma *faute*, expressão cujo funcionamento abrange a ilicitude, a culpa e o nexo causal[19]. Segue-se, a este sistema, o artigo 1383.° do *Code* que dispõe que cada um seja responsável pelo dano que tenha causado, não apenas pelo seu feito, mas também pela sua negligência ou imprudência. Foi, precisamente, esta suscetibilidade de aplica-

[17] Grotius considerava a convenção, o delito e a lei como as fontes "daquilo que nos é devido" : "Nous appelons ici délit toute faute, soit dans l'action, soit dans l'inaction, en opposition avec ce que les hommes doivent faire ou communément, ou à raison d'une qualité déterminée. D'une telle faute, s'il y a eu un dommage causé, naît naturellement une obligation, qui a pour object de le réparer", cfr. Hugo Grotius, *Le droit de la guerre et de la paix,* Livro II, cap. XVII, I, p. 415, trad. Francesa, Paris, 1999.

[18] Domat enunciou um princípio geral de reparação de danos assente neste pressuposto unitário da *faute*: "todas as perdas e todos os danos, que possam ocorrer por facto de alguma pessoa, seja imprudência, ligeireza, ignorância do que se deve saber ou outras *fautes*, por mais ligeiras que possam ser, devem ser reparados por aquele cuja imprudência ou outra *faute* lhes deu origem. Porque é um torto o que ele fez, mesmo quando não tenha tido a intenção de prejudicar", cfr. Jean Domat, *Les Lois Civiles dans leur ordre naturel, in Oeuvres completes de J. Domat, Nouvelle édition, par J. Remy,* Paris, 1835, Liv. II, Tir. VIII, Secção IV, n.° 1, p. 480. Para Domat a *faute* provinha de diversas fontes: crimes e delitos, faltas a compromissos assumidos em convenções, ou outras que nem decorram de nenhuma destas circunstâncias. E daqui decorre, pois, a distinção entre *faute délictuelle, contractualle* e *quasi délictuelle,* cfr. Jean Domat, *ibid.,* p. 470.

[19] Também assente num sistema de grande cláusula geral destaca-se o artigo 2043.° do *Codice* – Código Civil italiano –, cuja responsabilidade do agente resulta da prática de qualquer facto danoso doloso ou culposo, que causa a outrem um dano *injusto.* Aqui, o critério para que da lesão sofrida resulte uma indemnização assenta na valoração negativa do dano, que depende de uma ampla apreciação judicial. Neste sentido, Menezes Leitão, *Direito das Obrigações,* vol. I, p. 259.

ção ilimitada, alcançada através do recurso à *faute*, que presidiu às intenções dos redatores do código napoleónico[20].

Retenha-se, pois, que todo o sistema de imputação delitual foi reconduzido a um único pressuposto de imputação: a *faute*. E este dever geral de não causar danos com *faute* a outrem que o *Code* consagrou, permite, à partida, um universo maior para a integração do dano indemnizável, face sobretudo a outros sistemas de cláusulas gerais limitadas, adiante analisados. O dano, no entanto, não deixa de ser um elemento essencial da responsabilidade civil – "pas de préjudice, pas de responsabilité"[21].

A experiência mostrou que este sistema é funcional, com claras vantagens: trata-se de um sistema responsivo[22], apto a acompanhar e integrar os desafios colocados por uma realidade em constante mutação, sem necessidades de alterações formais[23].

A este modelo napoleónico, assente numa unidade dos pressupostos da responsabilidade civil centrados na *faute* e caracterizado por uma intuição no momento da determinação da presença dos danos, contrapõe-se o modelo germânico, predominantemente mais analítico (por oposição a um sistema intuitivo) e que se preocupa em apurar pressupostos distintos e não unificados. A codificação francesa quebrou a unidade científica do Direito privado europeu: em França – e nos países que adotaram o modelo napoleónico – mergulhou-se num positivismo de tipo exegético (segunda sistemática), enquanto na Alemanha começaram a surgir construções jurídicas novas, como um prenúncio de

[20] Ainda assim, e pese embora esta aparente grande abrangência da *faute*, há que sublinhar que muito embora o *alterum non laedere*, ou o princípio *neminem laedere*, esteja aqui genérica e formalmente consagrado, a doutrina francesa tem-se ocupado de delimitar áreas onde a extensão do dano indemnizável não poderá almejar tocar, nomeadamente em campos de liberdade económica, de relações de vizinhança, de liberdade de imprensa, entre outras. Não é objetivo desta exposição explorar os caminhos percorridos pela doutrina francesa para a delimitação do conceito de *faute* e dos danos indemnizáveis.

[21] Henri Lalou, *La responsabilité civile. Príncipes élémentaires et applications pratiques*, 3.ª ed, Paris, 1943, pp. 4 e ss.

[22] António Menezes Cordeiro, *Eficácia externa dos créditos e abuso do direito, in* O Direito, 2009, ano 141.º, I, p. 48

[23] Napoleão acabaria vencido em Waterloo pelo General Wellington e haveria de morrer na ilha de Santa Helena sob a proteção inglesa. Aí, Napoleão escreveria algo que hoje, mais de dois séculos após a sua morte, todos concordamos. Rendamo-nos, pois, perante uma das suas mais nobres conquistas: "A minha verdadeira glória não é ter ganho quarenta batalhas; Waterloo apagará a lembrança de tantas vitórias. O que nada apagará, o que viverá eternamente, é o meu Código Civil". Os créditos pela recuperação desta célebre e pertinente afirmação de Napoleão Bonaparte são devidos a Inocêncio Galvão Telles, em *Coelho da Rocha e o Código Napoleónico,* Separata da Revista O Direito, 2005, ano 137.º, III, p.447. Trata-se de uma afirmação de Napoleão que aparece escrita por Emmanuel de Las Cases, no *Le Mémorial de Sainte-Hélène.*

uma nova sistemática – a terceira sistemática – e de uma codificação de natureza diferente[24_25].

No quadro da responsabilidade civil[26], Friedrich Carl von Savigny (1779-1861) teve um papel decisivo para a construção do sistema germânico, destacando que o delito tem origem na violação de um direito, e explicando que as obrigações estão sempre em conexão com a consciência da ilicitude: "consista ela num propósito dirigido à violação jurídica (*dolus*) ou na falta de esforço requerido pela ordem jurídica (*culpa*).[27] No entanto, ainda que os conceitos e pressupostos da responsabilidade civil se fossem aprimorando, a sua pura composição analítica apenas foi possível graças a G. Friedrich Puchta (1798-1856), ao destacar a relevância da culpa no âmbito da responsabilidade civil e ao estabelecer duas condições para a verificação de um delito – a violação de um direito alheio (pressuposto objetivo) e a culpa do autor[28] (pressuposto subjetivo), acompanhadas de um facto praticado fora do exercício de um direito próprio.

No entanto, a determinante influência no sistema de responsabilidade civil plasmado no BGB radica-se na obra *O momento da culpa no Direito privado romano*, de Rudolf von Jhering (1818-1892), onde se encontra uma verdadeira evolução do conceito e pressupostos da responsabilidade civil[29]. Aqui, Jhering distingue, claramente, as duas instâncias de imputação delitual: à culpa acresce a ilicitude, um filtro objetivo que irá selecionar as hipóteses relevantes em matéria de obrigação ressarcitória[30]. Desta distinção entre culpa e ilicitude, resulta um modelo de imputação de danos diferente do já referido modelo napoleónico: no modelo proposto por Jhering, não basta a culpa para fazer desencadear a obrigação de indemnização, sendo essencial que se verifique também um

[24] António Menezes Cordeiro, *Da boa fé no Direito civil*, 5.ª reimpressão, pp. 285-286. A doutrina tem apontado várias razões para esta separação doutrinária na europa, como a diversidade das línguas, marcada pelo desaparecimento progressivo do latim como língua doutrinária, ou mesmo a rivalidade política franco-alemã, entre muitos outros fatores.

[25] Para uma profunda análise histórica da Teoria do Direito na Alemanha, cfr. Karl Larenz, *Metodologia da Ciência do Direito*, trad. Portuguesa, 3.ª edição, Fundação Calouste Gulbenkian, 2009.

[26] Para uma evolução da doutrina germânica em matéria de responsabilidade civil, *vide* Adelaide Menezes Leitão, *Normas de proteção e danos puramente patrimoniais*, pp. 97 e ss.

[27] Referência feita por António Menezes Cordeiro, *Tratado de Direito Civil Português*, vol. II, tomo III, pp. 327.

[28] Esclarece Putcha que "a culpa, porém, inclui, por um lado, o comportamento que causou o efeito e, por outro, a relação de imputação, entre o agente e o resultado". Cfr., para mais desenvolvimentos, António Menezes Cordeiro, *ibid.*, pp. 328.

[29] António Menezes Cordeiro, *Tratado de Direito Civil Português*, vol. II, tomo III, pp. 329.

[30] António Menezes Cordeiro, Da responsabilidade civil dos administradores das sociedades comerciais, Lex, Lisboa, 1997, pp. 432 e ss.

ato ilícito, ou seja, a violação de um direito alheio, para restringir o âmbito do judicialmente relevante em matéria de responsabilidade civil.

E aqui reside o essencial da descoberta de Jhering: as tais duas instâncias de controlo do sistema de responsabilidade civil – a ilicitude (*rechtswidrigkeit*), primordialmente virada para a inobservância de normas jurídicas e a culpa (*verschulden*), relacionada com a censura merecida pelo agente com a sua atuação. Esta distinção entre culpa e ilicitude haveria de se consolidar em 1900: aprovado em 1896, o BGB haveria de entrar em vigor no primeiro dia de Janeiro de 1900 e, com ele, cimentava-se o minucioso modelo de responsabilidade civil *jheringiano* – autonomizando ilicitude e culpa – e *windscheidiano*[31] – assente em duas variantes da ilicitude (a violação de direitos subjetivos e de normas de proteção , às quais acrescia, posteriormente, uma terceira: a violação dolosa dos bons costumes).

Desta forma, com o objetivo de manter o modelo proposto por Jhering, e numa clara inspiração da obra de Windscheid, fixaram-se no BGB três cláusulas de ilicitude[32]: o § 823 I, que prevê que *quem com dolo ou negligência violar ilicitamente a vida, o corpo, a saúde, a liberdade, a propriedade, fica obrigado a indemnizar (...)*. Uma vez tutelada a violação dolosa de direitos absolutos alheios, surge a cláusula do § 823 II, que, sempre com autónoma exigência da culpa, prevê as hipóteses de responsabilidade decorrente da violação de normas que visem pro-

[31] O contributo de Windscheid, através do seu *Pandektenrecht*, ao admitir que o ato danoso não é ilícito *per se*, por continuar a exigir a ilicitude como pressuposto crucial da responsabilidade delitual foi absolutamente determinante: na verdade, aprimorou o pressuposto da ilicitude, assentando-o em duas grandes modalidades, que hoje também nós em Portugal conhecemos: a violação de direitos subjetivos e a violação de normas de proteção. Estas considerações vêm a propósito do facto de durante o século XIX, na Alemanha, vigorar ainda o sistema romano dos delitos, que permanecia na base da responsabilidade aquiliana, tendo sido Windscheid um dos pioneiros na teorização das duas formas de ilicitude – *zwei Arten des unerlaubten Verhaltens* –, que vieram ser concretizadas no § 823 BGB, distinguindo-se entre *Rechstverletzung* (*Verletzung eines subjektiven Rechts*) e *verbotene Verhalten* (*Vergehen, Delikt*). Esta distinção estrutural encontra-se na base das duas situações básicas delituais. A este propósito, destaca Adelaide Menezes Leitão que, "se a separação entre ilicitude e culpa deve ser designada como modelo jheringiano, oposto ao modelo domatiano inspirador das codificações napoleónica e afins, a separação na ilicitude entre a violação de direitos subjectivos e de normas proibitivas não pode deixar de ser concebida como um modelo windscheidiano caracterizador do modelo germânico", cfr. Adelaide Menezes Leitão, *Normas de proteção e danos puramente patrimoniais*, pp. 83-84.

[32] O Código Civil alemão acabaria por radicar definitivamente o modelo de responsabilidade civil proposto por Jhering. Mas, não é historicamente exato que os romanos tivessem amparado um sistema de responsabilidade civil sobre a culpa, como o proposto por Jhering. E isto, diz-se a propósito da forma como Jhering se moveu dentro da Escola Histórica Alemã: "Jhering não procurou, propriamente, a verdade histórica mas, antes, a reposição dogmática do Direito romano atual", *vide* com mais referências, António Menezes Cordeiro, *Tratado de Direito Civil Português*, vol. II, tomo III, p. 332.

teger interesses alheios (as normas de proteção); e, por fim, o § 826 comina a obrigação de indemnização para os casos de danos causados dolosamente contra os bons costumes[33].

Bem se vê que o código civil alemão não estabeleceu um princípio geral no sentido de que a atuação antijurídica culposa obrigasse à indemnização dos danos, à semelhança das codificações de inspiração francesa, preferindo-se circunscrever o ilícito a determinadas hipóteses de facto: o panorama germânico seria, pois, bem diferente do napoleónico, porquanto através do BGB se procurava fornecer linhas firmes aos juízes e impedir uma excessiva extensão da responsabilidade civil. E, se bem se atentar, só a consagração destas três pequenas cláusulas de imputação delitual poderiam corporizar a contraposição *Rechtswidrigkeit/Schuld* proposta por Jhering, sob pena de, através de uma cláusula geral ao estilo napoleónico, se incorrer no risco da aproximação dos conceitos de culpa e ilicitude[34].

Há que destacar, por fim, o § 826 do BGB: trata-se da terceira cláusula de responsabilidade alemã que, como se disse, prevê a indemnização dos danos causados através da violação dolosa dos bons costumes. Ao lado da tutela dos direitos absolutos e das normas de proteção de interesses alheios, esta previ-

[33] É importante sublinhar que o esquema saído do BGB reflete os considerandos históricos, jurisprudenciais, dogmáticos e de política legislativa que moveram os juristas que trabalharam na codificação de 1896 a 1900. Desta feita, há que sublinhar que a discussão em torno do BGB foi tida com o prévio conhecimento da experiência francesa, que contava já com um século de aplicação. Para além disto, em vésperas da entrada em vigor do BGB, a jurisprudência alemã exigia já a culpa e a ilicitude para a determinação de uma situação de responsabilidade civil. E, por fim, cumpre destacar, para um amplo entendimento do universo que presidiu à elaboração do BGB, que os juristas da codificação foram movidos por motivações dogmáticas – a necessidade de dar corpo à descoberta de Jhering – mas também lhes pesaram determinadas razões de política legislativa, como a necessidade de restringir o âmbito da responsabilidade civil. Na verdade, vivia-se em plena época da industrialização e, portanto, os juristas que trabalharam no movimento codificador alemão tinham plena consciência de que um alargamento desmesurado da responsabilidade não permitia a limitação do número de potenciais credores, o que acabaria por não se adaptar aos princípios de iniciativa económica, então bastante vivos (*laissez faire*).

[34] Salienta António Menezes Cordeiro que "a chave final do êxito da contraposição de Jhering reside na existência das três pequenas cláusulas de imputação delitual. Uma cominação geral, de tipo napoleónico, correria sempre o risco de, pela generalização, aproximar os conceitos. Ao manter, autónoma, a necessidade de pesquisa da ilicitude, a lei alemã conservou viva a dupla instância de controlo, sobre as imputações delituais. O esquema era fechado, com a exigência de culpa, para a imputação do incumprimento das obrigações – § 276 e 285, ambos do BGB", António Menezes Cordeiro, *Tratado de Direito Civil Português*, vol. II, tomo III, p. 334. Mafalda Miranda Barbosa refere também, a este propósito, que esta previsão das três cláusulas de responsabilidade era "imprescindível para dar cumprimento ao modelo proposto por Jhering", cfr. Mafalda Miranda Barbosa, *Liberdade vs. Responsabilidade*, p. 153.

são manifesta, sem dúvida, uma enorme abertura do sistema de imputação de danos alemão. Fica-se, para já, com esta referência: deixaremos as suas conclusões para uma fase mais avançada deste estudo. Adianta-se, ainda assim, que, por um lado, se se poderia pensar que a tutela dos danos reflexos e dos danos puramente patrimoniais seria facilitada num modelo assente na *faute* e numa grande cláusula geral, por outro lado, não podemos ignorar a utilidade deste § 826 germânico que, numa tentativa de atenuar as restrições excessivamente positivistas no âmbito da responsabilidade civil alemã, transparece a ideia de que a certeza jurídica e o mero papel passivo do aplicador de leis não poderiam ser levados até ao limite. Numa altura em que a sociedade vivia assente numa estratégia económica de *laissez faire*, onde o processo de industrialização exigia do legislador alemão uma limitação das potenciais pretensões indemnizatórias, sob pena de se entrar numa espiral reparatória absolutamente intolerável, destaca-se este discernimento vertido no BGB. Retomaremos este ponto, sobretudo em contraposição com o modelo consagrado no Código Civil português, que não conhece, conforme veremos, nenhum artigo sucedâneo deste §826 BGB.

Em suma, o *Code Civil* e o BGB consagram dois grandes e distintos modelos de responsabilidade civil no Direito Continental. O modelo extraído do Código de Napoleão, sob inspiração do jusracionalismo, que já conta com mais de dois séculos de vigência, permite que a identificação de danos devidos a *faute* seja intuitiva e alicerçada em valorações sociais que facilitam a imputação de danos. A referência a esta *faute*, pressuposto único de imputação, faz-se com base num modelo de responsabilidade civil compreensivo e não analítico: dispensa, pois, a referência concreta à violação de uma específica norma jurídica. Este fácil alargamento do sistema, permitido pela existência de uma grande cláusula geral alicerçada num pressuposto unitário, é, simultaneamente o seu traço de maior relevo – porque permite adaptar o instituto da responsabilidade civil aos vários novos desafios colocados ao Direito pelas evoluções sociais, sem necessidade de recomposições formais das fontes – mas é também uma característica que poderia tornar o sistema inviável, não fosse o bom senso do aplicador do direito e o respeito por grandes linhas de precedentes, que permitem extrair as melhores consequências da *faute*, evitando os naturais perigos de uma cláusula de cariz tão genérico como o artigo 1382.° francês[35]. Do BGB chega-nos um paradigma diferente onde, fruto de um modelo tipicamente analítico, os

[35] Foi, precisamente, a simplicidade do modelo da *faute* que lhe conferiu o seu sucesso, hoje por todos conhecido. Nas palavras de Inocêncio Galvão Telles, *Coelho da Rocha e o Código Napoleónico*, p. 446, "a simplicidade do Código de Napoleão é o segredo da sua perenidade. Redigido em termos muito concisos, nas suas formas áticas diz por via de regra o essencial e só o essencial. Razão tinha Napoleão quando afirmava que, com o decurso do tempo se esqueceriam as suas vitórias, mas não

juristas são forçados a fundamentar a situação de responsabilidade na violação de múltiplas categorias de deveres[36]. Nas pertinentes palavras de Menezes Cordeiro[37], este dualismo reflete "os velhos dilemas do Direito, das sociedades humanas e das próprias pessoas: intuição ou dedução, sentimento ou raciocínio, elegância ou precisão e compreensividade ou analitismo[38].

Quanto ao direito português: o nosso atual Código Civil (1966), no campo da responsabilidade civil, é produto dos estudos preparatórios de Vaz Serra e das correções feitas posteriormente, aos anteprojetos, pelo então ministro Antunes Varela. No que à responsabilidade delitual diz respeito, Vaz Serra acabaria por reconduzi-la a vários pressupostos, com destaque para uma contraposição entre a culpa e a ilicitude. Seriam esses pressupostos a ação, a antijuridicidade, a culpa, o dano e o nexo causal, propondo-se que *Aquele que, com dolo ou culpa, viola antijuridicamente os direitos de outrem constitui-se na obrigação de indemnizar ao lesado os danos resultantes dessa violação*[39].

No seu estudo sobre os *Requisitos da Responsabilidade* Civil[40], Vaz Serra entende que são ilícitos "fundadores" de responsabilidade civil a "intervenção no direito absolutamente protegido", "o choque contra uma lei que tem em vista a proteção de outrem", "qualquer lesão de outrem, quer ofenda um direito subjetivo ou uma lei de proteção, quer não, se for intencional e contrária aos bons costumes", e a "realização de uma hipótese de facto especial". Prosseguindo o seu estudo, bastante relevante é a chamada de atenção de Vaz

o seu Código, que aliás o Imperador, depois de concluído pela Comissão elaboradora, chamara a si para lhe introduzir, pelo próprio punha, algumas pertinentes alterações."

[36] Para uma análise das consequências deste dualismo de modelos em sede de institutos como a *culpa in contrahendo*, a responsabilidade do banqüeiro e a responsabilidade dos administradores, *vide* António Menezes Cordeiro, *Tratado de Direito Civil Português*, vol. II, tomo III, p. 341 e ss.

[37] António Menezes Cordeiro, *Tratado de Direito Civil Português*, vol. II, tomo III, p. 342.

[38] Eduardo Santos Júnior, *Da responsabilidade civil de terceiro pela lesão do crédito*, Coimbra, Almedina, 2003, p. 237, destaca que as diferenças entre o *Code* e o BGB são inevitáveis: "nascidos em épocas diferentes, inspirados por filosofias diferentes, de povos e para povos diferentes – um, latino, o outro, germânico –, produtos de ciências jurídicas diferentes (no sentido de que cada qual elege o seu próprio estilo). O *Code* encerra o princípio fundamental do Direito da responsabilidade aquiliana na grande cláusula geral do artigo 1382, expressão, em matéria de responsabilidade civil, do universalismo, individualismo e moralismo que inspira o Código. O BGB, dando corpo à preocupação dos seus autores de não conferir poderes discricionários muito amplos aos juízes, optou antes por três pequenas cláusulas gerais ou por três cláusulas gerais parciais: nos §§ 823, I, 823, II e 826. Mas, nesta matéria, são também diferenciados o enunciado dos pressupostos no *Code* e o enunciado dos pressupostos do BGB. Particularmente, no *Code*, avulta o conceito de *faute*, no BGB, a distinção entre ilicitude e culpa".

[39] Cfr. Vaz Serra, *Requisitos da Responsabilidade Civil*, BMJ n.º 92 (1960), pp. 37 e ss.

[40] Vaz Serra, *ibid.*, pp. 45 e ss.

Serra para as diferenças entre o §§ 823 I e II BGB: "nem sempre um interesse juridicamente protegido representa já um direito subjetivo".

Vaz Serra continua, depois, defendendo a inexistência de um "direito" subjetivo ao sossego, confinando a proteção da tranquilidade aos casos em que exista uma disposição penal ou uma norma de polícia que prevejam tal situação (ainda que, posteriormente, admita uma possível integração da proteção da tranquilidade dentro de um direito de personalidade). Da mesma forma, afirma-se não haver uma proteção integral do património ("o património como tal, não é, antes de tudo, na conceção do Código Civil, um direito, embora seja constituído por direitos com valor patrimonial pertencentes a uma pessoa (como a propriedade"), circunscrevendo a sua tutela à titularidade de direitos patrimoniais concretos, como o direito de propriedade. Ou seja, "uma lesão culposa do património de outrem só obriga a indemnizar quando ao mesmo tempo foi lesado um concreto direito patrimonial". Fora destes casos, as lesões patrimoniais só poderão resultar numa obrigação de indemnização quando em causa estiver a violação de uma norma de proteção de interesses patrimoniais, designadamente um ato de concorrência desleal. E, em sede da proteção patrimonial, Vaz Serra entendia não haver um verdadeiro direito (subjetivo) à empresa, ao estilo alemão, devido ao seu forte grau de indeterminabilidade e ao risco de esvaziamento da relevância delitual das normas de proteção[41]. E, aqui, acompanhamos Vaz Serra: as normas de proteção podem alargar a proteção delitual do património, ao sabor dos desejos do legislador, sobretudo atendendo à problemática dos danos puramente patrimoniais[42], mas conceder um direito subjetivo que, abstratamente, possa cumprir essa função, é esvaziar a relevância

[41] Vaz Serra, *Requisitos da Responsabilidade Civil*, BMJ n.° 92 (1960), pp. 60-61 e pp. 121 e ss

[42] Em sede de responsabilidade delitual entende-se maioritariamente que a violação de direitos subjetivos de outrem tem essencialmente em vista a lesão de posições jurídicas absolutamente protegidas, levando a que na primeira modalidade de ilicitude estes danos não possam ser indemnizáveis, devido à relatividade dos direitos de crédito e à falta de um direito subjetivo que proteja integralmente o todo o património. Sobram pois, no que à responsabilidade delitual diz respeito, as normas de proteção, aptas a ressarcir estes prejuízos em determinadas situações. Naturalmente, iremos retomar esta problemática, mas fica aqui uma primeira contextualização. Para uma análise completa da problemática, *vide* com mais referências, Maria João Pestana de Vasconcelos, *Algumas questões sobre a ressarcibilidade delitual de danos patrimoniais puros no ordenamento jurídico português*, *in* Novas tendências da responsabilidade civil, Coimbra, 2007, pp. 147 e ss; Adelaide Menezes Leitão, *Normas de proteção e danos puramente patrimoniais*, pp. 295 e ss, e *passim*; Carneiro da Frada/Maria João Pestana de Vasconcelos, *Danos económicos puros, ilustração de uma problemática*, *in* Estudos em Homenagem ao Professor Doutor Marcello Caetano no Centenário do seu Nascimento, vol. II, Coimbra, 2006, pp. 151-176; Sinde Monteiro, *Responsabilidade por conselhos, recomendações ou informações*, Coimbra, 1989, pp. 175 e ss, e *passim*; Rui Ataíde, *Responsabilidade civil por violação de deveres no tráfego*, Almedina, Coimbra, 2015, pp. 1017 e ss.

desta segunda modalidade de ilicitude, contornando habilidosamente as opções do legislador.

Neste contexto, e no que à responsabilidade aquiliana diz respeito, o artigo 483.º, n.º 1 consagra o modelo analítico de Jhering, imputando-se delitualmente o agente que com dolo ou mera culpa, violar uma das duas modalidades de ilicitude aí previstas: um direito subjetivo ou uma norma de proteção[43]. Surge, portanto, um sistema dualista, assente na contraposição entre culpa e ilicitude, onde a ilicitude assume duas variantes diferentes. Portanto, em Portugal, o legislador optou claramente por estabelecer no artigo 483.º, n.º 1 duas cláusulas gerais limitadas, à semelhança do § 823 I e II do BGB[44], ainda que recorrendo a uma formulação mais abrangente, porquanto a menção nacional permite abranger todo e qualquer direito subjetivo.

Com efeito, a primeira modalidade de ilicitude decorre da violação de "o direito de outrem". Está, portanto, em jogo a tutela de direitos subjetivos absolutos[45]. Ou seja, parece-nos evidente que são abrangidos por esta modalidade de ilicitude os direitos sobre os bens jurídicos pessoais como a vida, corpo,

[43] Note-se que Vaz Serra, inspirado pelo legislador alemão e pelo seu § 826, considerava como um ilícito fundador da responsabilidade delitual, "qualquer lesão de outrem, quer ofenda um direito subjetivo ou uma lei de proteção, quer não, se for intencional e contrária aos bons costumes". Esta não foi, no entanto, a opção do legislador nacional, que fez depender a imputação de danos em sede de responsabilidade delitual da violação de um direito subjetivo ou de uma norma de proteção. Adianta-se, ainda, que também contrariamente ao que tinha sido preconizado por Vaz Serra, o instituto do abuso do direito haveria de ter uma consagração apenas na parte geral do nosso Código Civil, no artigo 334.º, sem ser alvo de qualquer referência em sede de responsabilidade civil. Esta foi a opção do nosso legislador nacional e, face a ela, a doutrina tem debatido largamente o ressarcimento dos chamados danos puramente patrimoniais à luz do artigo 334.º. Já sublinhamos as vantagens, quanto à indemnização deste tipo de prejuízos, em sede de sistemas de grande cláusula geral, como o francês, ou até mesmo em sistemas como o alemão, que facilitam a sua ressarcibilidade através da violação dolosa dos bons costumes (§ 826 BGB). Em Portugal, o paradigma é diferente: com efeito, não se consagrou, em sede de responsabilidade civil, a ilicitude por violação dolosa dos bons costumes, e não cremos que, para efeitos de responsabilidade civil, o artigo 334.º se possa configurar como uma outra modalidade de ilicitude delitual. Retomaremos este ponto pertinentemente.

[44] Assim, Menezes Leitão, *Direito das Obrigações*, vol. I, p. 260; Sinde Monteiro, *Responsabilidade por conselhos, recomendações ou informações*, p. 183; Brandão Proença, *A Conduta do Lesado como Pressuposto e Critério de Imputação do Dano Extracontratual*, Almedina, 1997, p. 122; Nuno Manuel Pinto Oliveira, *Sobre o Conceito de Ilicitude do Art.483.º. do Código Civil*, Sep. do livro Estudos em Homenagem a Francisco José Velozo, Universidade do Minho, Braga, 2002, pp. 524 e ss; e António Menezes Cordeiro, *Tratado de Direito Civil Português*, I, Parte Geral, Tomo II, pp. 377-378 e p. 443.

[45] Neste sentido, Menezes Leitão, *Direito das Obrigações*, vol. I, pp. 261-263; Antunes Varela, *Das Obrigações em Geral*, vol. I, p. 533; e Almeida Costa, *Direito das Obrigações*, p. 562. Em sentido contrário, António Menezes Cordeiro, *Tratado de Direito Civil Português*, I, Parte Geral, Tomo II, pp. 447-448.

saúde e liberdade, ou outros direitos absolutos como os direitos reais, os direitos de propriedade industrial e os direitos de autor[46].

Mas já não encontram tutela delitual os direitos relativos, como os direitos de crédito, cuja tutela se reconduz à responsabilidade obrigacional (artigo 798.º) ou à norma relativa ao abuso do direito (artigo 334.º). Regressaremos à tutela dos direitos de crédito quando nos ocuparmos da breve análise da problemática dos danos puramente patrimoniais, mas, para já, há que referir que se de uma interpretação absolutamente literal se poderia concluir pela inclusão dos direitos de crédito no âmbito do artigo 483.º, n.º 1 (afinal, o direito de crédito é, ainda, um "direito"), diremos que essa interpretação não se coaduna com a realidade para que foi pensada a tutela delitual. A verdade é que a responsabilidade obrigacional se funda em vínculos específicos entre as partes, lidando com vínculos pré-estabelecidos e particulares; o campo aquiliano é bastante diferente, pautado por um conjunto de situações genéricas, isto é, vínculos jurídicos impostos a todos os indivíduos, que muitas vezes são até mal apreendidos pelas partes e que impõem ao legislador uma preocupação em respeitar a liberdade de movimentação no espaço jurídico. O artigo 483.º, n.º 1 aponta, pois, para direitos cuja existência e conteúdo se mostrem reconhecíveis, e os créditos, pela sua inerente falta de publicidade colocam gravemente em causa o equilíbrio entre a ilicitude das atuações jurídicas e a segurança e fluidez do tráfego jurídico-negocial que funda a tutela delitual. Como se disse, haveremos de voltar este tema.

Atendendo ao facto de esta modalidade de ilicitude exigir a lesão de um direito subjetivo absoluto, a indemnização está limitada à frustração das utilidades proporcionadas por esse direito, pelo que não se admite, nesta sede, a tutela dos danos puramente patrimoniais[47]. A tutela deste tipo de danos apenas se efetua com recurso às normas de proteção ou ao artigo 334.º.

A segunda variante de ilicitude diz, precisamente, respeito à violação de "qualquer disposição legal destinada a proteger interesses alheios", portanto, à violação de normas de proteção. Nesta segunda parte do artigo 483.º, n.º 1, o legislador nacional inspirou-se no § 823, II do BGB[48], que mereceu toda

[46] Alguma doutrina, importando uma construção existente no ordenamento jurídico alemão, tem incluído na tutela delitual o denominado "direito à empresa". A este tema, haveremos, igualmente, de regressar.

[47] Cfr. Menezes Leitão, *Direito das Obrigações*, vol. I, p. 261; Sinde Monteiro, *Responsabilidade por conselhos, recomendações ou informações*, pp. 187 e ss; e António Menezes Cordeiro, *Tratado de Direito Civil Português*, I, Parte Geral, Tomo II, p. 448.

[48] O mencionado preceito dispõe que *A mesma obrigação* (a de indemnizar o dano) *respeita àquele que violar uma lei destinada à proteção de outrem. Quando, de acordo com o conteúdo dessa lei, seja possível uma violação mesmo sem culpa, o dever de indemnizar só ocorre havendo culpa.*

a atenção de Vaz Serra, aquando da elaboração dos trabalhos preparatórios[49]. Trata-se de normas que não atribuem aos titulares dos interesses particulares que visam tutelar nenhum direito subjetivo, por não lhes atribuírem em exclusivo o aproveitamento de um bem, mas que alargam o âmbito da tutela delitual a específicas atribuições que o legislador entendeu merecerem proteção. São, portanto, verdadeiras "correias de transmissão" de valores apurados, noutros âmbitos jurídicos, para o domínio aquiliano[50].

No entanto, havendo inobservância de uma norma jurídica, pretende-se evitar que qualquer pessoa que se entendesse prejudicada pudesse reclamar uma indemnização, pelo que têm sido estabelecidos um conjunto de pressupostos para que esta categoria de ilicitude se verifique: a presença de uma norma de conduta, devidamente aplicável; a não adopção pelo agente de um comportamento definido em termos precisos pela norma; o fim dessa imposição deve ser dirigido à tutela de interesses particulares, quer exclusivamente, quer conjuntamente com o interesse público; e deve verificar-se um dano no âmbito do círculo de interesses tutelados por essa norma[51]. Ora, ao contrário do que sucede na primeira modalidade de ilicitude do artigo 483.°, n.° 1, neste caso será admitida a indemnização dos danos puramente patrimoniais, conforme se analisará no capítulo próprio.

[49] Vaz Serra, *Requisitos da Responsabilidade Civil*, pp. 62-64, entende que uma "disposição de proteção" seria qualquer disposição do direito destinada a proteger os interesses de outrem, "quer sejam de natureza policial (destinadas a evitar a ameaça a um bem jurídico), quer aquelas que proíbem a lesão de um bem jurídico ou ameaçam com uma pena". Portanto, Vaz Serra pensava nas disposições destinadas a proteger "os interesses especiais do indivíduo", como as disposições penais destinadas à proteção de interesses individuais, como a vida, o corpo, a liberdade, entre outros, ou disposições do foro privatístico, "destinadas à proteção contra as violações dos direitos (e não apenas à determinação da esfera dos poderes e deveres individuais)". Vaz Serra incluía, também, nas normas de proteção as disposições cujo fim se dirige à proteção da "coletividade", ou do "público", mas que não sejam "leis que diretamente só protegem a coletividade como tal e só favorecem o indivíduo na medida em que cada um está interessado no bem da coletividade". Portanto, Vaz Serra coloca, notoriamente, a tónica no facto de se tratar de normas que se devem destinar à tutela dos interesses particulares, quer exclusivamente, quer conjuntamente com o interesse público.

[50] A expressão é da autoria de Gerhard Wagner, no *Münchener Kommentar*, e a tradução é da autoria de Menezes Cordeiro, *Tratado de Direito Civil Português*, I, Parte Geral, Tomo II, p. 450.

[51] Cfr. Menezes Leitão, *Direito das Obrigações*, vol. I, p. 265-266; Menezes Cordeiro, *Tratado de Direito Civil Português*, I, Parte Geral, Tomo II, p. 451-452; Antunes Varela, *Das Obrigações em Geral*, vol. I, pp. 539 e ss.; e Almeida Costa, *Direito das Obrigações*, p. 563. A jurisprudência tem acompanhado esta grelha de requisitos mencionada; *vide*, Ac. TRP, de 16/12/2009, Filipe Caroço, *in* CJ, 34, 2009, 5, pp. 185-189. Para uma maior ilustração jurisprudencial, remete-se para Menezes Cordeiro, *Tratado de Direito Civil Português*, I, Parte Geral, Tomo II, pp. 452-453.

É com esta aproximação do nosso sistema de responsabilidade civil delitual ao modelo germânico que, agora, nos debruçaremos na problemática dos danos patrimoniais reflexos.

3. Titularidade do direito de indemnização: danos reflexos de natureza patrimonial

À luz das considerações tecidas a propósito da evolução do pressuposto da ilicitude delitual na responsabilidade civil portuguesa e da problemática, já introduzida, relativa à titularidade do direito de indemnização, cumpre recordar que o Código Civil de 1966 não contém um preceito que expressamente consagre um princípio geral delimitador do círculo dos sujeitos a quem cabe o direito à indemnização pelos danos resultantes de um facto lesivo, no domínio da responsabilidade civil extracontratual. Conforme se referiu, o problema tem sido resolvido através de um critério, elaborado pela doutrina, que estabelece que o direito à reparação cabe apenas à pessoa ou pessoas titulares do direito ou interesse juridicamente protegido que a conduta ilícita violou (lesados imediatos). Quanto a terceiros, mesmo que tenham sofrido reflexamente danos, à partida não serão abrangidos na indemnização.

Contudo, em algumas situações, o legislador ter-se-á afastado desta regra geral, excecionando-a, atribuindo direito a indemnização a terceiros só mediata ou reflexamente atingidos. E, assim sucede, quanto aos danos patrimoniais, por força do artigo 495.° (indemnização a terceiros em caso de morte ou lesão corporal), que reconhece direito de indemnização a exercer diretamente contra o responsável pela lesão aos sujeitos reflexamente atingidos aí referidos. Cumpre, pois, por ora, analisar o artigo 495.°, onde o legislador abriu o leque de interessados a quem se reconhece o direito indemnizatório por danos de natureza patrimonial.

3.1. *Despesas com o tratamento e assistência do lesado*

No artigo 495.°, n.° 1 e n.° 2 a lei prevê que, perante um evento causador de morte ou de lesão corporal do lesado, sejam reintegrados os prejuízos correspondentes ao tratamento ou assistência prestados à vítima, ainda que esta tenha entretanto falecido: estabelece-se um direito de indemnização a exercer contra o lesante, a favor destes lesados mediatos. É o que resulta do n.° 1 do mencionado preceito, ao referir que "no caso de lesão de que proveio a morte, é o responsável obrigado a indemnizar as despesas feitas para salvar o lesado"

(...) "neste caso, como em todos os outros de lesão corporal, têm direito a indemnização aqueles que socorreram o lesado, bem como os estabelecimentos hospitalares, médicos ou outras pessoas ou entidades que tenham contribuído para o tratamento ou assistência da vítima." (n.º 2).

A primeira conclusão a retirar do enunciado legal em análise é a de que o legislador procedeu a uma verdadeira exceção ao regime geral da responsabilidade[52]: note-se que aqueles que realizaram o tratamento ou prestaram assistência não são titulares do direito violado ou do interesse imediatamente lesado com a violação da disposição legal. Estes, na verdade, assumem uma posição meramente mediata ou reflexa relativamente ao ilícito sofrido pelo lesado imediato[53]. No entanto, prevê-se a atribuição a estes terceiros de legitimidade para reclamar, por direito próprio e contra o lesante, uma indemnização, legitimidade esta que não decorreria das regras gerais da responsabilidade.

Há, contudo, um acerto que deve ser feito: em bom rigor, não está, aqui, realmente em causa nenhum dano de terceiro, que acresça aos danos da pessoa diretamente lesada. Na verdade, os estabelecimentos hospitalares (por hipótese) que socorreram o lesado direto não sofreram propriamente nenhum *dano* com o tratamento dispensado ou com a assistência prestada ao doente. O dano é, no fundo, a perda que o lesado sofreu, em consequência de determinado facto, nos interesses que o direito violado ou a norma infringida visam tutelar[54]; ora, quando o estabelecimento hospitalar presta socorro à vítima, não está a sofrer um dano: está, antes, a prestar um serviço médico. Portanto, poderá causar alguma "estranheza"[55] a atribuição de um direito a indemnização às entidades ou pessoas que prestem assistência ao lesado, quando o objeto da obrigação de indemnização é a reparação de um dano (artigo 562.º) e estas, na verdade, não sofreram qualquer dano.

No entanto, apesar do referido, a terminologia que a lei atribuiu a este direito (direito a indemnização), mesmo sem se verificar um dano próprio das pessoas ou entidades que prestaram assistência ao lesado, parece-nos ser rigo-

[52] Neste sentido, Antunes Varela/Pires de Lima, *Código Civil Anotado*, vol. I, 4.ª edição revista e atualizada, reimpressão, Coimbra, 2011, p. 498, sublinhando que a excecionalidade do preceito resulta do facto de serem titulares da indemnização os mencionados terceiros reflexamente "prejudicados", para além do lesado direto.

[53] Destacando, também, a abertura do sistema de responsabilidade civil à indemnização de terceiros afetados de forma meramente reflexa, *vide* António Abrantes Geraldes, *Temas da Responsabilidade Civil*, II volume, p. 16.

[54] *Vide*, com mais referências, Antunes Varela, *Das Obrigações em Geral*, vol. I, pp. 597 e ss.

[55] A expressão é de Antunes Varela, no comentário ao Parecer da Procuradoria-Geral da República de 31 de outubro de 1969, *in* Revista de Legislação e Jurisprudência, 103.º ano (1970-1971), n.º 3421, p. 241.

rosa. Com efeito, não se estabelece que aqueles que prestaram auxílio à vítima possam exigir a reparação de um dano que eles próprios tenham sofrido com a lesão; na verdade, estes podem é exigir do lesante a reparação de uma parcela do dano, ou danos, sofrido pelo lesado direto (afinal, seria o lesado, em primeira instância, o obrigado a remunerar o tratamento ou assistência que lhe foram prestados). Portanto, ainda que se constitua uma exceção ao regime geral de responsabilidade civil, não se trata, neste caso, de uma tutela de danos reflexos sofridos por terceiros: a lei apenas atribui legitimidade a estes terceiros de exigir, contra o lesante, uma indemnização relativa a uma parcela do dano sofrido pelo lesado directo[56].

A *ratio* que preside a este regime legal convoca o recurso à equidade, inspirado no propósito louvável de incentivar todos os esforços no sentido de proporcionar assistência e tratamento a quem sofreu uma lesão corporal. O legislador pretendeu, pois, facilitar e estimular o socorro à vítima[57]. Mas esta norma não se funda meramente num imperativo de Justiça, não sendo tal direito indemnizatório apenas corolário do cumprimento de deveres legais, éticos ou morais de proteção ou de assistência[58]. A intenção do legislador foi, claramente, também a de facilitar a assistência à vítima, reforçando a tutela do interesse do credor (a entidade ou pessoa que prestou a assistência), permitindo-lhe exigir diretamente contra o lesante o pagamento das despesas feitas, eliminando assim alguns obstáculos que pudessem impedir a assistência ao lesado, como as dúvidas quanto à sua solvabilidade económica. Portanto, pretendeu-se, na verdade, criar uma dupla garantia do crédito das entidades ou pessoas que efetuaram despesas para salvar o lesado: ao lado do normal direito destes contra o assistido pela prestação de serviços de tratamento, assistência ou socorro, o legislador

[56] Tendo este direito por fim a reparação de uma parcela do dano causado ao lesado direto, decorrem daqui algumas consequências: se da prestação dos serviços médicos à vítima decorrem outros tratamentos não motivados pelo dano causado ao lesado pelo responsável, as despesas correspondentes a esta extensão não entrarão, obviamente, no cálculo da obrigação de indemnização a cargo do lesante; serão, antes, despesas que, porventura, serão cobradas ao lesado pelo serviço prestado. Igual raciocínio justifica que se conclua que se do internamento do lesado resultarem outras despesas motivadas por facto culposo dele, este acréscimo não poderá ser imputado ao lesante (artigo 570.º). *Vide*, para mais desenvolvimentos, Vaz Serra, *O dever de indemnizar e o interesse de terceiro: culpabilidade do prejudicado*, Separata do BMJ n.º 86, 1959.

[57] Antunes Varela, RLJ, 103.º ano (1970-1971), n.º 3421, p. 252.

[58] Destacando este imperativo de Justiça que funda o artigo 495.º, n.º 1 e n.º 2, cfr. António Abrantes Geraldes, *Temas da Responsabilidade Civil*, II volume, p. 16, explicando que o preceito em análise convive com o Decreto-Lei n.º 218/99, de 15 de junho, que confere aos serviços integrados no Serviço Nacional de Saúde, através dos meios processuais cíveis ou de intervenção em processo penal, o direito ao reembolso das despesas com a assistência hospitalar decorrente de factos ilícitos penais, de acidentes de viação ou de acidentes de trabalho.

criou um direito excecional, contra o terceiro responsável pela lesão, fundado nesta obrigação de indemnização.

Assim, este direito de indemnização contra o lesante conferido às entidades ou pessoas que prestaram assistência ao lesado não afasta o crédito que aqueles têm também contra o próprio assistido pelo mesmo tratamento ou assistência. Só assim se poderá falar numa dupla garantia que tutela os interesses do credor, conferindo-se direitos concorrentes, quer contra o lesado, quer contra o lesante[59].

Conforme já mencionamos, esta é a *ratio* que preside à norma em análise – o reforço da tutela dos interesses do credor –, pelo que a atribuição do direito de indemnização às entidades e pessoas referidas não pode, de modo nenhum precludir o direito de crédito que estes tenham contra o próprio assistido[60]. Note-se, contudo, que este artigo refere-se apenas à indemnização que cabe a terceiros, em caso de morte ou lesão corporal da vítima; ou seja, quanto aos danos causados ao lesado e ao seu concreto direito a indemnização não é este preceito que trata da sua reparação, mas antes, naturalmente, as disposições de carácter geral da responsabilidade civil delitual.

[59] Note-se que não há uma "absoluta coincidência" entre o objeto do direito de crédito conferido à entidade prestadora do auxílio ao lesado contra o responsável pela lesão e o objeto da indemnização de que goza a própria vítima da lesão contra o mesmo obrigado. Conforme já referenciamos, e como destaca Antunes Varela, RLJ, 103.° ano (1970-1971), n.° 3421, p. 252, caso a indemnização seja diretamente reclamada pela entidade prestadora de auxílio à vítima, poderá o credor exigir o pagamento de todas as despesas feitas com a reparação do dano causado à vítima. Por outro lado, se a indemnização for exigida pelo próprio lesado, o responsável poderá, se for caso disso, abater ao montante das despesas efetuadas e dos restantes danos indemnizáveis a importância dos veneficios que a lesão haja porventura trazido consigo, "designadamente o dispêndio que a vítima poupou com a sua alimentação, devido ao internamento no hospital ou na casa de saúde". Ressalvando, também, a aplicação do regime da *compensatio lucri cum damno*, cfr. Jorge Ribeiro de Faria, *Direito das Obrigações – Primeiro Volume – Apontamentos das lições proferidas na Universidade Católica – Porto*, Almedina, 2003, p. 527, referindo que "haverá que fazer a destrinça entre o regime que vigora para o caso de ser o estabelecimento hospitalar a solicitar o pagamento das despesas (parcela do "dano") ou de ser o próprio lesado, É que, se é o próprio lesado que faz diretamente o pedido de indemnização, não só o lesante lhe pode opor o artigo 570.° como a própria regra da *compensatio lucri cum damno*, isto é, pretendendo a dedução nomeadamente das vantagens que advieram àquele do próprio internamento".

[60] Nas palavras de Antunes Varela, RLJ, 103.° ano (1970-1971), n.° 3421, p. 252, se a atribuição do direito de indemnização às entidades ou pessoas que auxiliaram o lesado contra o responsável pela lesão excluísse o direito de crédito que aqueles tinham contra o próprio lesado, bastaria que "o presuntivo responsável tivesse reconhecidamente menor capacidade económica do que o assistido", para que "o intento do legislador pudesse ser completamente frustrado", porquanto neste caso, ficaria diminuída a tutela do interesse do credor. Ora, o nosso legislador não quis correr semelhante risco, substituindo um direito pelo outro; procurou, antes, um reforço da garantia patrimonial do credor.

Dissemos que a *ratio* que presidia ao enunciado legal que temos vindo a analisar é a do reforço da tutela dos interesses do credor – a entidade que prestou assistência ao lesado –, através da concessão a este de uma dupla via de obtenção do seu crédito: quer obtendo a satisfação do crédito através do próprio assistido quer, por força do artigo 495.°, obtendo a mesma satisfação através do lesante. No entanto, é evidente que a extinção de um destes direitos de crédito terá repercussões sobre a existência do outro, ou seja: se o credor exercer este direito indemnizatório contra o lesante, extinguir-se-á o direito de crédito que o credor tinha contra o lesado/assistido e, neste caso, o lesado irá ver subtraída essa quantia ao montante indemnizatório que tem a receber do lesante; por outro lado, caso o credor exerça este direito contra o lesado/assistido[61], este será depois reembolsado dessa quantia através do direito a indemnização que tem contra o lesante e, neste caso, a entidade prestadora de auxílio já não poderá invocar o disposto no artigo 495.° para exigir de novo ao responsável pelo facto ilícito a quantia em causa. Existe, portanto, um verdadeiro efeito extintivo recíproco do crédito, através da satisfação obtida à custa de qualquer um dos obrigados.

O artigo 495.°, n.° 1 e n.° 2 refere que o responsável é obrigado a indemnizar aqueles que prestaram auxílio à vítima por todas as "despesas feiras para salvar o lesado". A que despesas se refere a mencionada redação legal? Tratam-se das despesas imediatas, realizadas com o tratamento e assistência da vítima, e nunca de despesas futuras relacionadas com o tratamento do lesado, ligados a exercícios de fisioterapia, por exemplo[62]. Estas despesas futuras não encon-

[61] Na hipótese de a entidade ou pessoa prestadora de socorro à vítima exercer o direito de crédito contra o lesado, mantém-se, naturalmente, contra o responsável pelo facto ilícito o direito à indemnização de que é titular o próprio lesado pelos danos que houver sofrido. Pelo contrário, se o credor houver saldado o seu crédito contra o responsável pela lesão, ao mesmo tempo que se extingue o direito de crédito da entidade prestadora do auxílio cessa também o direito do lesado à indemnização, na parte correspondente ao dano saldado. Por fim, Antunes Varela, RLJ, 103.° ano (1970-1971), n.° 3421, p. 254, acrescenta ainda que se o responsável pela lesão tiver pago, por erro, mais do que lhe cumpria solver, restar-lhe-á apenas, em princípio, o recurso à repetição do indevido, nos termos do artigo 477.°, ou à restituição daquilo com que o assistido se tenha injustamente locupletado à sua custa, nos termos do artigo 478.°. Para uma detalhada análise das restantes formas de extinção da obrigação analisada, que não envolva a satisfação do direito do credor, *vide* Antunes Varela, RLJ, 103.° ano (1970-1971), n.° 3421, pp. 254-256.

[62] Assim, António Abrantes Geraldes, *Temas da Responsabilidade Civil*, II vol., p. 17, referindo que estão fora da tutela do artigo 495.°, n.° 1 e n.° 2 determinadas despesas correspondentes a medicamentos médicos necessários no futuro, a exercícios de fisioterapia ou ao pagamento de serviços prestador por uma outra pessoa ou instituição, em face da situação de dependência temporária ou definitiva em que lesado, entretanto, se encontra. No mesmo sentido, *vide* Laura Gásquez Serrano, *La Indemnización por Causa de Muerte*, ed. Dykinson, 2000, p. 91. Enfim, conforme se disse, o referido

tram tutela ao abrigo do artigo 495.°, n.° 2, pelo que não poderão ser diretamente invocadas pela entidade prestadora de auxílio ao abrigo desta norma; no entanto, poderão sempre integrar, naturalmente, o direito de indemnização de que é titular o próprio lesado, perspetivadas, pois, como gastos imputáveis ao sinistro.

Há, por fim, uma última nota quanto ao regime deste direito a indemnização de que gozam as entidades que prestaram socorro à vítima: trata-se da questão de saber qual o prazo de prescrição deste direito. É que o artigo 498.° estabelece um prazo de prescrição geral para o direito de indemnização fundado na responsabilidade civil, mas o artigo 317.°, al. a) estabelece um prazo diferente de prescrição, mas para os créditos dos estabelecimentos hospitalares pelos serviços que hajam prestado. Terá um dos prazos de prescrição de ceder perante o outro? É que, no caso do artigo 498.°, o prazo estabelecido é de três anos a contar da data em que o lesado teve conhecimento do direito que lhe compete, mas nas hipóteses abrangidas pelo artigo 317.° o prazo é apenas de dois anos, a partir da constituição dos créditos pela prestação de serviços.

Na verdade, a contradição entre os dois preceitos é meramente aparente: é que os dois prazos de prescrição estabelecidos têm diferentes campos de aplicação[63]. Com efeito, o artigo 498.° diz respeito apenas aos créditos provenientes da obrigação de indemnizar, isto é, contempla a hipótese de o estabelecimento hospitalar que prestou o tratamento ou assistência exercer o seu direito de crédito contra o lesante (uma vez que, neste caso, está em causa, como vimos, uma verdadeira indemnização); por outro lado, o artigo 317.°, al. a) é aplicável a todos os créditos dos hospitais pelos serviços prestados, independentemente da sua fonte, consagrando uma das chamadas prescrições presuntivas[64]. Assim, se o estabelecimento hospitalar que prestou assistência ao lesado exercer o seu

artigo só tutela, dentro do direito de indemnização atribuído aos terceiros mencionados, as despesas diretamente ligadas com o tratamento imediato prestado no socorro da vítima; isto é, as despesas que estes terceiros hajam feito em socorro imediato da vítima. Neste sentido pronunciou-se, também, o Acórdão do TRL, de 19/04/2012, proc. 148/08.3TBPNI.L1-2, rel. Ezagüy Martins, consultado em www.dgsi.pt, onde se conclui que "no âmbito do normativo, apenas está prevista a indemnização de terceiros pelas despesas que hajam feito em socorro, com o tratamento ou assistência da vítima".

[63] Esta doutrina foi detalhadamente explicada no Parecer da Procuradoria-Geral da República, de 31 de outubro de 1969, *in* RLJ, 103.° ano (1970-1971), n.° 3421, pp. 247-249.

[64] Cfr. Antunes Varela, RLJ, 103.° ano, n.° 3421, p. 254; e Antunes Varela/Pires de Lima, *Código Civil Anotado*, vol. I, p. 285. Refere o ilustre jurista que sendo uma prescrição presuntiva, a extinção do crédito assenta numa presunção de cumprimento, válida para as dívidas que são normalmente liquidadas a curto prazo, das quais não é usual exigir recibo nem conservá-lo por muito tempo, quando ele tenha sido passado. Cfr., para maiores desenvolvimentos, Vaz Serra, *Prescrição Extintiva e Caducidade*, BMJ n.° 106, pp. 45 e ss.

direito de crédito contra o próprio assistido, o prazo da prescrição aplicável é o fixado no artigo 317.°, por não estar em causa nenhum exercício de um direito indemnizatório decorrente de uma hipótese de responsabilidade civil delitual.

3.2. *Despesas de funeral*

O artigo 495.°, n.° 1 refere, ainda, que o lesante é obrigado a indemnizar as despesas do funeral. Não haverá qualquer desvio ao regime geral de responsabilidade civil se estas despesas forem feitas à custa da herança (que por elas responde, de acordo com o artigo 2068.°), já que neste caso se trataria de um dano sofrido pelo património do lesado que o responsável pelo facto ilícito é obrigado a indemnizar.

Este artigo foi, porém, redigido com vista a uma situação diferente, que através das regras gerais não seria tutelada: é que as despesas do funeral podem ser feitas por um terceiro (pense-se num familiar da vítima) e, nestes casos, o legislador declarou expressamente que o lesante é obrigado a indemniza-las – de outra forma, estas despesas constituiriam um mero efeito reflexo da lesão, cuja tutela delitual não iria cobrir[65].

O legislador não fez outra qualquer especificação, nomeadamente quanto ao montante em causa e quanto à variedade das circunstâncias que poderão suceder. Parece-nos ter sido feliz esta opção por uma regulamentação simples, evitando preciosismos, até porque, quanto ao valor das despesas em causa, valem os juízos de razoabilidade[66] que resultem das circunstâncias de ordem

[65] Dario Martins de Almeida, *Manuel de Acidentes de Viação,* 3.ª edição (revista e atualizada), Almedina, Coimbra, 1987, defende, a este respeito, que o lesante irá responder pelas despesas do funeral, incluindo os sufrágios que lhe estão ligados segundo os ritos e a crença religiosa da vítima, mas a herança irá responder, "como é evidente, nos termos do artigo 2068.° do Código Civil", pelos sufrágios posteriores.

[66] Assim, Abrantes Geraldes, *Temas da Responsabilidade Civil,* II vol., p. 17, destacando que foi uma opção clara do legislador evitar uma regulamentação precisa do âmbito ou valor de tais despesas. Mas, segundo o autor, a variedade das circunstâncias levará a considerar, quando esse for o caso, por exemplo as despesas imputadas ao repatriamento da vítima, as despesas relativas aos custos dos serviços contratados com a agência funerária, as despesas relativas às cerimónias religiosas e, até mesmo, os custos relacionados com a campa do falecido.
Para uma ampla ilustração das problemáticas em torno das despesas associadas ao termo "funeral" do artigo 495.°, n.° 1, *vide* o Ac. do STJ, de 14/01/2002, proc. 01A3951, rel. Pais de Sousa, disponível em www.dgsi.pt, onde, analisando várias outras decisões jurisprudenciais, se conclui que o termo "funeral" constante do n.° . 1 do artigo 495.°, abrange tudo o que é estritamente necessário para uma digna inumação do defunto, sendo que "este ato supõe a existência de um local minimamente digno num cemitério, pelo que os familiares do falecido não podem confinar-se a um enterro indigente".

socioeconómica da vítima e da respetiva família. Note-se, por último, que as despesas com o luto propriamente dito dos familiares da vítima não se devem considerar abrangidas pelo artigo 495.°, n.° 1[67].

3.3. *Lucros cessantes de natureza alimentícia*

No n.° 3 do artigo 495.°, a lei atribui direito de indemnização, contra o lesante, aos "que podiam exigir alimentos[68] ao lesado ou aqueles a quem o lesado os prestava no cumprimento de uma obrigação natural". Previu-se, aqui, expressamente, um direito de indemnização pelos lucros cessantes que decorrem da perda ou redução de alimentos prestados pelo lesado – devido à sua morte ou lesão corporal[69] – de forma a contornar as dificuldades que poderiam surgir quanto à reparação deste tipo de danos através das normas gerais da responsabilidade civil. Na verdade, há, na concessão deste direito de indemnização, uma verdadeira exceção ao princípio segundo o qual só o titular do direito violado ou do interesse imediatamente lesado com a violação da disposição legal tem direito a indemnização, e não os terceiros que apenas reflexa ou indiretamente sejam prejudicados[70].

De facto, ainda que aqueles que recebiam alimentos do lesado direto sejam meros terceiros relativamente ao facto ilícito causador da perda ou redução da

O tribunal acrescenta, ainda, que o termo funeral não engloba a despesa feita com a aquisição do terreno de sepultura, desde que não se alegue e prove que no coval só poderá ser inumado um corpo, porque "como é do conhecimento geral, uma campa permite a inumação de vários corpos". Por fim, acrescenta-se que "funeral", para efeitos do mencionado preceito legal, também não engloba as despesas feitas pelos pais com a publicação da notícia da morte do filho e de agradecimento às pessoas que lhes manifestaram o seu pesar.

[67] Assim, Dario Martins de Almeida, *Manuel de Acidentes de Viação,* considerando o autor que as despesas com o luto dos familiares da vítima são "despesas não especialmente relacionadas com a vítima mas com a maior ou menor dor sofrida pelos seus familiares ou parentes". Essa dor já será, afinal, como iremos ver, "contemplada no artigo 496.°, n.° 2, embora num círculo bastante estreito".

[68] Dispõem o artigo 2003.° que, por alimentos, se entende tudo o que é indispensável ao sustento, habitação e vestuário, compreendendo-se, também, a instrução e educação do alimentado, caso este seja menor; e, de acordo com o artigo 2009.°, podem exigir alimentos o cônjuge, os seus descendentes, ascendentes, irmãos e sobrinhos.

[69] Em princípio, esta obrigação alimentar em relação a terceiro só será afetada em caso de morte do lesado direto; contudo, bem pode acontecer que, em consequência da lesão, a vítima fique impossibilitada de angariar os meios indispensáveis ao cumprimento do encargo legal ou natural dos alimentos, hipótese que se encontra igualmente prevista.

[70] Assim, Antunes Varela/Pires de Lima, *Código Civil Anotado,* vol. I, p. 498.

prestação alimentícia, o legislador entendeu por bem estabelecer esta exceção[71]. Com efeito, a conexão legal entre o lesado direto e estes terceiros (relativa à prestação dos alimentos, essencial para a sobrevivência do seu titular) justifica esta concessão excecional de um direito a indemnização, na medida equivalente aos ganhos que os beneficiários dos alimentos, não fora o ilícito causador da morte ou da lesão corporal da vítima, poderiam vir a auferir[72].

Enfim, trata-se de uma indemnização de danos patrimoniais (porque se relacionam com a subsistência económica dos familiares sobrevivos do lesado direto, dele dependentes, como o cônjuge ou os filhos), danos estes que são necessariamente futuros, uma vez que se projetam para além da morte de quem os prestava, no âmbito de uma relação familiar. Em suma, são contemplados por esta indemnização os terceiros beneficiários de prestações alimentícias efetuadas pela vítima (lesado direto do facto ilícito) no cumprimento de uma obrigação legal ou natural. Portanto, são indemnizáveis, nos termos deste preceito, tanto no caso de morte, como no de mera lesão corporal, os prejuízos sofridos por aqueles que poderiam exigir alimentos ao lesado imediato – o cônjuge, os seus descendentes, ascendentes, irmão e sobrinhos (artigo 2009. °) – ou por aqueles a quem este os prestava no cumprimento de uma obrigação natural[73].

[71] Repare-se que a obrigação alimentar, quer fundada em lei, quer baseada num dos deveres de justiça em que assentam as obrigações naturais, constitui um direito relativo a que o lesante era estranho e, portanto, só por disposição especial da lei este poderia ser obrigado a indemnizar os prejuízos que para o titular desse direito relativo advieram da prática do facto ilícito.

[72] Cfr., António Abrantes Geraldes, *Temas da Responsabilidade Civil*, II vol., p. 19. O autor destaca, pertinentemente, que o legislador considerou que a circunstância de estes lesados indiretos estarem ligados à vítima por um vínculo jurídico que importa o benefício, efetivo ou potencial, de alimentos, era suficientemente merecedora de uma específica tutela indemnizatória. *Vide*, sobre esta temática, os Acs. do STJ, de 16/3/1999, *in* BMJ n.° 485.°, p. 386; de 11/11/1997, *in* BMJ n.° 471.°, p. 369; e de 9/5/1991, *in* BMJ n.° 407.°, p. 141. Cfr., também, o Ac. do STJ, de 08/03/2012, proc. 26/09.9PTEVR.E1.S1, rel. Raúl Borges, disponível em www.dgsi.pt, onde se resumiu que a necessidade de prestação de alimentos – "encarada esta como dano patrimonial futuro, previsível" – surge, porque cessa a prestação realizada/efetivada por quem a cumpria/efetuava, e que, em princípio, continuaria a ser exigível, ou simplesmente prestada, caso o lesado falecido pelo facto ilícito fosse vivo". Diz-se, aí, que "em matéria de responsabilidade civil extra-contratual, delitual, ou aquiliana, (...), a regra geral é a de que a indemnização pelos danos causados cabe apenas ao titular do direito violado ou do interesse imediatamente lesado com a violação de disposição legal destinada a protegê-lo, não o terceiro, que só reflexamente ou indiretamente, seja prejudicado – art. 483.° do CC. Excecionalmente, o direito a indemnização, *jure proprio*, no que se reporta aos danos patrimoniais, pode caber também, no caso de lesão corporal, ou no caso de morte da vítima, apenas, a terceiros, sendo o art. 495.°, n.° 3, do CC, justamente, esses casos excecionais."

[73] Naturalmente, neste caso, o direito à indemnização nasce logo na esfera jurídica dos respetivos titulares, daí resultando que, sendo um deles a provocar a morte do lesado – dolosa ou culposamente – os princípios gerais da responsabilidade civil impeçam que seja indemnizado.

Feita esta nota introdutória, há que referir que o artigo 495.°, n.° 3 comporta determinadas dúvidas de interpretação que requerem, aqui, algumas considerações. A primeira questão que se coloca concerne, desde logo, aos destinatários deste direito a indemnização: serão apenas aqueles que, no momento da lesão, podiam já exigir alimentos ao lesado, ou também aqueles que só mais tarde viriam a ter esse direito, caso o lesado fosse vivo/caso o lesado fosse capaz de o prestar?

Esta questão tem dividido a doutrina e a jurisprudência: tem-se dito, por um lado, que o espírito da lei abrange quer as pessoas que no momento da lesão podiam exigir já alimentos ao lesado, mas também aquelas que só mais tarde viriam a ter esse direito. E, neste sentido, argumenta-se que se a necessidade de alimentos, ainda que futura, for previsível, então, por força do artigo 564.°, n.° 2, o tribunal poderá decretar o direito à indemnização; mas, ainda que a necessidade futura não seja previsível, nenhuma razão há para isentar o lesante da obrigação de indemnizar a pessoa carecida de alimentos do prejuízo que para ela advém, desde que não haja prescrição nos termos gerais da parte final do artigo 498.°, n.° 1[74]-[75].

Este entendimento não é, porém, unânime na doutrina. Vaz Serra, por seu turno entende que, o artigo 495.°, n.° 3, ao referir "os que podiam exigir alimentos ao lesado", deve ser entendido como aqueles que, na situação atual, podiam exigir alimentos, mas também aos que, em virtude de uma relação existente, podiam legalmente vir a exigir no futuro alimentos. O autor admite que este entendimento pode dar lugar a dificuldades, por não ser fácil determinar se, no futuro, viria a surgir uma situação que legitimasse a exigência de alimentos. No entanto, "a dificuldade é de resolver nos termos do n.° 2 do art. 564.°", ou seja, se o lesado, no momento da lesão, ainda não prestava alimentos, pode

[74] Antunes Varela, *Das obrigações em geral,* vol. I, p. 624. O autor acrescenta, ainda, que o lesante não poderá ser condenado em prestação superior (seja no montante, seja na duração) àquela que provavelmente o lesado suportaria, se fosse vivo. Aderindo à posição de Antunes Varela, *vide* Pinto de Almeida, *Responsabilidade Civil Extracontratual – Indemnização dos Danos Reflexos,* texto apresentado no âmbito do curso de especialização organizado pelo CEJ, Temas de Direito Civil, 2010, disponível em http://www.trp.pt/ficheiros/estudos/pintoalmeida_respcivilextracontratual.pdf.

[75] Defendendo também que esta obrigação de indemnização se pode fundar caso, no momento da lesão, estivessem já verificados os pressupostos da obrigação alimentar, ou que a necessidade de alimentos fosse já previsível, ou ainda que, sendo embora imprevisível no momento da lesão, viesse a surgir posteriormente, mas ainda no decurso do prazo da prescrição a que alude o artigo 498.°, do CC, *vide* os Acs. do STJ, de 18/02/2003, proc. 02A199, rel. Ponce de Leão; de 05/05/2005, proc. 05B521, rel. Araújo Barros; de 02/03/2004, rel. Silva Salazar); e o Ac. de 18/12/2003, rel. Salvador da Costa, todos disponíveis em www.dgsi.pt; e cfr., ainda, o Ac. STJ de 16/04/74, *in* BMJ n.° 236, p. 138 (relator Abel de Campos).

o tribunal fixar a indemnização atendendo aos danos futuros, desde que sejam previsíveis. Não sendo previsíveis os danos futuros, não pode o tribunal fixar uma indemnização desses danos[76]-[77].

[76] Cfr., Vaz Serra, Anotação ao Acórdão do STJ de 12/02/1970, *in* RLJ, 105.° ano, n.° 3468, p. 45, posição que haveria de retomar na RLJ, 108.° ano, p. 185 e na RLJ, 112.° ano, p. 185. No sentido de que a atribuição de indemnização pode basear-se na possibilidade do surgimento futuro do crédito de alimentos, desde que previsível, *vide* Menezes Leitão, *Direito das Obrigações*, vol. I, p. 366, Ribeiro de Faria, *Direito das Obrigações,* Primeiro Volume, p. 527, e João Bernardo, *O dano morte, in* Revista Portuguesa do Dano Corporal, ano XXII, n.° 24, p. 14, disponível em https://digitalis-dsp.uc.pt/bitstream/10316.2/33218/1/RPDC24_artigo2.pdf, onde se defende que "têm direito a indemnização, não só os que podiam, ao tempo da morte, exigir alimentos ao lesado, como aqueles que previsivelmente os podiam vir a exigir e, bem assim, neste ponto por maioria de razão, aqueles a quem a vítima os prestava em obediência a uma obrigação jurídica. A previsibilidade vai encontrar razão de ser no artigo 564.°, n.°2. Sendo de admitir, como admitimos, que a fixação factual abranja factos futuros e incertos cabe, a meu ver, pelo menos em grande medida, ao juiz que a leva a cabo fixar os elementos donde se possa concluir ou não pela sua verificação". Note-se, no entanto, que Vaz Serra acaba por não negar a possibilidade de indemnização destes danos futuros, ainda que não previsíveis, mas com uma argumentação distinta: em Vaz Serra, Anotação ao Acórdão do STJ de 12/02/1970, *in* RLJ, 105.° ano, n.° 3468, p. 45, o autor argumenta que não sendo previsível a possibilidade de surgimento futuro de um crédito de alimentos, não pode o tribunal fixar uma indemnização desses danos; mas este facto "não significa que eles, se vierem a produzir-se, não sejam reparáveis". Ou seja, poder-se-ia exigir a indemnização destes danos futuros, ainda que não previsíveis, quando surgisse o crédito a alimentos, numa ação distinta. Vaz Serra continua dizendo que a esta solução não obstam os artigos 498.° e 306.°, n.° 1, porque, por um lado, o lesado só em momento posterior tem conhecimento do seu direito (no momento em que se vem a verificar a efetiva carência de alimentos, para efeitos do artigo 498.°, momento a partir do qual se contaria o prazo de prescrição de três anos); e, por outro lado, porque no tocante à prescrição ordinária (artigo 306.°, n.° 1) a regra é que o prazo começa a correr quando o direito pode ser exercido, pelo que, se o alimentado só vier a carecer dos alimentos vinte anos após o facto determinante da morte do lesado direto, nem por isso se teria prescrito o seu crédito de indemnização contra o lesante, visto que a prescrição ordinária começaria a correr apenas na data em que se produz o facto danoso, de acordo com a parte final do artigo 498.°, n.° 1 (e facto só se tornaria danoso quando se verificasse um dano, isto é, quando o direito aos alimentos se faz sentir).

[77] Defendendo, também, a possibilidade de indemnização deste tipo de danos futuros, desde que previsíveis, ao abrigo do artigo 495.°, n.° 3 e do artigo 564.°, n.° 2, cfr. o Ac. do TRC, de 24/02/2015, proc. 918/09.5TBPBL.C1, rel. Anabela Luna de Carvalho, onde se resumiu que "é indemnizável, nos termos do art. 495.° n.° 3 do Código Civil, tanto no caso de morte como no de lesão corporal, o prejuízo sofrido por aqueles que poderiam exigir alimentos ao lesado – o cônjuge, os seus descendentes, ascendentes, irmão e sobrinhos (artigo 2009.° CC) – ou por aqueles a quem este os prestava no cumprimento de uma obrigação natural. Têm direito a tal indemnização as pessoas que, no momento da lesão, podiam exigir já alimentos ao lesado e também aqueles que só mais tarde viriam a ter esse direito, se o lesado fosse vivo. Para ser exercitado tal direito, não é necessário estar-se já a receber alimentos, mas é necessário demonstrar, com razoável grau de previsibilidade, que se está (no momento da morte do obrigado a alimentos) em condições de, factual e legalmente, os poder vir

O que dizer quanto a esta problemática? Em primeiro lugar, não nos parece deixar quaisquer dúvidas que a *ratio* do artigo 495.°, n.° 3 abranja quer as pessoas que, no momento da lesão, podiam exigir já alimentos ao lesado direto, quer aquelas que só mais tarde viriam a ter esse direito, se o lesado fosse vivo. Mas, tendo em conta o artigo 564.°, n.° 2, a indemnização deste tipo de danos futuros terá de assentar num juízo de previsibilidade de que iriam ser exigidos alimentos ao lesado, tendo em conta a situação económica do lesado direto e do possível titular deste direito a alimentos. Ou seja, terá de ser possível, no momento da lesão, estabelecer um juízo de prognose sério, que permita estabelecer com razoável grau de previsibilidade[78], a necessidade futura de alimentos por parte destes lesados indiretos. Naturalmente, o tribunal terá de ter sempre em atenção que o lesante jamais poderá ser condenado em prestação superior àquela que provavelmente o lesado direto suportaria.

O que não nos parece ser de admitir é a argumentação que sustenta que se a necessidade de alimentos não for previsível, mas surgir no futuro, terá então de ser reparada pelo lesante, *a todo o tempo*, e que a este raciocínio não obstam os prazos de prescrição do artigo 498.° e 306.°, n.° 1[79]. E, aqui, recorremos a Ribeiro Faria[80] para referir que esta solução coloca gravemente em causa a função de segurança jurídica que compete ao direito em tese geral. Para além disto, parece-nos que o artigo 495.°, n.° 3 não consente uma tal interpretação. É que o artigo 564.°, n.° 2 prevê a possibilidade de indemnização de danos futuros, mas desde que previsíveis: ora, em nossa opinião, o alargamento desta possibilidade, retirando-lhe o critério da previsibilidade, é um mecanismo de interpretação que se coloca já fora da letra da lei quer do artigo 564.° n.° 2, quer do n.° 3 do artigo 495.°. Com efeito, este último artigo é bastante claro ao referir que a indemnização é devida apenas aos que "podiam" exigir alimentos ao lesado e não aos que "podiam ou pudessem vir" a exigir. E, no que à interpretação diz respeito, deve presumir-se que o legislador consagrou as soluções mais acertadas e que soube exprimir o seu pensamento em termos adequados. Neste sentido, também não nos parece que o legislador tenha ficado aquém

a exigir". *Vide*, também, o Ac. STJ de 28/11/2013, proc. 177/11.0TBPCR.S1, rel. Serra Baptista e o Ac. STJ, de 08/05/2005, proc. 08B726, rel. Serra Baptista, todos disponíveis em www.dgsi.pt.

[78] Assim, devido à imposição deste juízo de razoabilidade quanto aos danos futuros, não encontra justificação legal a reclamação dos danos desta natureza pelos pais em casos de morte ou de lesão corporal do filho menor. Efetivamente, ainda que na velhice os pais pudessem reclamar do filho uma prestação alimentícia, estamos face a um prejuízo "meramente potencial" que não cumpre o critério da previsibilidade exigido pelo artigo 564.°, n.° 2. Cfr, Abrantes Geraldes, *Temas da Responsabilidade Civil*, II vol., p. 20.

[79] Cfr. a nossa nota de rodapé n.° 115, onde Vaz Serra acaba por aderir a esta doutrina.

[80] Ribeiro de Faria, *Direito das Obrigações*, Primeiro Volume, p. 528.

do pretendido, porquanto este direito de indemnização consagrado no artigo 495.°, n.° 3 já é, em si, verdadeiramente excecional e a sua *ratio* é a de reparar um crédito a alimentos que é verdadeiramente essencial para a sobrevivência do seu titular, no momento da lesão, e não um putativo crédito a alimentos que num futuro indiferente poderá surgir.

Uma outra questão que tem, também, colocado dúvidas em torno do artigo 495.°, n.° 3 é a de saber se este direito de indemnização por perda de alimentos está dependente da prova da efetiva carência desses alimentos. A questão foi colocada num acórdão do STJ, de 16/04/1974[81], onde o tribunal contrariou a posição dos réus que pretendiam que os autores alegassem e demonstrassem a sua efetiva carência de alimentos. Defendeu o tribunal que o artigo 495.°, n.° 3 apenas nos indica quem são os titulares do direito à indemnização, e são titulares desse direito as pessoas que podem exigir alimentos do lesado. Assim sendo, argumenta o tribunal, que é tal qualidade que legitima aquele direito e, por isso, não pode dizer-se que para se ser titular do direito à indemnização se torna necessário que aquelas pessoas tenham direito a alimentos, bastando apenas que elas se apresentem com a qualidade de que depende o exercício de tal direito (de outro modo, o reconhecimento do direito à indemnização tornar-se-ia dependente do reconhecimento prévio do direito a alimentos, e tal não poderia ser de admitir)[82].

Não podemos concordar com esta argumentação do STJ. Com efeito, parece-nos claro que do artigo 495.°, n.° 3 resulta não um direito a indemnização de quaisquer danos patrimoniais àqueles que tinham direito de alimentos contra o lesado, mas antes um direito de reparação do dano de perda de alimentos, dependente (naturalmente!) da prova de carência efetiva destes (atual ou futura,

[81] Disponível na RLJ, 108.° ano, pp. 180 e ss.

[82] No mesmo sentido, cfr. o Ac. do STJ, de 04/05/2010, proc. 111/04.3TBMUR.P1.S1, rel. Salazar Casanova, disponível em www.dgsi.pt, onde se argumentou que "o dever de assistência entre os cônjuges compreende a obrigação de prestar alimentos e a de contribuir para os encargos da vida familiar (artigo 1675.° do CC), estes traduzem a expressão do dever de alimentos que os cônjuges se devem quando vivem juntos. Por isso, quando o cônjuge reclama indemnização por danos futuros referenciados à perda para sempre da contribuição do outro cônjuge, falecido em acidente de viação, mais não está a fazer do que a reclamar junto de terceiro, nos termos do art. 495.°, n.° 3, do CC, os alimentos, expressão da contribuição para os encargos da vida familiar, que podia exigir ao falecido marido e a que este estava vinculado. Uma tal indemnização é sempre devida independentemente da efetiva necessidade do cônjuge, pois os cônjuges, no seio da vida familiar, não podem deixar de contribuir para os encargos da vida familiar na proporção das respetivas possibilidades (art. 1676.°, n.° 1, do CC)." Cfr., também, o ao Ac. do TRP, de 09/02/2009, proc. 0835934, rel. Deolinda Varão, disponível em www.dgsi.pt, onde se diz expressamente que "para que nasça o direito à indemnização pelo denominado "dano da perda de alimentos" basta a verificação da qualidade de que depende a possibilidade legal do exercício de alimentos, não relevando a efetiva necessidade dos mesmos".

desde que previsível)[83]. Nas palavras de Vaz Serra[84], não se pode entender que o artigo 495.°, n.° 3 concede às pessoas que podiam exigir alimentos do lesado direto o direito de indemnização de todos e quaisquer danos patrimoniais que lhe hajam sido causados, porquanto esta disposição legal "concede-lhes apenas o direito de indemnização do dano da perda de alimentos", se estes deles carecerem e se o lesado direto os pudesse prestar (artigo 2004.°).

Como bem se vê, a noção legal de obrigação de prestação de alimentos inclui, conceitualmente, que aquele que os receba deles careça, portanto, como se poderá falar num dano de perda de alimentos que o lesante deverá reparar, se no caso não houver uma efetiva carência dos mesmos? Defender-se que para que nasça o direito à indemnização pelo denominado dano da perda de alimentos basta a verificação da qualidade de que depende a possibilidade legal do exercício de alimentos, não relevando a efetiva necessidade dos mesmos, é transformar a exceção que consagra a indemnização do dano de perda de alimentos, prevista no artigo 495.°, n.° 3, numa indemnização de um outro qualquer dano patrimonial indireto, que não encontra qualquer suporte legal.

Também o montante indemnizatório, que está, naturalmente, limitado pelos contornos próprios do dano de perda de alimentos[85], poderá colocar algumas dúvidas na sua quantificação. A questão é, aqui, convocada a propósito de um acórdão do STJ, de 20/12/1978[86], onde perante um acidente de viação de que resultou a morte da vítima por culpa exclusiva do condutor do veículo, foi decidido que o cálculo de indemnização a atribuir à viúva (cônjuge da vítima) e aos filhos menores do lesado direto deve corresponder a uma pensão vitalícia para a primeira e a anuidades para os segundos, a vencerem-se até à sua maioridade, data a partir da qual não é presumível a necessidade de alimentos dos filhos em relação aos pais.

Ora, a nossa jurisprudência tem considerado, quanto ao cônjuge sobrevivo, que o dano de perda de alimentos (em caso de necessidade) corresponde, em duração, ao tempo normal da vida humana, até porque os cônjuges estão reciprocamente vinculados à prestação de alimentos (artigos 1675.°, 2009.° n.° 1-a) e 2015.°); quanto aos filhos, tem-se considerado que o dano corres-

[83] Neste sentido, *vide* o Ac. do TRL, de 21/06/2011, proc. 4524/06.8TBBCL.L1-1, rel. Graça Araújo, disponível em www.dgsi.pt, onde se argumenta que "a atribuição a terceiros do direito de serem indemnizados pela morte do lesado é prevista, a título excecional, no n.° 3 do artigo 495.° do Cód. Civ", sendo que "o dano que aí se prevê é, apenas, o da perda dos alimentos e depende da prova da sua efetiva ou previsível necessidade".

[84] Na RLJ, 108.° ano, p. 185.

[85] João Bernardo, *O dano morte*, p. 14.

[86] Disponível em RLJ, 112.° ano, pp. 180 e ss.

ponde ao tempo normal até à emancipação económica destes, ou seja, até à sua maioridade ou até ao fim da sua formação profissional, tudo em dependência com a previsibilidade do período de tempo em que a vítima auferiria proventos[87]. Portanto, a indemnização não tem forçosamente apenas de contemplar o período do tempo correspondente até à maioridade dos filhos do lesado direto, uma vez que a obrigação de alimentos dos pais para com os filhos não existe só até à maioridade destes[88]. A verdade é que, no que aos menores diz respeito, os pais estão vinculados a prestar alimentos aos filhos, como regra, é certo, até à maioridade, mas pode manter-se essa obrigação até ao termo da sua formação profissional (artigos 1874.°, 1878.° n.° 1, 1879.°, 1880.° e 2009.° n.° 1, al. b)[89].

Trata-se, na fixação da duração e da quantia do montante indemnizatório, de um recurso à equidade, tendo como referencial um capital que proporcione o que, efetiva ou previsivelmente, deixou de se receber e se extinga no fim presumível do período a considerar, a que já fizemos referência. Mas, deve sempre ter-se presente que a cessação da obrigação alimentar ocorre quando aquele que o presta alimentos não possa continuar a prestá-los ou aquele que os receba deixe de precisar deles (artigo 2004.°, n.° 1 e 2013.°, n.° 1, al. b); e, no que à quantia indemnizatória diz respeito, deve também atender-se, como limite máximo, ao encargo que presumivelmente o lesado iria suportar se fosse vivo[90]. Nas palavras do STJ[91], o sucedâneo da prestação alimentícia a que a lesado indireto terá direito por lei ou a atribuir na sequência de uma obrigação

[87] João Bernardo, *O dano morte*, p. 14.

[88] Neste sentido, Vaz Serra, RLJ, 112.° ano, p. 185.

[89] Neste sentido, *vide* o Ac. do TRL, de 21/06/2011, proc. 4524/06.8TBBCL.L1-1, rel. Graça Araújo, disponível em www.dgsi.pt, onde se sublinhou, também, que é de presumir que os menores têm efetiva necessidade de alimentos, ainda que não tenha sido estabelecida qualquer pensão.

[90] E, aqui, valem os juízos de razoabilidade que devem incidir sobre a capacidade de obter rendimentos do lesado direto, que pode corresponder, ou não, à sua presumível vida ativa. Portanto, não nos parece que o limite máximo do cálculo do montante que a vítima presumivelmente iria suportar, se fosse viva, se deva fazer, sem mais, por referência à sua esperança média de vida. Esta posição foi defendia no Ac. do TRP, de 11/11/2015, proc. 1893/14.0TBVNG.P1, rel. Rodrigues Pires, disponível em www.dgsi.pt, onde se referiu que "no cálculo da indemnização respeitante ao dano patrimonial de perda futura de alimentos o limite temporal a considerar não é a presumível vida ativa do falecido, mas sim a esperança média de vida, o que se compreende, uma vez que as necessidades do seu agregado familiar não desaparecem com a cessação da vida ativa, tal como não desaparece a sua capacidade de ganho". Quanto a nós, trata-se de um montante que, casuisticamente, poderá sofrer diversos contornos próprios: mas a traçar-se um limite genérico e abstrato, parece-nos justo que o mesmo seja feito por referência à vida ativa do lesado direto, podendo o mesmo ser alargado uma vez provado que a capacidade de obter rendimentos da vítima poderia ser superior.

[91] *Vide* o Ac. do STJ, de 08/03/2012, proc. 26/09.9PTEVR.E1.S1, rel. Raúl Borges, disponível em www.dgsi.pt.

natural sempre terá os seus limites no rendimento frustrado pela morte do prestador de alimentos, ou seja, a capacidade de rendimento da vítima determina e condiciona a amplitude/extensão/medida da indemnização do dano por perda de alimentos. Por outras palavras, a medida da indemnização por privação de alimentos estará sempre, naturalmente, dependente dos ganhos produzidos pelo prestador desses alimentos.

Portanto, a determinação desta indemnização, no que ao montante e à duração diz respeito, deve ser sempre feita à luz dos princípios que regem acerca do direito de alimentos, a que se reporta o artigo 495.°, n.° 3, e temperado com um apelo à equidade, depois de se considerar a representação de um capital produtor de um rendimento capaz de reparar aquilo que, efetiva ou previsivelmente, deixou de se receber.

A propósito da obrigação de alimentos para com filhos, dissemos que, no que aos menores diz respeito, os pais estão vinculados a prestar alimentos aos filhos, como regra até à maioridade, mas pode manter-se essa obrigação até ao termo da sua formação profissional (artigos 1874.°, 1878.° n.° 1, 1879.°, 1880.° e 2009.° n.° 1, al. b). Quanto a este ponto, foi levantada uma questão pertinente no acórdão do STJ de 16/03/1999[92]: pode um neto pedir uma indemnização por dano de perda de alimentos, devido à morte da sua avó, com quem vivia e que lhe suportava todas as despesas do ensino superior?

O tribunal negou esta pretensão do neto e, a nosso ver, temos por correta a decisão. Em causa estava o artigo 1880.°, que estatui que se no momento de atingir a maioridade ou for emancipado, o filho não houver completado a sua formação profissional, manter-se-á a obrigação dos pais proverem ao sustento dos filhos e de assumir as despesas relativas à sua segurança, saúde e educação, na medida em que seja razoável exigir aos pais o seu cumprimento e pelo tempo normalmente requerido para que a formação se complete[93].

Poder-se-ia, aqui, colocar a questão de saber se este artigo 1880.° se poderia aplicar, analogicamente, a outros familiares (no caso, a um neto). E a resposta não parece colocar grandes desafios: tratando-se de uma norma excecional, face ao termo normal da obrigação de prestar alimentos com a maioridade do alimentado, não se poderá admitir o recurso à analogia (artigo 11.°). Parece-nos, também, que o recurso à interpretação extensiva não poderá ser procedente, porquanto não parece que o legislador tenha ficado aquém do pretendido, uma vez que esta norma não é dirigida a todo e qualquer familiar, mas antes

[92] Disponível em BMJ, n.° 485, 1999, pp. 386 e ss.

[93] Trata-se de uma disposição legal que foi introduzida pela reforma de 1977, justificando-se pela descida da maioridade dos 21 para os 18 anos de idade, continuando os filhos a carecer de auxílio económico dos pais para prosseguirem os estudos universitários.

aos filhos e à sua necessidade de prossecução dos estudos no ensino superior, devido à descida da maioridade dos 21 para os 18 anos[94]. Aliás, nas palavras do tribunal, a letra e o espírito da lei dirigem-se à "obrigação de continuar a prestar alimentos aos adolescentes que atingiam a maioridade e pretendiam continuar a estudar", que passou a "incidir *prima facie* e muito logicamente sobre os progenitores".

Finalmente, para concluir esta análise ao artigo 495.°, n.° 3, há que referir que a parte final do mencionado preceito legal relativa às obrigações naturais[95] também pode comportar algumas dúvidas. Na verdade, o legislador não se debruçou apenas sobre as situações que envolvem uma obrigação legal de alimentos: tutelou, também, os terceiros beneficiários de prestações alimentícias concedidas espontaneamente pelo lesado direto, não como efeito do cumprimento de um dever legal de alimentos, mas como decorrência de uma mera obrigação natural.

As obrigações naturais são, essencialmente, caracterizadas pela sua inexigibilidade (artigo 402.°): estas são fundadas num dever de ordem moral ou social e não são judicialmente exigíveis, salvas as disposições especiais da lei. Ora, no artigo 495.°, n.° 3, *in fine* estabelece-se uma exceção a este regime de incoercibilidade destas obrigações, na hipótese de lesão ilícita de que provenha a morte ou incapacidade do ofendido, conferindo-se o direito de indemnização àqueles a quem este prestava alimentos no cumprimento de uma obrigação natural. Nas palavras do STJ, "nesta hipótese, a obrigação natural é convertida, *ope legis*, para efeito de indemnização, de natural em civil, isto é, em obrigação coercível."[96]

Pergunta-se, então, em que casos poderá estar presente uma obrigação natural de prestação de alimentos que, por força do n.° 3 do artigo 495.°, pode ser exigida judicialmente? A este respeito, deve dizer-se que estaremos perante uma obrigação natural de prestar alimentos quando os laços de sangue, as relações e convívio ou os serviços prestados ao lesado imponham como um dever de justiça o encargo da sustentação, habitação e vestuário da pessoa a quem são facultados[97]. Pensa-se, aqui, nos parentes próximos da vítima – não compreendidos pelo artigo 2009.°, naturalmente –, na sua noiva, numa sua funcionária/

[94] No mesmo sentido, *vide* Maria da Nazareth Lobato Guimarães, *Reforma do Código Civil*, 1981, p. 207, afirmando que "é duvidoso que, além dos pais, os outros obrigados a alimentos devam suportar a extensão prevista neste artigo".

[95] Quanto ao conceito e regime das obrigações naturais, *vide* Antunes Varela, *Obrigações em geral*, vol. I, pp. 719 e ss; e Manuel Domingues de Andrade, *Teoria Geral das Obrigações*, c/ a colaboração de Rui de Alarcão, Coimbra, Almedina, 3.ª edição, pp. 73 e ss.

[96] Cfr. Ac. do STJ de 11/02/2015, proc. 6301/13.0TBMTS.S1, rel. Hélder Roque, disponível em www.dgsi.pt.

[97] Assim, Antunes Varela, *Obrigações em geral*, vol. I, p. 727.

funcionário, que viveu e envelheceu ao seu serviço, ou em todos os outros casos que, pela proximidade com o lesado direto, imponham um verdadeiro dever de justiça que fundamente a exigibilidade da prestação de alimentos[98].

Compreende-se esta referência às obrigações naturais, numa norma verdadeiramente excecional como é o artigo 495.°, n.° 3, à luz das preocupações que, já na altura dos trabalhos preparatórios, Vaz Serra havia sublinhado[99]: com efeito, é bastante duvidoso que a solução relativa aos titulares do direito *legal* de alimentos se deva ampliar a quaisquer pessoas a quem *de facto* eram prestados alimentos. Mas, o certo é que estas outras pessoas, para além das mencionadas no artigo 2009.°, também sofrem um prejuízo com a lesão, que se reporta ao dano de perda de alimentos (indispensável para a sobrevivência de qualquer pessoa), podendo chocar a consciência jurídica predominante que não tenha direito a indemnização um terceiro que o falecido tratava como um filho.

[98] Parece-nos, também, óbvio que a união de facto se pode afigurar como um dos casos em que emerge o tal dever de justiça que fundamenta o cumprimento da obrigação natural de alimentos. Ainda que entre os unidos de facto não existam deveres legais no que às prestações alimentícias diz respeito, fácil se entrevê nestas relações um espaço para a invocação do direito de indemnização em análise, fundamentado numa prática espontaneamente assumida pelo lesado direto, como obrigação natural. Nestes casos, o montante da indemnização deverá ter em consideração o período de tempo em que previsivelmente se manteria a prestação alimentícia. No mesmo sentido, *vide* Abrantes Geraldes, *Temas da Responsabilidade Civil*, II vol., pp. 20-22; João Bernardo, *O dano morte*, p. 14; e Pinto de Almeida, *Responsabilidade Civil Extracontratual – Indemnização dos Danos Reflexos*, pp. 6-7, todos os autores com vastas ilustrações jurisprudenciais. Quanto a nós, recorremos ao Ac. do TRP, de 09/02/2009, proc. 0835934, rel. Deolinda Varão, disponível em www.dgsi.pt, onde se disse que "duas pessoas que vivam em união de facto não estão reciprocamente vinculadas por qualquer dos deveres pessoais que o art. 1672.° do CC impõe aos cônjuges, mormente pelo dever de assistência, pelo que, consequentemente, não existe entre eles uma obrigação legal de prestação de alimentos. Mas, considerando o disposto no art. 495.°, n.° 3, do CC e tendo em conta a atual aceitação social da vivência de duas pessoas de sexo diferente em condições análogas às dos cônjuges e a proteção que o Direito tem vindo a dar a essas uniões – hoje reforçada pela Lei n.° 7/01, de 11.05 –, entre os membros de uma união de facto pode existir um dever moral recíproco de contribuição para as despesas comuns, cujo cumprimento espontâneo não poderá deixar de envolver um dever de justiça, a aferir em função das circunstâncias do caso concreto, nomeadamente da duração da união – superior a 2 anos, por razões de justiça equitativa (art. 2020.°, n.° 1, do CC) – e da existência de filhos". Destacamos o citado acórdão para, em primeiro lugar, reforçar o entendimento da inclusão da tutela deste tipo de danos numa relação de união de facto no artigo 495.°, n.° 3, *in fine*. Mas, em segundo lugar, haverá que sublinhar que esta tutela da união de facto em nada se pode fundamentar na "aceitação social da vivência de duas pessoas de sexo diferente em condições análogas às dos cônjuges", porque, o que há que averiguar é, antes, a verdadeira existência de uma obrigação natural de prestação de alimentos entre os unidos de facto, e não a aceitação social da relação em si. Depois, com a Lei n.° 23/2010, de 30/08, é hoje sabido que a união de facto pode englobar duas pessoas, independentemente do sexo das mesmas, e este facto em nada altera a resposta que aqui espelhamos.

[99] Vaz Serra, *O dever de indemnizar e o interesse de terceiros*, p. 124.

No entanto, na consagração desta exceção, o legislador teve, naturalmente, de a adotar um critério limitador das pretensões indemnizatórias – no caso, adotou um critério com fundamento no cumprimento de um dever legal de alimentos e no cumprimento de uma obrigação natural de alimentos –, sob pena de tornar a indemnização absolutamente insuportável e desproporcional para o lesante. E o critério, entendido nos moldes que o formulamos, sobretudo no que às obrigações naturais diz respeito, não terá sido mal adotado[100]. Mas, talvez tivesse sido preferível, atendendo à natureza excecional da indemnização deste tipo de danos, substituir a referência às obrigações naturais pela sugestão que Vaz Serra, nos trabalhos preparatórios, havia protagonizado: deixar-se a questão em aberto para encontrar solução junto da jurisprudência, "pois, se nuns casos pode parecer razoável a indemnização, pode noutros parecer inaceitável"[101].

Enfim, diremos para concluir que, à luz do artigo 495.°, no caso de lesão corporal ou morte do lesado – para além dos estabelecimentos hospitalares, médicos ou outras pessoas ou entidades que tenham contribuído para o tratamento e assistência da vítima; para além daqueles que realizaram despesas para salvar o lesado, incluindo as de funeral; e para além daqueles que podiam exigir alimentos ao lesado ou daqueles a quem o lesado os prestava no cumprimento de uma obrigação natural –, apenas o próprio lesado direto tem direito a ser indemnizado pelo dano patrimonial sofrido.

3.4. *A impossibilidade de reparação dos lucros cessantes decorrentes da assistência ao lesado e decorrentes da perda do produto do trabalho do cônjuge falecido: a excecionalidade do artigo 495.°*

Tem sido defendido na jurisprudência portuguesa e no seio de alguma doutrina que, ainda que sem expressa previsão no artigo 495.°, n.° 2, devem ser indemnizados os danos causados às pessoas que, por razões de ordem familiar, têm de prestar assistência ao lesado, prejudicando, assim, os rendimentos que auferiam (lucros cessantes), nomeadamente perante uma situação de incapacidade ou de dependência funcional ou psíquica da vítima.

O reconhecimento da indemnização deste tipo de danos patrimoniais reflexos não é dedutível do disposto no artigo 495.°. Contudo, em defesa da repa-

[100] Note-se que os deveres de justiça que preenchem o conceito de obrigação natural não se confundem com um mero gesto de caridade, de cortesia, de gratidão, de altruísmo ou de civismo. Assim, Dario Martins de Almeida, *Manual de Acidentes de Viação*, p. 266.

[101] Vaz Serra, *O dever de indemnizar e o interesse de terceiros*, p. 124.

ração deste tipo de danos[102], afirma-se que o artigo 495.°, n.° 2 sustenta que tem direito a indemnização aquele que socorreu ou prestou assistência ou tratamento ao lesado, pelo que, os lucros cessantes derivados da paragem de uma atividade rentável para socorrer outrem devem ser, aqui, englobados. Depois, invocam-se razões de ordem familiar alicerçadas no dever legal de socorro e auxílio que existe entre cônjuges (artigo 1972.°) e no dever que recai sobre os pais de zelar pela segurança e saúde dos filhos menores (artigo 1878.°, n.° 1), cujo cumprimento, diz-se, pode obrigar ao surgimento de tais lucros cessantes. Para além disto, argui-se que esta intervenção de auxílio ao lesado direto vem suprir, na prática, aquela que deveria ser realizada por terceira pessoa e cujos custos sempre seriam de imputar ao responsável pela lesão. Convoca-se, também, o argumento de que este raciocínio permite dar a devida ênfase a determinados aspetos de ordem moral e familiar que, existindo, não podem ser ignorados pelo Direito, pelo que, sendo a *ratio* do artigo 495.°, n.° 2 o estímulo da assistência e tratamento a que o lesado tem direito, o escopo da norma aponta para o ressarcimento integral dos prejuízos – danos emergentes ou lucros cessantes –, que a respetiva assistência efetivamente ocasionou. Enfim, argui-se que entre o facto lesivo e este dano motivado pelos lucros cessantes decorrentes da assistência ao lesado direto existe um patente nexo de causalidade adequada, afirmando-se, no já referenciado acórdão do STJ de 16.12.93, que não encontrar uma linha de causalidade adequada entre o acidente em causa e o prejuízo destes lesados indiretos equivaleria a esquecer a vida sem a qual o Direito estaria longe dos homens e corresponderia a pôr de lado as normas de sentido, inclusive ético, como a do artigo 1878.° n.° 1.

Não podemos concordar com esta argumentação. Efetivamente, este tipo de danos reflexos não vem previsto em nenhuma das alíneas do artigo 495.°. O n.° 2 do mencionado preceito legal refere, é certo, que têm direito a indemnização aqueles que socorreram ou prestaram auxílio à vítima, mas, conforme já tivemos oportunidade de referir (remetemos, assim, para o ponto 3.1.1), o legislador pensou, aqui, no socorro com vista à preservação imediata da saúde

[102] Defendendo a reparação destes lucros cessantes decorrentes da assistência ao lesado (pensando, por exemplo, na mãe que fica em casa, abdicando do seu rendimento, para prestar auxílio ao filho que, devido a um acidente, ficou gravemente incapacitado), cfr., Abrantes Geraldes, *Temas da Responsabilidade Civil*, II vol., p. 18; Pinto de Almeida, *Responsabilidade Civil Extracontratual – Indemnização dos Danos Reflexos*, p. 7; Carneiro da Frada/Maria João Pestana de Vasconcelos, *Danos económicos puros – Ilustração de uma problemática*, pp. 165 e ss; e Geraldo Rocha Ribeiro, *Ressarcimento dos danos corporais nos grandes incapacitados*, *in* Lex Medicinae, Revista Portuguesa do Direito da Saúde, ano 2, n.° 4, pp. 117 e ss. Também alguma jurisprudência nacional tem seguido a mesma orientação: *vide* os acórdãos do TRP, de 04/04/1991, *in* CJ, tomo II, p. 254; e do STJ, de 16/12/1993, *in* CJSTJ, tomo III, p. 182.

ou vida do lesado, e não em tratamentos continuados que o lesado possa necessitar futuramente. Estas despesas, aliás, integram, sempre, o direito de indemnização de que é titular o próprio lesado, perspetivadas, então, como gastos imputáveis ao sinistro.

Portanto, o escopo da referida norma não aponta para o ressarcimento integral dos prejuízos que a prossecução da assistência à vítima ocasionou, mas apenas para o ressarcimento dos prejuízos decorrentes da preservação imediata da vida ou saúde do lesado: pensa-se, portanto, nos prejuízos decorrentes do transporte do lesado para o hospital e de todos os demais que sejam necessários para estabilizar a situação médica da vítima, após a lesão. Assim, é fundamental sublinhar que a argumentação contrária, que tenta alargar o escopo de proteção da norma, torna-se algo confusa, ao não distinguir as despesas (que, efetivamente, estão cobertas pelo n.° 2 do artigo 495.°) dos lucros cessantes de terceiro, que não estão contemplados no aludido preceito: conforme já sustentamos, o artigo 495.° apenas atende aos danos reflexos aí mencionados.

Aliás, o STJ[103] já rejeitou uma pretensão indemnizatória deduzida pela filha da pessoa diretamente lesada, concluindo que "alguém que abandona o seu emprego para prestar auxílio permanente a um familiar que foi vítima de acidente de viação não pode peticionar, face ao responsável civil pelo dito acidente, o prejuízo que esse abandono lhe causou, porque não existe nexo de casualidade adequada entre os dois factos". Esta decisão tem sido bastante criticada na doutrina[104], porquanto supostamente a matéria de facto apurada justificaria a solução oposta, tendo em conta a situação de dependência extrema em que, no caso, ficou o sinistrado e o empenho revelado pelo familiar para assegurar as condições de sobrevivência da vítima. Quanto a nós, convocamos esta decisão do STJ para com ela concordar – no que à negação da pretensão indemnizatória diz respeito –, mas também para dela discordar, no que toca à fundamentação. É que a recusa da pretensão indemnizatória em causa não tinha, forçosamente, que colocar a questão na falta de nexo de causalidade: afinal, "a plasticidade da noção de causalidade presta-se a várias argumentações", tornando-se perigosa porque não apresenta suficiente capacidade distintiva, "dando facilmente azo a decisões *ad hoc*" como a que agora analisamos[105].

Em nossa opinião, deveria ter o tribunal centrado a problemática, antes, na falta de preenchimento do pressuposto da ilicitude, por parte de quem invoca um tal direito de indemnização por lucros cessantes decorrentes da assistência

[103] Ac. do STJ de 26/02/2004, proc. 03B3604, rel. Bettencourt de Faria, disponível em www.dgsi.pt.

[104] Abrantes Geraldes, *Temas da Responsabilidade Civil*, II vol., p. 18.

[105] Cfr., Carneiro da Frada/Maria João Pestana de Vasconcelos, *Danos económicos puros – Ilustração de uma problemática*, p. 166.

ao lesado. Em boa verdade, estamos perante um dano puramente patrimonial, porquanto o lesado (indireto, atingido reflexamente) que o sofreu não foi violado em qualquer direito subjetivo (artigo 483.°, n.° 1, 1.ª parte). Por isso, a reparação deste tipo de dano patrimonial de terceiro terá de encontrar fundamento em alguma norma destinada a proteger os interesses de outrem (artigo 483.°, n.° 1, 2.ª parte) – o que não se verifica – ou no artigo 495.° – que, como já o dissemos, não está apto para ressarcir os lucros cessantes decorrentes da assistência ao lesado. Assim sendo, goram-se as possibilidades de preenchimento do pressuposto da ilicitude no ordenamento jurídico português, impossibilitando qualquer pretensão indemnizatória[106] (por isso, aliás, fizemos questão de, no início desta exposição, proceder a um enquadramento histórico da ilicitude delitual em Portugal).

Restaria, apenas, como possibilidade de indemnização dos lucros cessantes decorrentes da assistência ao lesado, o recurso a uma aplicação analógica ou a uma interpretação extensiva do artigo 495.°, n.° 2. E, quanto a isto, relembramos que os danos previstos no artigo 495.° apenas são indemnizáveis porque têm uma norma que os protege e tutela (o próprio artigo 495.°): mas trata-se de uma norma absolutamente excecional[107]. E, dado a *ratio* que já identificamos e que preside ao mencionado preceito legal, não nos parece ser possível concluir que o legislador ficou aquém do que pretendia – e isto, para efeitos do recurso a uma interpretação extensiva, que nos parece não ser possível. Para além disto, tratando-se de uma disposição excecional, encontra-se vedada a possibilidade de uma interpretação analógica da mesma (artigo 11.°), sendo fundamental que o intérprete se foque na letra da lei[108]. Outra resposta será inadmissível,

[106] A possibilidade de reparação dos danos puramente patrimoniais com recurso ao artigo 334.° será, posteriormente, analisada, ao abrigo do capítulo 3.1.8.

[107] Ao longo da exposição fomos referindo que, na doutrina portuguesa, é maioritário o entendimento de que o artigo 495.° se trata de uma norma excecional. Para além das referências que já fomos fazendo quanto a este tópico, cfr., por todos, Rui Alarcão, *Direito das Obrigações*, com a colaboração de J. S. Ribeiro, Sinde Monteiro, Almeno de Sá e J. C. Brandão Proença, Coimbra, 1983, p. 73.

[108] Cfr., Antunes Varela/Pires de Lima, *Código Civil Anotado*, vol. I, p. 60, onde se refere que o projeto do Código Civil chegou a admitir, como regra, a aplicação analógica das normas excecionais, só não a permitindo nos casos em que as normas gerais correlativas exprimissem princípios essenciais de ordem pública, mas esta inovação suscitou as maiores dúvidas sobre o resultado prático a que se chegaria, pelo que, o atual Código Civil, regressou, prudentemente, à rigidez da doutrina tradicional. *Vide*, para mais desenvolvimentos quanto ao tema, Antunes Varela, *Do Projecto ao Código Civil, Comunicação feita na Assembleia Nacional no dia 26 de Novembro de 1966*, Imprensa Nacional de Lisboa, 1967, pp. 30 e ss. Na verdade, a norma excecional – e, aqui, pensamos no artigo 495.° – já representa, em si, um desvio ao regime geral da responsabilidade civil: assim sendo, não pode ser permitido ao intérprete expandir a sua interpretação para além da letra da lei, sob pena de, habilmente, se conseguir inverter todo um regime geral delitual e transformar-se, de forma

sob pena de contribuirmos para uma verdadeira inversão de todo o regime de responsabilidade delitual plasmado no nosso Código Civil, a que alguma jurisprudência nacional não se tem alheado.

Portanto, concluímos pela não atendibilidade, para efeitos do artigo 495.°, dos lucros cessantes decorrentes da assistência ao lesado. E, em jeito de resumo conclusivo, citamos o STJ[109] para referir que em matéria de responsabilidade extracontratual, em princípio, apenas são indemnizáveis os danos sofridos pelo lesado, ou seja, o titular do direito violado ou do interesse protegido pela disposição legal violada. Apenas nos casos excecionais previstos nos arts. 495.° e 496.°, n.° 2, a lei admite o ressarcimento dos danos indiretos provocados a terceiros. Não são, assim, indemnizáveis os danos vulgarmente chamados "reflexos" ou indiretos que, fora dos casos previstos nos referidos arts. 495.° e 496.°, sejam indiretamente causados a terceiros.

O mesmo raciocínio justifica a impossibilidade de reparação dos lucros cessantes decorrentes da perda do produto do trabalho do cônjuge falecido[110], mesmo se estiverem casados em regime de comunhão de adquiridos ou de comunhão geral. A doutrina e jurisprudência que defendem tal pretensão indemnizatória sustentam que esta se fundamenta no n.° 3 do artigo 495.°, arguindo que na vigência da sociedade conjugal, a obrigação de prestar ali-

inadmissível, através de diversas aplicações analógicas, uma situação excecional numa verdadeira nova regra, criada *ad hoc* e arbitrariamente pelo intérprete. Aliás, a propósito da proibição da aplicação analógica de normas excecionais, já o acórdão do STA, de 30/04/2002, proc. 026797, rel. Almeida Lopes, disponível em www.dgsi.pt, referiu que "nos termos do art.° 11.° do Código Civil, as normas excecionais não comportam aplicação analógica, mas admitem interpretação extensiva. Logo, o âmbito de aplicação da norma excecional não pode ultrapassar os limites irremovíveis da letra da lei. Aqui vale a letra e não o espírito da lei". Por isso, não aderimos ao pensamento de Castanheira Neves, *Metodologia Jurídica, Problemas fundamentais*, BFDUC, Coimbra, Coimbra Editora, 1993, pp. 273 e ss, ao defender o recurso à aplicação analógica de normas excecionais, quando as razões justificativas da analogia em geral se verifiquem. Por certo que somos sensíveis ao argumento de que a aplicação rígida das regras gerais poderá levar a alguns casos de *injustiça* que *comovam* a nossa sensibilidade jurídica. Mas, conforme refere Antunes Varela, citando Manuel de Andrade, na comunicação aqui referenciada, *houve que sacrificar uma possível maior justiça nas aras da certeza jurídica* (p. 33).

[109] Ac. do STJ de 17/09/2009, proc. 292/1999-S1, rel. João Camilo, disponível em www.dgsi.pt.

[110] Pinto de Almeida, *Responsabilidade Civil Extracontratual – Indemnização dos Danos Reflexos*, p. 7, refere, expressamente, que no caso de morte, o membro sobrevivo da união de facto tem direito a ser ressarcido do dano emergente da perda de rendimento de trabalho do falecido. Defendendo a mesma posição, *vide* Pereira Coelho/Guilherme de Oliveira, *Curso de Direito da Família*, vol. I, 3.ª ed., p. 134. No mesmo sentido, cfr. o Ac. do TRP, de 09/02/2009, proc. 0835934, rel. Deolinda Verão, disponível em www.dgsi.pt, e os Acs. do STJ de 14/10/97, *in* CJSTJ, tomo III, p. 61, e de 11/07/06, *in* www.dgsi.pt, onde também pode ser consultados os acórdãos do TRC, de 26/06/01 e de 18/10/05.

mentos acabada diluída no dever de assistência (artigos 1672.°, 1675.°, n.° 1 e 1676.°), concluindo-se, pois, que, no que respeita ao n.° 1 do artigo 1675.°, se estabelece aí um dever amplo, que compreende além da obrigação de prestação de alimentos, a obrigação de contribuir para os encargos da vida familiar; e, assim, o dano sofrido pelo cônjuge sobrevivo (ou pelo unido de facto sobrevivo) em consequência da perda da contribuição que o cônjuge falecido dava para os encargos da vida familiar, é ressarcível por força do disposto no artigo 495.°, n.° 3.

Ora, se considerarmos os dizeres do n.° 3 do artigo 495.°, parece-nos óbvio que a indemnização aí compreendida se limita aos contornos do direito a alimentos, e não a determinados lucros cessantes que a sociedade conjugal possa sofrer, nomeadamente com a perda do produto do trabalho do cônjuge falecido. É certo que o artigo 1724.° dispõe que fazem parte da comunhão "o produto do trabalho dos cônjuges", o que poderia até encaminhar o intérprete para a conclusão de que com a morte do lesado o património coletivo da sociedade conjugal foi atingido, sendo o cônjuge sobrevivente diretamente lesado e, portanto, indemnizado sem os limites estatuídos no artigo 495.°, n.° 3, que se limitam à referência do dano por perda de alimentos[111].

Pode, no entanto, contra-argumentar-se invocando a alínea d) do artigo 1733.° – inserida na subsecção relativa ao regime de comunhão de geral, mas aplicável também ao regime de comunhão de adquiridos – onde se dispõe que são excetuadas da comunhão (bens incomunicáveis) as indemnizações devidas por factos verificados contra a pessoa de cada um dos cônjuges, ultrapassando-se, assim, na totalidade a argumentação em cima citada[112]. Entendida esta norma como especial, derrogar-se-á, portanto, a regra geral em cima citada, relativa à comunhão dos proventos do trabalho, havendo apenas que analisar a situação à luz do artigo 495.°, n.° 3, que apenas contempla o dano de perda de alimentos sofrido por terceiro.

[111] Assim decidiu o STJ no Acórdão de 27/01/2005, proc. 04B4277, rel. Noronha do Nascimento, consultado em www.dgsi.pt, argumentando-se que o salário de um homem (casado em comunhão de adquiridos e com filhos menores) falecido sem culpa nenhuma na sequência de um acidente de viação é um bem comum do casal (artigo 1724.°), pelo que, a indemnização a fixar pela perda desse bem comum deve ser atribuída à viúva como meeira e aos filhos como herdeiros do meeiro falecido. E, assim sendo, o artigo 495.° não é aplicável a esta indemnização já que esta norma regula a indemnização de terceiros por danos patrimoniais e nem a viúva nem os filhos menores do falecido são, aqui, terceiros na relação lesante-lesado, aplicando-se os princípios gerais da responsabilidade civil delitual.

[112] Neste sentido, cfr. João Bernardo, *O dano morte*, p. 15.

3.5. *Prestações realizadas pela segurança social*

Fora os casos previstos no artigo 495.°, deve ainda destacar-se a instituição da Segurança Social como terceira beneficiária de uma determinada quantia indemnizatória. Com efeito, o Decreto-Lei n.° 59/89, de 22 de fevereiro procurou alargar o âmbito de aplicação do regime consagrado na Lei n.° 28/84, de 14 de agosto, no domínio dos meios de recuperação das quantias em dinheiro pagas, a título de subsídios ou de pensões, a quem se viu privado de rendimentos de trabalho por acontecimento da responsabilidade de terceiro[113]. De facto, esta instituição deve ser tida como "lesada" em relação aos subsídios e pensões pagas, em consequência de, por hipótese, um acidente de viação[114].

Assim, o Decreto-Lei n.° 58/89, de 22 de fevereiro, impõe se dê conhecimento à Segurança Social da existência de um procedimento judicial – seja um processo cível ou penal – onde se avaliem os atos de que tenha resultado a morte ou a incapacidade do lesado, para lhe permitir a intervenção nesses processos, aí formulando o pedido de reembolso de quantias que haja pago, a título de subsídio ou pensão. Portanto, o legislador pretendeu agilizar o processo destinado ao reembolso das prestações sociais pagas pela Segurança Social, permitindo que tal seja feito em processos que não intentou e de que não tinha conhecimento[115].

Por fim, haverá que sublinhar o disposto no artigo 70.° da Lei n.° 4/07, de 16 de janeiro, que aprovou as Bases Gerais do Sistema de Segurança Social, no qual se refere que em caso de "concorrência pelo mesmo facto do direito a prestações pecuniárias do regime da segurança social com o direito de indemnização a suportar por terceiros, as instituições de Segurança Social ficam sub-rogadas no direito do lesado, até ao limite das prestações que lhes cabe conceder"[116].

[113] Cfr. o acórdão do TRP, de 11/11/2015, proc. 13932/13.7TDPRT-A.P1, rel. Ana Bacelar, consultado em www.dgsi.pt.

[114] *Vide* o acórdão do STJ, de 05/01/2005, *in* CJSTJ, tomo I, p. 163.

[115] Conforme destacou o TRP, no citado acórdão de 11/11/2015, do disposto no Decreto-Lei n.° 58/89, de 22 de fevereiro não resulta que a Segurança Social apenas possa obter o ressarcimento de quantias que pagou, em caso de evento que provocou a morte ou a incapacidade temporária a um beneficiário seu, através da intervenção nos sobreditos processos, uma vez que nada impede a Segurança Social de intentar as ações adequadas a obter tal ressarcimento.

[116] Para mais desenvolvimento sobre o tema, cfr., Abrantes Geraldes, *Temas da Responsabilidade Civil*, II vol., p. 22, com uma ampla ilustração jurisprudencial.

3.6. *Prestações realizadas pela entidade patronal ou pela seguradora de acidentes de trabalho*

Também as prestações despendidas pela entidade patronal ou pela seguradora nos casos em que o acidente de trabalho é imputável a terceiro são reembolsáveis. Assim, reconhece-se o direto de ação direta, decorrido um ano contado desde a data do acidente, nos termos do artigo 17.° da Lei n.° 98/2009, de 4 de setembro[117].

3.7. *Sub-rogação legal do Estado*

Por fim, há que sublinhar que era largamente discutida a legitimidade do Estado para reclamar, do responsável pela lesão, o reembolso dos salários pagos ao funcionário lesado. A questão foi, no entanto, esclarecida pelo acórdão de uniformização de jurisprudência n.° 5/97, *in* Diário da República 73/97, Série I-A, de 27/3/1993[118], onde se referiu o seguinte: "O Estado tem o direito de ser reembolsado, por via de sub-rogação legal, do total despendido em vencimentos a um seu funcionário ausente de serviço e impossibilitado da prestação de contrapartida laboral por doença resultante de acidente de viação e simultaneamente de serviço causado por culpa de terceiro."

Ao longo da nossa exposição, fomos, invariavelmente, convocando a problemática dos danos puramente patrimoniais. Com efeito, para além dos danos patrimoniais reflexos até aqui analisados à luz do artigo 495.°, o universo delitual está recheado de danos indiretos, provocados numa esfera jurídica diferente da do lesado direto. Na maioria destes casos, estaremos perante aquilo que a doutrina tem chamado de danos puramente patrimoniais: guardaremos a sua análise para a *parte II* deste estudo.

[Continua]

[117] No acórdão do TRL, de 16/10/1997, *in* CJ, tomo IV, p. 116, defendeu-se, ainda ao abrigo do antigo artigo 31.° da Lei n.° 100/97, de 13 de setembro, revogado pela mencionada Lei n.° 98/2009, de 4 de setembro, que no caso de acidente simultaneamente de viação e de trabalho de um funcionário, a entidade empregadora tem o direito, com base na sub-rogação, a ser reembolsado pela seguradora do responsável do acidente, dos vencimentos pagos ou outras importâncias, durante o tempo em que esse seu funcionário (o lesado direto) esteve incapacitado para o trabalho.

[118] O acórdão é de 14/01/1997, proc. 87639, rel. Joaquim Fonseca Henriques de Matos, disponível em www.stj.pt.

Jurisprudência Anotada

Acórdão do Tribunal de Justiça C-343/13 – uma breve análise

DR.ª EFIGÉNIA MARABUTO TAVARES*

Sumário: *I. Contextualização. II. Enquadramento jurídico: II-A. Transmissão da unidade económica; II-B. Acórdão n.º 5/2004, do Supremo Tribunal de Justiça, datado de 2.06.2004, Relator: António Silva Henriques Gaspar. III. Conclusão. Bibliografia.*

Palavras-chave: contraordenação laboral; fusão; transmissão da unidade económica; transmissão de responsabilidade.

Contents: I. Background. II. Legal framework: II-A. Transfer of an economic entity; II-B. Judgement number 5/2004, Supremo Tribunal de Justiça, 2nd june 2004, Rapporteur: António Silva Henriques Gaspar. III. Conclusion. Bibliography.

Keywords: labour administrative offences; merger; transfer of an economic entity; transmission of liability.

> *Procurar dar uma definição jurídica de erro judiciário é tarefa extremamente complexa. Compreende-se que o erro induz um caminho diferente para uma solução que assenta em premissas diversas; não se sabe bem se o erro é nos factos ou na interpretação do Direito (...).*
>
> Paulo Marrecas Ferreira, "O recorte impreciso e fluido do que poderia ser subsumível ao erro judiciário na jurisprudência do Tribunal Europeu dos Direitos do Homem", in *Revista Julgar*, n.º 5, maio de 2008, pág. 59**.

* Doutoranda em Direito na Escola de Direito da Universidade Católica Portuguesa – CRP e advogada na PRA – Raposo, Sá Miranda & Associados – Sociedade de Advogados, S.P., R.L., efigenia.marabuto.tavares@gmail.com

** Disponível *online* via http://julgar.pt/o-recorte-impreciso-e-fluido-do-que-poderia-ser-subsumivel-ao-erro-judiciario-na-jurisprudencia-do-tedh/, consultado a 25.11.2016, às 8h00.

I. Contextualização

O presente artigo versa sobre o acórdão do Tribunal de Justiça C-343/13[3], que tem por objeto um pedido de decisão prejudicial apresentado por um Tribunal do Trabalho português[4].

Partindo à exposição sucinta da contenda em apreço, retenhamos a factualidade *infra*:

1. 15.02.2011 – a Autoridade para as Condições do Trabalho realizou uma inspeção ao registo das horas de trabalho prestadas pelos trabalhadores da empresa *Good and Cheap – Comércio Retalhista, S.A.*
2. Resultou da inspeção caracterizada a ocorrência de infrações laborais – designadamente no que ao número de horas consecutivas prestadas por certos trabalhadores e ao número de horas de descanso entre os períodos de trabalho dizia respeito.
3. 22.02.2011 – as empresas *Modelo Continente Hipermercados, S.A.*, e *Good and Cheap – Comércio Retalhista, S.A.*, registaram um projeto de fusão (artigo 3.°, n.° 1, alínea p) do Código do Registo Comercial e artigo 100.° do Código das Sociedades Comerciais)
4. 7.03.2011 – foram lavrados dois autos de notícia contra a empresa *Good and Cheap – Comércio Retalhista, S.A.*
5. 31.03.2011 – as empresas mencionadas registaram a fusão mediante incorporação da *Good and Cheap – Comércio Retalhista, S.A.*, na *Modelo Continente Hipermercados, S.A.*, extinguindo-se a primeira destas (artigo 3.°, n.° 1, alínea r) do Código do Registo Comercial e artigo 111.° do Código das Sociedades Comerciais).
6. 04.04.2011 – notificação dos autos de notícia lavrados.
7. 24.09.2012 – a Autoridade para as Condições de Trabalho confirmou os autos de notícia lavrados e aplicou à empresa *Modelo Continente Hipermercados, S.A.*, as respetivas coimas.

São, perante tais factos, colocadas ao (e esclarecidas pelo) Tribunal de Justiça as seguintes três questões prejudiciais[5]:

[3] Disponível *online* via http://eur-lex.europa.eu/homepage.html?locale=pt, consultado a 14.11.2016, às 22h30.

[4] Cujas entrada e decisão se reportam a 24.06.2013 e 05.03.2015, respetivamente.

[5] Existia uma quarta questão prejudicial – "Não será este entendimento uma violação do princípio de que não pode existir contraordenação sem responsabilidade objetiva (mitigada) ou culposa da

1. À luz do artigo 19.º, n.º 1, alínea a) da diretiva 2011/35/UE, a fusão de sociedades implica um regime de transmissão da responsabilidade contraordenacional para a sociedade incorporante por factos cometidos pela sociedade incorporada anteriormente ao registo da fusão?
2. Poderá uma sanção de natureza contraordenacional ser considerada crédito de terceiros para efeitos de aplicação da diretiva 2011/35/UE transferindo-se a coima por sanção contraordenacional (e de que será credor o Estado) para a sociedade incorporante?
3. Não será o entendimento de que o artigo 112.º do Código das Sociedades Comerciais, não implica a extinção do procedimento por contraordenação praticada anteriormente à fusão nem da coima que lhe tenha/venha a ser aplicada contrária à diretiva referida, a qual estabelece os efeitos da fusão de sociedades, formando-se, assim, uma interpretação extensiva do preceito, contrária ao artigo 19.º da diretiva?

II. **Enquadramento jurídico**

A fusão, a par da cisão, constitui uma operação de reorganização societária, prevista no nosso Código das Sociedades Comerciais, nos seus artigos 97.º a 117.º-L e, a nível europeu, nas diretivas 78/855/CEE[6] e 2011/35/UE[7], ambas respeitantes à fusão das sociedades anónimas.

Por fusão entende-se a "operação jurídico-económica pela qual duas ou mais sociedades comerciais se reúnem para dar origem a uma única sociedade"[8].

entidade incorporante?" – desprovida de qualquer referência ao direito da União e, portanto, julgada inadmissível.

[6] Alterada pelas diretivas 2006/99/CE do Conselho, de 20 de novembro de 2006, 2007/63/CE do Parlamento Europeu e do Conselho, de 13 de novembro de 2007, diretiva 2009/109/CE do Parlamento Europeu e do Conselho, de 16 de setembro de 2009.

[7] Atentando à diretiva 2011/35/UE, esta revoga a diretiva 78/855/CEE e surge "por razões de lógica e clareza", pois a diretiva 78/855/CEE "foi por várias vezes alterada de modo substancial" – considerando 1.

[8] José Engrácia Antunes, *Direito das Sociedades – Parte Geral*, 4.ª ed. revista e atualizada, Porto, 2013, pág. 424. Preveem-se duas modalidades distintas de fusão (artigo 97.º, n.º 4 do Código das Sociedades Comerciais, Capítulo I da diretiva 78/855/CEE, e Capítulo I da diretiva 2011/35/UE): 1) fusão mediante incorporação de uma ou várias sociedades noutra sociedade; e 2) fusão mediante a constituição de uma nova sociedade.

In casu, assiste-se a uma fusão-incorporação, porquanto a *Modelo Continente Hipermercados, S.A.*, (sociedade incorporante/absorvente) integra a *Good and Cheap – Comércio Retalhista, S.A.*, (sociedade incorporada/absorvida)[9].

Prescreve o artigo 112.°, alínea a) do Código das Sociedades Comerciais, que "Com a inscrição da fusão no registo comercial a) Extinguem-se as sociedades incorporadas (...) transmitindo-se os seus direitos e obrigações para a sociedade incorporante (...)". Seguindo José Engrácia Antunes, a *Good and Cheap – Comércio Retalhista, S.A.*, transmitiu, então, todo o seu património "em bloco, como uma globalidade ou um todo" para a *Modelo Continente Hipermercados, S.A.*, e a *Modelo Continente Hipermercados, S.A.*, suce[deu] a título universal no património da *Good and Cheap – Comércio Retalhista, S.A.*[10]

Neste sentido, aliás, estabelece o artigo 19.° da diretiva 78/855/CEE[11]*: "A fusão produz ipso iure e simultaneamente os seguintes efeitos: a) A transmissão universal do conjunto do património activo e passivo da sociedade incorporada para a sociedade incorporante, tanto no que a estas respeita, como relativamente a terceiros (...)".*

Aqui chegados, questionamo-nos: ocorreu, neste caso, uma situação de transmissão da unidade económica?

II-A. *Transmissão da unidade económica*

No âmbito do capítulo (V) do Código do Trabalho, relativo às vicissitudes contratuais, constam, na sua secção I, as previsões legais nacionais atinentes à matéria da transmissão da unidade económica, com especial relevância, para o presente documento, o artigo 285.°, n.° 1, do C.T. – "Efeitos de transmissão de empresa ou estabelecimento"[12].

[9] Para esta última, a operação traduziu-se na "respetiva extinção, na transferência universal do respetivo património para a sociedade incorporante e na atribuição aos respetivos sócios de (...) ações da sociedade incorporante; para a primeira, a operação envolve[u] uma sucessão universal no património da incorporada" – José Engrácia Antunes, ob. cit., pág. 424.

[10] Quanto ao ativo social, a *Modelo Continente Hipermercados, S.A.*, "subentr[ou] automaticamente em todos os bens, direitos e demais posições ativas" da *Good and Cheap – Comércio Retalhista, S.A.*; quanto ao passivo social, a *Modelo Continente Hipermercados, S.A.*, tornou-se "automaticamente devedora de todos os credores" da *Good and Cheap – Comércio Retalhista, S.A* – José Engrácia Antunes, ob. cit., págs. 436 e 437.

[11] A aplicável ao caso concreto por ser a que se encontrava em vigor à data da fusão (artigo 33.° da diretiva 2011/35/UE, *a contrario*).

[12] No que aos seus n.os 1, 2, 3 e 5 diz respeito, "corresponde, com meras alterações de redação introduzidas quando da revisão de 2009 do CT, aos n.os 1, 2, 3 e 4 do artigo 318.° do seu articulado originário, o qual sucedera, com relevantes inovações, ao artigo 37.° da LCT" – Abílio Neto, *Novo Código do Trabalho e Legislação Conexa – Anotados*, Ediforum – Edições Jurídicas, Lda., Lisboa,

Tal preceito legal resulta da transposição da diretiva 2001/23/CE, de 12 de Março de 2001[13]/[14].

Mas o que se entende, afinal, por "transmissão da unidade económica"?

Comecemos por concretizar o conceito "transmissão":

O considerando 2 da diretiva mencionada refere "A evolução económica acarreta (...) modificações das estruturas das empresas que se traduzem nas transferências de empresas (...) para outros empresários, como consequência de (...) fusões."

Nesse seguimento, estabelece o artigo 1.°, n.° 1, alínea a) da mesma que a diretiva é aplicável à "transferência para outra entidade patronal de uma empresa (...) quer essa transferência resulte de uma cessão convencional quer de uma fusão." Mais acrescentando o artigo 1.°, n.° 1, alínea b) do mesmo diploma que "é considerada transferência, na aceção da presente diretiva, a transferência de uma entidade económica que mantém a sua identidade (...)"[15].

Setembro de 2003, pág. 2012 e AA.VV. Pedro Romano Martinez, Luís Miguel Monteiro, Joana Vasconcelos, Pedro Madeira de Brito, Guilherme Dray e Luís Gonçalves da Silva, *Código do Trabalho – Anotado*, 9.ª ed., Almedina, 2016, pág. 669 – que, sob a epígrafe "Transmissão do estabelecimento", consagrava que "1. A posição que dos contratos de trabalho decorre para a entidade patronal transmite-se ao adquirente, por qualquer título, do estabelecimento onde os trabalhadores exerçam a sua actividade, salvo se, antes da transmissão, o contrato de trabalho houver deixado de vigorar nos termos legais, ou se tiver havido acordo entre o transmitente e o adquirente, no sentido de os trabalhadores continuarem ao serviço daquele noutro estabelecimento sem prejuízo do disposto no artigo 24.°. 2. O adquirente do estabelecimento é solidariamente responsável pelas obrigações do transmitente vencidas nos seis meses anteriores à transmissão, ainda que respeitem a trabalhadores cujos contratos hajam cessado, desde que reclamadas pelos interessados até ao momento da transmissão. 3. Para efeitos do n.° 2 deverá o adquirente, durante os quinze dias anteriores à transacção, fazer um aviso nos locais de trabalho no qual se dê conhecimento aos trabalhadores que devem reclamar os seus créditos. 4. O disposto no presente artigo é aplicável, com as necessárias adaptações, a quaisquer actos ou factos que envolvam a transmissão da exploração do estabelecimento."

[13] Relativa à aproximação das legislações dos EM respeitantes à manutenção dos direitos dos trabalhadores em caso de transferência de empresas ou de estabelecimentos, ou de partes de empresas ou de estabelecimentos, que substitui a diretiva n.° 77/187/CEE, do Conselho, de 14 de fevereiro de 1977, alterada pela diretiva 98/50/CE, do Conselho de 29 de junho de 1998. – AA.VV. Pedro Romano Martinez, Luís Miguel Monteiro, Joana Vasconcelos, Pedro Madeira de Brito, Guilherme Dray e Luís Gonçalves da Silva, ob. cit., pág. 624.

[14] "Pensamos que não será ousado afirmar que um dos domínios em que o impacto do direito comunitário mais se fez sentir no Direito do Trabalho dos Estados Membros da União Europeia foi o da transmissão da empresa (...)".– Júlio Vieira Gomes "Novas, novíssimas e não tão novas questões sobre a transmissão da unidade económica em Direito do Trabalho" *in Novos Estudos de Direito do Trabalho*, Wolters Kluwer Portugal, Coimbra Editora, 1.ª ed., 2010, pág. 89.

[15] Estamos perante uma noção de transmissão "muito lata (...)". – AA. VV. Pedro Romano Martinez, *Código do Trabalho...*, cit., pág. 627. Dúvidas não subsistem, assim, de, à luz do direito

Por outro lado, focando-nos no plano nacional, consta do artigo 285.°, n.° 1 do Código do Trabalho: "Em caso de transmissão, por qualquer título, da titularidade de empresa (…)" (a nossa transcrição fica por aqui por ser a relevante para o presente litígio).

Ora, a transmissão da titularidade de uma empresa dá-se por diversas formas, entre elas por via de uma fusão – "A fórmula, muito lata, (…) visa justamente abranger todos os casos em que ocorre a transmissão da propriedade da empresa. De entre os mais frequentes apontados na jurisprudência e na doutrina, refiram-se (…) a fusão e cisão e a venda judicial"[16].

In casu, verifica-se, portanto, que a fusão ocorrida consubstancia uma forma admissível de transmissão da titularidade da empresa (da *Good and Cheap – Comércio Retalhista, S.A.*, para a *Modelo Continente Hipermercados, S.A.*), na aceção do artigo 285.°, n.° 1 do Código do Trabalho.

Agora, atentemos: transmitiu-se da *Good and Cheap – Comércio Retalhista, S.A.*, para a *Modelo Continente Hipermercados, S.A.*, uma "unidade económica"?

da União Europeia, a fusão representar uma forma admissível de transmissão da unidade económica, estando, aliás, expressamente prevista.

[16] AA. VV. Pedro Romano Martinez, *Código do Trabalho…*, cit., pág. 627. No mesmo sentido: "Contudo, como é bem sabido a constituição de um grupo societário ou empresarial decorre, com frequência, de operações económicas que acarretam uma mudança na titularidade ou na exploração das empresas que o compõem é o que acontece (…) na sequência de uma fusão (…)".– Maria do Rosário Palma Ramalho, *Grupos Empresariais e Societários: Questões Laborais*, Almedina, 2008, págs. 553 e 554; "Quanto ao âmbito do fenómeno transmissivo, é qualificada como transmissão para efeitos da sujeição a este regime legal (...) a mudança da titularidade da empresa ou do estabelecimento, por qualquer título (i.e. uma transmissão definitiva, por efeito de (...) fusão (...)".– Maria do Rosário Palma Ramalho, *Tratado de Direito do Trabalho – Parte II – Situações Laborais Individuais* – 6.ª ed., Almedina, 2016, pág. 644; "A transmissão do contrato de trabalho ocorre perante a alienação a qualquer título da empresa (…) que constitua uma unidade económica (…) e, portanto, não apenas em caso de venda particular, mas também de venda judicial e na fusão e cisão de sociedades." – Luís Menezes Leitão, *Direito do Trabalho*, 5.ª ed., Almedina, 2016, pág. 383; "(…) admite-se a aplicação do regime em caso de transmissão, por qualquer título, da empresa (…) pelo que esta cessão legal da posição contratual aplicar-se-á em variadas hipóteses, seja na comum venda da empresa, em caso de venda judicial do estabelecimento e de fusão ou cisão de sociedades (artigos 97.° e ss do CSC)." – Pedro Romano Martinez, *Direito do Trabalho*, 7.ª ed., Almedina, 2015, pág. 773; e "De acordo com a própria razão de ser da norma, no seguimento da nossa tradição jurídica e em consonância com o direito comunitário, perfilha-se uma noção ampla de transmissão, onde cabe uma grande diversidade de títulos translativos (trespasse, locação, venda judicial, fusão ou cisão de empresas etc.). Consagra-se deste modo uma noção abrangente de transmissão (…)".– João Reis, "O Regime da Transmissão da Empresa no Código do Trabalho" *in Nos 20 anos do Código das Sociedades Comerciais – Homenagem aos Profs. Doutores A. Ferrer Correira, Orlando de Carvalho e Vasco Lobo Xavier*, Volume I – Congresso Empresas e Sociedades, Coimbra Editora, 2008, pág. 308.

O que se entende por "unidade económica"[17]?

Versando-nos, uma vez mais, sobre a diretiva 2001/23/CE, plasma o seu artigo 1.°, n.° 1, alínea b), que "a entidade económica (...) [é] entendida como um conjunto de meios organizados, com o objetivo de prosseguir uma actividade económica, seja ela essencial ou acessória."

De âmbito nacional, consagra o artigo 285.°, n.° 5, que "Considera-se unidade económica o conjunto de meios organizados com o objectivo de exercer uma actividade económica, principal ou acessória"[18].

Jurisprudencialmente, esclarece-nos o Tribunal de Justiça que "constitui uma dessas entidades qualquer conjunto de pessoas e de elementos que permita o exercício de uma actividade económica que prossegue um objectivo próprio e que é suficientemente estruturada e autónoma"[19].

A nível interno, e um pouco na esteira da doutrina nacional, de que é exemplo Júlio Vieira Gomes – "parece que existirá uma entidade económica quando a parte da empresa ou estabelecimento represente um conjunto de meios organizados, com suficiente autonomia para poder funcionar independentemente no mercado"[20] – esta é, igualmente, a concretização seguida[21].

Ora, a *Good and Cheap – Comércio Retalhista, S.A.*, era uma sociedade comercial do tipo anónima, constituída a 25.02.2009, cujo objeto social era o "de todo o comércio retalhista e armazenista"[22]. Para prossecução da atividade

[17] "Mais do que as noções de empresa ou estabelecimento, releva a de unidade económica, já que a transmissão terá de ter por objecto algo susceptível de ser como tal qualificado." – Pedro Furtado Martins, "Efeitos da aquisição de empresas nas relações de trabalho" *in Aquisição de Empresas*, Paulo Câmara (Coord.), Coimbra Editora, 2011, pág. 215.

[18] "(...) transitou imodificada do artigo 318.°, n.° 4, do texto originário do CT, o qual reproduzia o artigo 1.°, n.° 1, alínea b) da Directiva n.° 2001/23 (...)".– AA. VV. Pedro Romano Martinez, *Código do Trabalho...*, 2013, cit., pág. 628.

[19] Processo C-108/10, de 6.09.2011; No mesmo sentido, a título exemplificativo: processos C-127/96, C-229/96 e C-74/97, processo C-175/99, processo C-340/01, processo C-485/05 e processo C-151/09. Todos disponíveis *online* via http://eur-lex.europa.eu/homepage.html?locale=pt, consultados no dia 23.11.2016, entre as 22h30 e as 24h00.

[20] Júlio Vieira Gomes, *Direito do Trabalho*, Volume I, Coimbra Editora, 2007, pág. 815.

[21] Referiremos, a título exemplificativo, o Acórdão do Supremo Tribunal de Justiça, datado de 29.06.2005 (Relatora: Laura Leonardo), o Acórdão do Supremo Tribunal de Justiça, datado de 26.09.2012 (Relator: António Leones Dantas) e o Acórdão do Tribunal da Relação de Coimbra, datado de 12.04.2011 (Relatora: Manuela Fialho). Todos disponíveis *online* via www.dgsi.pt, consultados no dia 20.11.2016, entre as 15h00 e as 16h30.

[22] "Nomeadamente, a exploração de centros comerciais, grandes armazéns, charcutarias, confeitarias, cafés, restaurantes, padarias, talhos, relojoarias e ourivesarias e ainda, as indústrias de confeitaria, padaria, charcutaria e outras pequenas indústrias e a distribuição em livre serviço, bem como a importação de todos os bens destinados ao comércio retalhista, e ainda a prestação de serviços a outras

económica inerente ao seu objeto social, a *Good and Cheap – Comércio Retalhista, S.A.*, munia-se de um conjunto organizado de meios corpóreos e incorpóreos destinados, precisamente, a tal fim – exercia, nos termos do Projeto de Fusão, idêntica atividade à da incorporante, em estabelecimentos[23] autónomos –, constituindo, assim, uma unidade económica.

Isto posto, veja-se, por último: em face da ocorrência de uma fusão (forma admissível de transmissão – artigo 285.°, n.° 1 do Código do Trabalho) e constituindo a sociedade incorporada uma unidade económica, resta-nos aferir se ocorreu uma transmissão da unidade económica da sociedade incorporada para a sociedade incorporante.

Ora, decorre do artigo 1.°, n.° 1, alínea b) da diretiva 2001/23/CE, que "é considerada transferência de uma entidade económica (…) a transferência de uma entidade económica que mantém a sua identidade (…)"[24]. O Tribunal de Justiça concretiza tal preceito[25], sendo que o método por si consagrado é, no âmbito interno, em sede jurisprudencial, plenamente aplicável – a título exemplificativo, vejam-se os acórdãos do Supremo Tribunal de Justiça, datado de 29.06.2005, e do Tribunal da Relação do Porto, datado de 18.11.2013[26].

Ora, dirigindo-nos ao caso concreto, atentemos: quer o projeto de fusão, quer a ata que delibera a fusão, referem, de forma expressa, o seguinte: "(…) impõe-se à sociedade incorporante, o reforço da sua estrutura de comércio retalhista (…) através do aumento de estabelecimentos – agregando-se para

empresas." – Informações disponíveis *online* via https://publicacoes.mj.pt/DetalhePublicacao.aspx, consultado a 24.11.2016, pelas 8h40.

[23] "Como distinguível bem jurídico nos aparece o estabelecimento, portanto. Mas bem complexo, feito de vários bens ou elementos. Quais eles sejam, não é possível dizê-lo com precisão. (...) Em termos gerais, podemos no entanto apontar alguns desses elementos: coisas corpóreas (...) coisas incorpóreas (...) bens não coisificáveis (...) como as prestações de trabalho (...)". – Jorge Manuel Coutinho de Abreu, *Curso de Direito Comercial*, Volume I, 10.ª ed., Almedina, 2016, págs. 230 e 231.

[24] Disso mesmo dá-nos conta Júlio Vieira Gomes: "(…) de importância central para a existência duma transferência do estabelecimento é que a entidade económica que este representa mantenha a sua identidade." – *Direito do Trabalho…*, cit., pág. 820

[25] Estabelecendo que "A fim de determinar se essa condição está efetivamente preenchida, há que tomar em consideração todas as circunstâncias de facto que caracterizam a operação em causa, entre as quais figuram, designadamente (...) a transferência ou não de elementos corpóreos, como (...) os bens móveis (...) a integração ou não do essencial dos efetivos pelo novo empresário, a transferência ou não da clientela (...) o grau de semelhança das atividades exercidas antes e depois da transferência e a duração da eventual suspensão destas atividades" – processo C-509/14, de 26.11.2015. No mesmo sentido, processo C-340/01 e processo C-463/09. Todos disponíveis *online* via http://eur-lex.europa.eu/homepage.html?locale=pt, consultados no dia 24.11.2016, entre as 22h00 e as 22h45.

[26] Relatora: Laura Leonardo, Relator: António José Ramos, respetivamente. Ambos disponíveis *online* via www.dgsi.pt, consultados no dia 20.11.2016, entre as 16h00 e as 16h45.

tal, os estabelecimentos das incorporadas (...) sendo os elementos do ativo e do passivo a incorporar pela [incorporante] (...) transferidos pelos valores constantes dos registos contabilísticos das sociedades incorporadas (...).; todas as posições contratuais, garantias e todos os demais direitos e obrigações decorrentes das atividades das sociedades incorporadas, onde se incluem todos os contratos (...) de arrendamento (...) de prestação de serviços (...) relações dos trabalhadores, que por efeitos da fusão, são transferidos ou integrados na sociedade incorporante."

Dúvidas não subsistem, assim, em face do exposto, de estarmos perante uma situação de transmissão da unidade económica, implicando que – artigo 285.°, n.° 1 do Código do Trabalho[27]/[28] – "o adquirente respond[a] pelo pagamento de coima aplicada pela prática de contra-ordenação laboral, mesmo que os factos que a originem sejam anteriores à transmissão (...)"[29].

II-B. *Acórdão n.º 5/2004, do Supremo Tribunal de Justiça, datado de 2.06.2004, Relator: António Silva Henriques Gaspar* [30]

O acórdão *ante* melhor identificado versa sobre a questão de saber se a extinção, por fusão, de uma sociedade comercial extingue a responsabilidade por contraordenação que a sociedade tenha anteriormente praticado.

Contrapunham-se, quanto a esta questão, duas teses: 1) por um lado, a de que a extinção de uma pessoa coletiva (nos termos do disposto no artigo 112.°,

[27] "Em caso de transmissão, por qualquer título, da titularidade de empresa (...) transmitem-se para o adquirente (...) a responsabilidade pelo pagamento de coima aplicada pela prática de contraordenação laboral. – A transmissão para o adquirente da empresa (...) da responsabilidade pelo pagamento da coima aplicada ao transmitente pela prática de contraordenação laboral (...) não só não corresponde a qualquer imposição da diretiva 2001/23, como não se insere sequer no seu objetivo de proteger os trabalhadores em caso de transferência da empresa (...). Esta solução que não constava do Anteprojeto que deu origem ao CT, teve origem no compromisso tripartido relativo à Proposta de Lei do Código do Trabalho, apresentado à Comissão Permanente de Concertação Social. E o interesse através dela acautelado não é senão o do Estado, mediante o alargamento do esquema de garantia patrimonial concebido, em primeira linha, para os trabalhadores." – AA. VV. Pedro Romano Martinez, *Código do Trabalho...*, cit., pág. 629.

[28] "Os aspetos essenciais do regime jurídico da transmissão do estabelecimento ou da empresa são quatro: (...) Em segundo lugar, transmite-se também para o adquirente da empresa ou do estabelecimento, de forma automática, a responsabilidade pelo pagamento de coima aplicada ao transmitente pela prática de contra-ordenação laboral (artigo 285.° n.° 1, *in fine*)." – Maria do Rosário Palma Ramalho, *Tratado de Direito do Trabalho...*, cit., págs. 642 e 643.

[29] Abílio Neto, ob. cit., pág. 212.

[30] Disponível *online* via www.dgsi.pt, consultado a 21.11.2016, às 9h00.

alínea a) do Código das Sociedades Comerciais) é equiparada à morte física de uma pessoa singular e, em consequência, é extinta qualquer responsabilidade contraordenacional a si associada; 2) por outro lado, a de que não são, aqui, aplicáveis os princípios da individualização e da intransmissibilidade, sendo que a personalidade da sociedade incorporada continua e projeta-se na sociedade resultante da fusão.

Ora, o artigo 112.°, alínea a) do Código das Sociedades Comerciais, dispõe, para além da extinção da sociedade incorporada, a transmissão de todos os seus direitos e obrigações para a sociedade incorporante, "não [os] qualifica[ndo] ou determina[ndo]"[31/32].

Como bem refere o acórdão, " tipos ou espécies de direitos e obrigações que se transmitem, sendo que a sociedade que (instrumentalmente) se extingue, constituída por corpus (património) e sócios, permanece com todos estes elementos de substância que continua a transportar e a levar consigo para o novo "lugar jurídico" em que toda a substância (realidade material e pessoal) vai instalar-se."

É, neste seguimento, fixada a seguinte jurisprudência: "A extinção, por fusão, de uma sociedade comercial (...) não extingue o procedimento por contra-ordenação praticada anteriormente à fusão, nem a coima que lhe tenha sido aplicada."

III. **Conclusão**

No que às questões prejudiciais colocadas diz respeito, faz o Tribunal de Justiça a seguinte análise:

No caso de uma fusão por incorporação, o artigo 19.°, n.° 1 da diretiva 78/855/CEE deve ser interpretado no sentido de implicar a transmissão, para a sociedade incorporante, da obrigação de pagar uma coima aplicada por decisão

[31] O Supremo Tribunal de Justiça afirma, aliás, que o próprio sistema contraordenacional ficaria "intensamente afectad[o] se uma mera modificação instrumental do suporte jurídico, inteiramente da vontade dos interessados, produzisse como consequência o pagamento da censura social, principalmente quando (...) permanece todo o complexo organizatório onde ocorreu, e pode voltar a ocorrer no futuro nos mesmo termos, a violação dos interesses públicos a que correspondem a contra-ordenação e a coima."

[32] Com relevância para o presente trabalho, diz-nos, ainda, o Supremo Tribunal de Justiça "Por outro lado, é geralmente aceite (...) que no caso de transmissão de estabelecimento de uma empresa para outra entidade coletiva não se verifica extinção da responsabilidade por contra-ordenação ou da coima, sendo que, em direito laboral, se admite actualmente a transmissão da responsabilidade pelo pagamento da coima."

definitiva, depois dessa fusão, por infrações ao direito do trabalho cometidas pela sociedade incorporada antes da referida fusão?

Analisando o normativo em apreço, questiona o Tribunal de Justiça: São tais coimas parte do património passivo da sociedade incorporada?

Tendo em consideração o contexto da disposição transcrita e o objetivo por si prosseguido, afirma o Tribunal de Justiça que "caso a responsabilidade contraordenacional não se transmitisse para a sociedade incorporante, enquanto elemento do património passivo da sociedade incorporada, esta responsabilidade extinguir-se-ia"[33] /[34].

Decide, portanto, que "uma fusão mediante incorporação implica a transmissão, para a sociedade incorporante, da obrigação de pagar uma coima aplicada por decisão definitiva, depois da referida fusão, por infrações ao direito do trabalho cometidas pela sociedade incorporada antes da referida fusão."

Em face de todo o *ante* exposto, cumpre-nos tecer os seguintes comentários:

In casu, demonstrada ficou a ocorrência de uma situação de transmissão da unidade económica da *Good and Cheap – Comércio Retalhista, S.A.*, para a *Modelo Continente Hipermercados, S.A.*, Assim sendo, é evidente a aplicação, ao caso concreto, do disposto no artigo 285.°, n.° 1 do Código do Trabalho mormente na parte "Em caso de transmissão (...) da titularidade de empresa (...) que constitua uma unidade económica, transmitem-se para o adquirente (...) a responsabilidade pelo pagamento de coima aplicada pela prática de contraordenação laboral."

A nosso ver, o pedido de decisão prejudicial, elaborado pelo Tribunal do Trabalho de Leiria, revela-se, portanto, de uma manifesta e absoluta dispensabilidade, não se vislumbrando uma qualquer razão de ser para o sucedido, pois que existe no nosso ordenamento jurídico uma norma que, de forma clara, transmite à *Modelo Continente Hipermercados, S.A.*, a responsabilidade pelo pagamento da coima aplicada pela prática (por parte da incorporada) da contraordenação laboral – artigo 285.°, n.° 1 do Código do Trabalho. A solução do litígio em apreço passava, assim, sem mais, pela aplicação do artigo mencionado.

Ora, dispõe o artigo 267.° do Tratado sobre o Funcionamento da União Europeia que podem ser colocadas questões jurisprudenciais ao Tribunal de

[33] Sendo que um dos seus considerandos relata que se pretende por via de tal diretiva a " dos interesses dos sócios e de terceiros."

[34] Neste seguimento, estabelece que por terceiros (que se pretendem proteger) entendem-se, igualmente, "as entidades que, à data da fusão, ainda não [eram] suscetíveis de ser qualificadas de credores ou portadores de outros títulos, mas que podem ser assim qualificadas depois dessa fusão, devido a situações que nasceram antes da mesma, como a prática de infrações ao direito do trabalho, mas que só são constatadas por decisão depois da referida fusão."

Justiça no caso de o órgão jurisdicional nacional "considerar que uma decisão sobre essa questão é necessária ao julgamento da causa."

Com o devido respeito, não somos, efetivamente, da opinião que, dada a já demonstrada, aplicação do artigo 285.°, n.° 1 do Código do Trabalho, fosse necessária para a boa decisão da causa saber da compatibilidade do artigo 112.° do Código das Sociedades Comerciais com as diretivas 78/855/CEE ou 2011/35/UE, reiterando que julgamos o presente pedido de uma declarada inutilidade para o caso concreto, pese embora não descuremos, evidentemente, a sua relevância para litígios (a ocorrer nos diferentes Estados-Membros) que, efetivamente, incidam sobre situações, aqui, enquadráveis, quer por, designadamente, a aplicação à sociedade incorporante de uma coima pela prática, por parte da sociedade incorporada, de um qualquer tipo contraordenacional, quer – nos casos de uma infração contraordenacional laboral – pelos seus ordenamentos jurídicos não conterem uma norma semelhante à do artigo 285.°, n.° 1 do Código do Trabalho ou por não se verificar uma situação de transmissão da unidade económica.

No entanto, ainda que não existisse o artigo 285.°, n.° 1 do Código do Trabalho, conforme descrito, já o Supremo Tribunal de Justiça, por via de acórdão de fixação de jurisprudência, se pronunciara acerca da transmissão da responsabilidade contraordenacional, no âmbito de uma fusão, da entidade incorporada para a entidade incorporante[35].

Mas, mais: consta do artigo 7.°, n.° 1 do Regime Geral das Contra Ordenações[36], que "As coimas podem aplicar-se (...) às pessoas colectivas", sendo que, atentando ao artigo 11.°, do C.P., (aplicável *ex vi* do artigo 32.° do Regime Geral das Contra Ordenações) "A cisão e a fusão não determinam a extinção da responsabilidade criminal da pessoa colectiva ou entidade equiparada, respondendo pela prática do crime: a) A pessoa colectiva ou entidade equiparada em que a fusão se tiver efectivado (...)".

Pensamos que esta linha de pensamento – a da transmissão da responsabilidade contraordenacional – é, efetivamente, a que melhor salvaguarda o próprio fim do direito contraordenacional[37].

[35] Por força do proferimento de tal acórdão não deixa, como bem sabemos, de ser admissível a utilização do mecanismo do reenvio prejudicial para interpretação da diretiva em causa, salientando-se, no entanto, uma vez mais, que duvidamos da legitimidade do tribunal *a quo* para tal.

[36] Aprovado pelo Decreto-Lei n.° 433/82, de 27 de outubro, alterado, mais recentemente, pela lei n.° 109/2001, de 24 de dezembro.

[37] "Através da aplicação de medidas que devem constituir advertências de natureza social «a Administração limita-se a reagir contra a desobediência a certos imperativos (...)»". – Acórdão do Supremo Tribunal de Justiça, datado de 2.06.2004, Relator: António Silva Henriques Gaspar, disponível *online* via www.dgsi.pt, consultado a 21.11.2016, às 9h00.

Senão vejamos: no caso de uma fusão implicar a extinção da responsabilidade contraordenacional de que a entidade incorporada fosse, eventualmente, titular, constituiria, aquela, uma manobra fácil de determinadas sociedades nunca se verem a ser responsabilizadas por infrações cometidas[38]-[39].

Por outro lado, estando expressamente consagrada no âmbito laboral, e ainda que assim não estivesse, a transmissão de tal responsabilidade, olhamos com alguma estranheza para a possibilidade de um atraso nos serviços[40] poder implicar a desresponsabilização de uma sociedade infratora por, no seu entretanto, ter ocorrido uma reestruturação societária (fusão).

Terminamos salientando a singularidade de toda a envolvente do presente acórdão, o qual assenta num pedido prejudicial notoriamente escusado, sendo nossa suposição a sua aplicação na resolução da contenda concreta, quando existe uma norma plenamente subsumível à factualidade descrita, conducente à mesma solução prática que a estabelecida pelo Tribunal de Justiça mas de fundamento jurídico distinto e de aplicação automática, sem margem para interpretações.

Fontes *online*

http://eur-lex.europa.eu/homepage.html?locale=pt
http://julgar.pt/
https://publicacoes.mj.pt/
www.dgsi.pt

Jurisprudência

Nacional (disponível em www.dgsi.pt):

Acórdão do Supremo Tribunal de Justiça, datado de 2.06.2004, Relator: António Silva Henriques Gaspar.

[38] Utilizando a fusão como instrumento, esvaziar-se-ia, portanto, e de forma fácil, o instituto da responsabilidade contraordenacional.

[39] Já duvidamos, porém, da bondade do legalmente consagrado nos casos em que a transmissão da unidade económica ocorra por via de, designadamente, trespasse. Atentemos: sendo um dos fins do artigo 285.°, n.° 1, parte final do Código do Trabalho evitar que a extinção da sociedade transmitente resulte num instrumento de exclusão de responsbailidade contraordenacional, o mesmo não sucede nesta situação concreta. É que, se, por hipótese, a sociedade A (trespassante) transmitir um dos seus estabelecimentos à sociedade B (trespassária), o efetivo agente da infração (sociedade A), por continuar a gozar de personalidade jurídica e a existir na nossa ordem jurídica, pode e é quem deve assumir a respetiva responsabilidade. Não se compreende, aqui, por que razão o legislador onera a Sociedade B, impondo que esta a assuma, igualmente.

[40] Denote-se que entre as inspeções e as decisões definitivas ocorreu cerca de um ano e sete meses.

Acórdão do Supremo Tribunal de Justiça, datado de 26.09.2012, Relator: António Leones Dantas.

Acórdão do Supremo Tribunal de Justiça, datado de 29.06.2005, Relatora: Laura Leonardo.

Acórdão do Tribunal da Relação de Coimbra, datado de 12.04.2011, Relatora: Manuela Fialho.

Acórdão do Tribunal da Relação do Porto, datado de 18.11.2013, Relator: António José Ramos.

União Europeia (disponível em http://eur-lex.europa.eu/homepage.html?locale=pt):
Processo C-108/10
Processos C-127/96, C-229/96 e C-74/97
Processo C-175/99
Processo C-340/01
Processo C-485/05
Processo C-151/09
Processo C-509/14
Processo C-343/13
Processo C-463/09

ALMEDINA

REVISTA O DIREITO

DIRETOR: JORGE MIRANDA

CUPÃO DE ASSINATURA

NOME

MORADA

CÓD. POSTAL – LOCALIDADE

TELEFONE N° CONTRIBUINTE

PROFISSÃO

EMAIL

NÚMEROS AVULSO **€80,00**

ASSINATURA (4 NÚMEROS/ANO) **€70,00** (DESCONTO DE **12,5%**)
COM IVA E DESPESAS DE ENVIO INCLUÍDOS

DESEJO ADQUIRIR A ASSINATURA DA REVISTA **O DIREITO** (4 NÚMEROS) DO ANO 2 0

DATA – –

ASSINATURA

ESTE CUPÃO DEVERÁ SER ENVIADO PARA
ASSINATURA DA REVISTA O DIREITO – JOAQUIM MACHADO, S.A., Rua Fernandes Tomás, n.os 76, 78, 80, 3000-167 Coimbra, ou via email para assinaturas@almedina.net.

PARA ESCLARECIMENTOS ADICIONAIS
Telefone: 239 851 903 Fax: 239 851 901 Email: editora@almedina.net

ALMEDINA

MB MULTIBANCO movimenta a vida

AUTORIZAÇÃO DE DÉBITO DIRECTO (ADC)

ENTIDADE | 1 | 0 | 6 | 4 | 4 | 4 | NÚMERO DE AUTORIZAÇÃO

Na rede Multibanco poderá definir: A Data de expiração da autorização | O montante máximo de débito autorizado

AUTORIZAÇÃO DE DÉBITO EM CONTA PARA DÉBITOS DIRECTOS

NOME

EMAIL

Por débito na nossa/minha conta abaixo indicada queiram proceder ao pagamento das importâncias que lhes forem apresentadas pela empresa EDIÇÕES ALMEDINA SA

IBAN/NIB: PT 50

CONTRIBUINTE FISCAL

DATA - -

ASSINATURA(S) CONFORME BANCO

BENS/SERVIÇOS	VALOR	REGULARIDADE[1]	INICIA A MÊS	INICIA A ANO	TERMINA A MÊS	TERMINA A ANO

[1] REGULARIDADE: MENSAL, TRIMESTRAL, SEMESTRAL, ANUAL

PROCEDIMENTOS

· Preencher completamente e assinar Autorização de Débito, de acordo com a ficha de assinatura de Banco. No caso de ser empresa carimbar ADC com carimbo da empresa.

· Remeter a ADC para:
EDIÇÕES ALMEDINA SA, Rua Fernandes Tomás, n.ºs 76, 78, 80, 3000-167 Coimbra, ou via email para sdd@almedina.net.

· Qualquer alteração que pretenda efectuar a esta autorização bastará contactar as EDIÇÕES ALMEDINA SA por qualquer forma escrita

· Também poderá fazer alterações através do Sistema Multibanco, conforme se apresenta seguidamente, ou no sistema de home banking, caso tenha essa opção. Também neste caso agradecemos informação escrita sobre as alterações efectuadas.

· Esta autorização destina-se a permitir o pagamento de bens/serviços adquiridos à nossa empresa e só poderá ser utilizada para outros efeitos mediante autorização expressa do(s) próprio(s)

· Dos pagamentos que vierem a ser efectuados por esta forma serão emitidos os recibos correspondentes.

INFORMAÇÕES

Através do Sistema Multibanco, relativamente a esta autorização de Débito em Conta, poderá, entre outras, efectuar as seguintes operações:

· Visualizar a Autorização Débito em Conta concedida;

· Actualizar os Dados Desta Autorização de Débito em Conta;

· Cancelar esta Autorização Débito em Conta;

Em cumprimento do aviso 10/2005 do Banco de Portugal, informa-se que é dever do devedor, conferir, através de procedimentos electrónicos, nomeadamente no multibanco, os elementos que compõem as autorizações de débito em conta concedidas.

PARA ESCLARECIMENTOS ADICIONAIS
Telefone: 239 851 903 Fax: 239 851 901 Email: sdd@almedina.net